Die Geschichtsbilder des Historikers Karl Dietrich Erdmann

Die Geschichtsbilder des Historikers Karl Dietrich Erdmann

Vom Dritten Reich zur Bundesrepublik

Von
Martin Kröger und Roland Thimme

Mit einem Vorwort
von Winfried Schulze

R. Oldenbourg Verlag München 1996

Die Deutsche Bibliothek – CIP-Einheitsaufnahme

Kröger, Martin:
Die Geschichtsbilder des Historikers Karl Dietrich Erdmann:
vom Dritten Reich zur Bundesrepublik / von Martin Kröger
und Roland Thimme. – München : Oldenbourg, 1996
ISBN 3-486-56154-5
NE: Thimme, Roland:

Umschlaggestaltung: Dieter Vollendorf
Gesamtherstellung: Hofmann Druck, Augsburg

ISBN 3-486-56154-5

Inhalt

Vorwort

Die Vorgänge, die in den folgenden Kapiteln beschrieben und analysiert werden, liegen weit zurück, sie betreffen die Jahre 1933 bis 1945 der deutschen Geschichte. Sie berühren zudem Vorgänge innerhalb der deutschen Geschichtswissenschaft, die im Vergleich mit den Verbrechen, die in dieser Zeit begangen wurden, ganz gewiß nur nebenrangig sind. Man wird deshalb die Frage stellen, warum es erforderlich scheint, im Jahre 1996 in einer Buchpublikation der Öffentlichkeit mitzuteilen, daß der Historiker Karl Dietrich Erdmann in den erwähnten Jahren zeitweise – ohne selbst Mitglied der NSDAP zu sein – nationalsozialistische Propaganda betrieb, als ein Mann, der in einem Schulbuch von 1938 eindeutig Partei für die Rassen- und Hegemonialvorstellungen des Nationalsozialismus ergriff und der damit dessen Geschichtsbild in unkritischer Weise zu verbreiten suchte.

Zeitliche Distanz und die vermutete Geringfügigkeit der „Schuld" könnten es als vertretbar erscheinen lassen, auf die Publikation dieses Sachverhaltes zu verzichten, und es mag gewiß Wichtigeres geben, worüber die Öffentlichkeit unseres Landes informiert werden sollte. In bestimmten Konstellationen aber kann auch die Mitteilung des scheinbar Marginalen eine wichtige Funktion erfüllen. Als ich zum ersten Mal von dem Projekt der Verfasser erfuhr, Erdmanns Biographie in den 30er Jahren neu zu schreiben, und die Quellen gelesen hatte, die ein ganz anderes Bild über den Historiker Erdmann vermittelten, als ich es bislang – wie alle anderen Historiker – hatte, schien mir eine Veröffentlichung in angemessener Form aus verschiedenen Gründen unbedingt notwendig zu sein. Ich habe mich deshalb darum bemüht, diese Publikation einem angesehenen Wissenschaftsverlag anzuvertrauen, um damit auch nach außen hin und exemplarisch zu dokumentieren, daß die Geschichtswissenschaft der Bundesrepublik Deutschland sich ihre Fähigkeit bewahrt hat, ihre kritischen Verfahren auch gegen sich selbst anzuwenden.

Es muß auch eine Rolle spielen, daß die starke personelle Kontinuität zwischen der Geschichtswissenschaft des Dritten Reiches und der Bundesrepublik Deutschland erst in jüngerer Zeit aufgearbeitet worden ist. Dabei entstand auch ein neues, komplexeres Bild der Affinitäten, Übereinstimmungen und Differenzen mit den Ideen des Nationalsozialismus, die sich durchaus in einer Person überlagern konnten. Es steht fest, daß die besonders wirksamen akademischen Lehrer der 50er und 60er Jahre wie Hans Rothfels, Theodor Schieder, Werner Conze, Hermann Heimpel, Otto Brunner oder Hermann Aubin nicht nur alle ihre Sozialisation im revisionistischen Klima der Weimarer Republik oder sogar im Dritten Reich erfuhren; sondern sie waren von dem Umschwung des Jahres 1933 und den neuen Fragestellungen einer „Volksgeschichte" fasziniert und teilweise sogar mit der historischen Legitimierung der deutschen Expansionspolitik nach Osteuropa beschäftigt. Selbst ein später so eindeutiger Gegner des Nationalsozialismus wie der 1936 zwangsemeritierte Franz Schnabel zeigte sich – wie neuere Forschungen belegen – 1934/35 von der Idee der „Volksgemeinschaft" fasziniert, die er als erwünschtes Ende der „Kulturkrisis" und Beginn einer „neuen Zeit" zu verstehen bereit war, bis er sich bald davon distanzierte. Die methodischen Neuorientierungen der bundesrepublikanischen Geschichtswissenschaft seit den 50er Jahren, als u.a. aus der „Volksgeschichte“ der 30er Jahre die neue „Sozialgeschichte“ wurde, verdanken sich sogar teilweise dieser personellen Kontinuität.

Unbestreitbar ist, daß Erdmann in seiner Generation lange Zeit als Ausnahmeerscheinung galt. Anders als seine mehr oder weniger belasteten Altersgenossen hatte er im Dritten Reich keine wissenschaftliche Karriere gemacht, hatte auf den Schuldienst verzichten müssen, in der Wirtschaft gearbeitet und als Soldat im Zweiten Weltkrieg gedient. Vor dem Hintergrund, daß andere sich in dieser Zeit beruflich etablierten und sich dem Regime in verschiedenster Weise zur Verfügung stellten, schien Erdmanns Verhalten tadelsfrei und nötigte auch den Angehörigen der jüngeren Generation Bewunderung für die erwiesene Standhaftigkeit ab. So war es kein Wunder, wenn nach seinem Tode im Jahre 1990 alle Nachrufe diesen Lebensweg herausstellten und Erdmann als einen Mann stilisierten, der sich mit dem NS-Regime auf keine Kompromisse eingelassen hatte. Eberhard Jäckel, als sein Schüler und Zeithistoriker besonders qualifiziert, betonte, daß Erdmann im Dritten Reich keine Karriere gemacht habe: „Er war nie Nationalsozialist, und anders als viele machte er auch keine Kompromisse.“ Sogar der „Spiegel“ schloß sich dieser Meinung an, die in vielen Würdigungen nur verbal differenziert wurde. Ich selbst ging in meiner Darstellung der „Deutschen Geschichtswissenschaft nach 1945“ vor wenigen Jahren davon aus, daß sich Erdmann, um weder in Wissenschaft noch Schule in die gefährliche Nähe des NS-Regimes zu geraten, in die Wirtschaft zurückzog, bis er Soldat wurde.

Diese Deutung der Biographie Erdmanns läßt sich nicht länger halten. Die auf den folgenden Seiten ausgebreiteten Dokumente lassen keinen vernünftigen Zweifel daran, daß Erdmann sich nicht nur auf Kompromisse mit dem NS-Regime eingelassen hat, sondern sich während seines Parisaufenthaltes 1933/34 und als Verfasser eines Schulbuchs als Mann zu erkennen gab, der bei mancher Einzelkritik am Nationalsozialismus wichtige Grundsätze dieser Ideologie akzeptierte und sie historisch legitimierte. Daß er der Partei nicht beitrat und keine wissenschaftliche Karriere machte, spricht nicht gegen eine solche Deutung. Auch die Stationen seiner militärischen Laufbahn, die von seinem Freundeskreis eher skeptisch zur Kenntnis genommen wurde, können nicht gänzlich von seiner partiellen Nähe zu den Überzeugungen der Zeit getrennt werden. Wie viele selbständige Köpfe geriet er mit Instanzen des NS-Apparates in Konflikt, aber den Major, der im Frühjahr des Jahres 1945 an einem Regimentsführerlehrgang teilnahm, wird man nicht als Gegner des Nationalsozialismus bezeichnen können.

Noch einmal ist zu fragen, ob dies berichtet werden muß angesichts der Tatsache, daß Erdmann nach 1945 unzweifelhaft einen erheblichen und wichtigen Beitrag zum demokratischen Neuaufbau der Bundesrepublik geleistet hat. Seine Funktion u.a. als Sekretär der deutschen UNESCO-Sektion, als Vorsitzender des deutschen Bildungsrates, als Vorsitzender des Verbandes der Historiker Deutschlands und schließlich als Vorsitzender des Comité International des Sciences Historiques sind Belege für diesen Einsatz, von der Leistung des produktiven wissenschaftlichen Autors, des glänzenden Redners, des wirkungsvollen akademischen Lehrers ganz zu schweigen. Ist es nun angemessen, einem solchen Mann Schriften aus den 30er

Jahren vorzuhalten, die gegenüber dem bedeutenden Lebenswerk des Historikers der Nachkriegszeit mit Sicherheit zurückstehen müssen? Auch die Antwort auf diese Frage kann nach meiner Auffassung nur bejahend sein, wenn man der Geschichtswissenschaft – wie auch Erdmann sie selbst immer verstand – die Grundaufgabe zuweist, zunächst und vor allem eine kritische Wissenschaft zu sein, die ihre Erkenntnisverfahren letztlich auch gegen die richtet, die in ihr arbeiten. „Nackte Wahrheit ohne allen Schmuck; gründliche Erforschung des Einzelnen, das Uebrige Gott befohlen; nur kein Erdichten, auch nicht im Kleinsten, nur kein Hirngespinst" ist eine Losung, die schon Leopold von Ranke der Geschichtswissenschaft zuwies, und sie tut gut daran, diesen Satz zu beherzigen und wo immer die Quellen es erlauben, in die Realität umzusetzen. Gerade in der Aufarbeitung der Geschichtsschreibung des 20. Jahrhunderts und der verschiedenen Haltungen deutscher Historiker scheint eine solche Grundhaltung unverzichtbar zu sein. Wichtiger als das Aufdecken individueller Fehleinschätzungen scheint die daraus zu gewinnende Einsicht in die schwierigen Bedingungen der Arbeit des Historikers zu sein.

Bestärkt wird man in einer solchen Auffassung dadurch, daß Erdmann in seiner eigenen wissenschaftlichen Aufarbeitung des Nationalsozialismus durchaus ähnlich verfahren ist. Die unbestimmten Andeutungen, die freundlichen Entschuldigungen waren seine Sache nicht. Er hielt mit seinem kritischen Urteil über jene Kollegen, die sich in Kompromisse mit dem Regime eingelassen hatten, nicht hinterm Berge, ja er nannte sogar ihre Namen und verurteilte sie in eindeutiger Weise.

Nicht zuletzt aber spricht für eine Veröffentlichung die Frage der Glaubwürdigkeit der Geschichtswissenschaft selber. Vor wenigen Jahren haben bei der Neuordnung der Universitäten der neuen Bundesländer viele Historiker ihre Stellen verloren, denen parteiliches Verhalten sowie Mißachtung und Benachteiligung Andersdenkender vorgeworfen wurden. Vor dieser Erfahrung wäre es meines Erachtens nicht hinnehmbar gewesen, neue, kompromittierende Fakten über den Lebensweg eines Historikers unter der Decke zu halten, der in der Bundesrepublik ohne jeden Zweifel eine herausragende Position eingenommen hat. Ein Verschweigen oder Verdrängen dieser Tatsachen hätte dem notwendigen personellen Wechsel nach 1989 vollends jede Legitimation entzogen.

In einer so heiklen Angelegenheit ist es Pflicht des Forschers, gewissenhaft die Umstände zu erwägen, die Erdmann entlasten könnten. Von Erdmanns Erben ist die Vermutung ausgesprochen worden, die Einreichfassung von „Das Erbe derAhnen", wie sie den Verfassern vorliegt, und insbesondere die von ihnen zitierten Stellen stammten nicht von Erdmann, sondern seien möglicherweise vom Herausgeber oder vom Verlagslektorat hinzugefügt worden. Gewiß: Es kann nicht ausgeschlossen werden, daß partielle Änderungen in Richtung auf „mehr Linientreue" erfolgten. Aber daß nicht Erdmann, sondern diese Änderungen den Gesamtcharakter des Werks bestimmten, das muß man leider ausschließen. Richtig weisen die Autoren darauf hin, daß schon in Erdmanns Annahme des Verlagsauftrags, ein Schulbuch zu verfassen, ein grundlegendes Akzeptieren des nationalsozialistischen Geschichtslehrplans liegt. Darum geht es, nicht um den Nachweis, daß sozusagen *jeder Buchstabe* des (immerhin gedruckt vorliegenden) „Erbe der Ahnen" in der Urfassung von Erdmann stand.

Damit Erdmann kein Unrecht angetan werde, damit die Unschuldsvermutung jede mögliche Chance habe, hat im Einvernehmen mit den Autoren der Oldenbourg Verlag Erdmanns Erben angeboten, wesentlich umfangreicher zu zitieren. So würde der Leser in größerem Zusammenhang die Fairneß der Darstellung von Thimme und Kröger kritisch berurteilen können. Unter Ausnutzung von Feinheiten des Urheberrechts wurde dieser Vorschlag leider von seiten der Erben abgelehnt.

Den Autoren ist dafür zu danken, daß sie nicht einfach nur die inkriminierten Passagen der Briefe aus Paris, seines Schulbuches oder seines nach 1945 konstruierten Lebenslaufes publiziert haben, sondern sich der beachtlichen Mühe unterzogen haben, den Hintergrund dieser Texte aufzuhellen, indem sie Erdmanns Verbindungen nachgespürt haben und seine persönlichen Beziehungen und Freundeskreise rekonstruiert haben. Erst diese behutsamen Kontextualisierungen machen das komplizierte Nebeneinander von Zustimmung und Ablehnung des NS-Regimes erkennbar, zeigen erst Affinitäten, Verführbarkeit aber auch mögliches Resistenzpotential auf. Es bedarf immer wieder des Nachweises, daß diese Positionen durchaus eng beieinander liegen, ja sich in einer Person verschränken konnten. So ist ein insgesamt überzeugendes Bild eines Mannes entstanden, der nach 1945 nicht die Kraft aufbrachte, genaue Auskunft zu geben über seine Schriften der 30er Jahre, sondern sich zu einem Schulbuch bekannte, das er als Beleg seiner kritischen Haltung anführte. Darüber hinaus erweckte er in persönlichen und schriftlichen Ausführungen zu seinem Verhalten im Nationalsozialismus immer den Eindruck oder korrigierte ihn zumindest nicht, als sei er wirklich ein Gegner des Systems und seiner Ideologie gewesen. In den 50er Jahren schließlich hat er an seiner Universität dafür gesorgt, daß eine unvorsichtige, antisemitisch klingende Äußerung eines jüngeren Wissenschaftlichen Mitarbeiters zu dessen Entlassung führte. Nicht zuletzt die Tatsache, daß Erdmann eine bestimmte Version seines Lebenslaufes der Öffentlichkeit nahelegte, macht es letztlich erforderlich, diesen Eindruck nachhaltig zu korrigieren.

Dem Verleger Dr. Thomas von Cornides gebührt mein Dank für seine Bereitschaft, ein Buch, mit dem man sich schwer tut, das zudem schwierige juristische Probleme aufwarf, der Öffentlichkeit in dieser Form zugänglich zu machen. Ebenso danke ich Dr. Adolf Dieckmann, der das Manuskript in bewährter Weise lektoriert hat.

Vielen Menschen, die Karl Dietrich Erdmann als akademischen Lehrer gekannt und geschätzt haben, wird es nach der Lektüre des Buches ähnlich wie mir selbst gehen: Sie werden bestürzt, enttäuscht und schmerzlich berührt sein. Es fällt nicht leicht, einen Menschen, den man über lange Zeit hin als ein Vorbild politischer Standhaftigkeit betrachtet hat, in einem neuen kritischen Licht zu sehen. Gleichwohl führt kein Weg daran vorbei, auch wenn wir Erdmanns Leistung nach 1945 in die Waagschale werfen. Sie wird durch die mitgeteilten Tatsachen nicht geschmälert, aber die Bilanz seines Lebens ist eine andere geworden. Es mag den, der dies bezweifelt, trösten, daß es Erdmanns eigenes wissenschaftliches Credo war, das nach der Entdeckung der Quellen auch diese neue Bilanz erforderlich macht.

München, im Juli 1996 Winfried Schulze

Einleitung

In der Geschichtswissenschaft und in den Medien hat besonders nach Ralph Giordanos 1987 erschienenem Buch „Die zweite Schuld oder Von der Last Deutscher zu sein“ eine Auseinandersetzung darüber eingesetzt, ob die sogenannte Bewältigung der Vergangenheit rechtzeitig und intensiv genug stattgefunden habe. Es wird die Frage diskutiert, ob Tendenzen festgestellt werden können, die deutsche Geschichte der Zeit des NS-Regimes aus dem Bewußtsein zu verdrängen, oder ob die These von einer „Zweiten Schuld“ der Deutschen nach 1945 an der komplizierten Wirklichkeit der 50er Jahre vorbeigehe.[1] Hinzu kommt, daß in einer Zeit, in der die Tätigkeit ostdeutscher Wissenschaftler unter einem totalitären Regime zu Recht die besondere Aufmerksamkeit einer breiten Öffentlichkeit findet, ebenso beachtet werden sollte, auf welche Weise man im westlichen Teilstaat nach dem Ende des Krieges mit der eigenen Vergangenheit umgegangen ist, zumal heute aus dem größeren zeitlichen Abstand und durch Zugang zu bisher unbeachteten Dokumenten neue Erkenntnisse gewonnen werden können.

Die Autoren haben die Tendenz der zeitgenössischen Historiographie wahrgenommen, es bei einer abwägenden Reflexion über die Versuchungen des damaligen Zeitgeists zu belassen und einem moralisch begründeten Urteil auszuweichen. Auf diese Entsorgung alles Problematischen, „die Abdankung des Moralischen in der Geschichtswissenschaft“ hat Kurt Sontheimer hingewiesen, und kritisiert, daß offenbar alles möglich und erlaubt sei, sofern es nur historisch verstehbar gemacht werden könne.[2] Gegen die „Leisetreterei der Historiker“ hatte sich schon Reinhard Wittram mit der Aussage gewandt, daß es dem Historiker verwehrt sei, „das verstehende Nachgehen, das ihm aufgetragen ist, bis zur Auflösung des eigenen sittlichen Unterscheidungsvermögens zu treiben“. Diese Ansicht teilte auch Gerhard Ritter, als er Wittram schrieb: „Erfreulicherweise bringt dann Kapitel 6 mir sehr zusagende Ausführungen über die Notwendigkeit sittlicher Entscheidungen auch in der Deutung und Darstellung geschichtlicher Vorgänge.“[3]

---

[1] M. Kittel: Die Legende von der „Zweiten Schuld“, S. 385. Siehe dazu die Arbeit von J. Solchany: Comprendre le nazisme dans l'Allemagne des années zéro. Diese noch unveröffentlichte, sehr differenzierte französische Dissertation geht auch auf die Arbeit Kittels ein, die „ne parvient pas toujours à établir une ligne de partage nette entre le travail scientifique et le pamphlet politique“ (S. 459).
Zitierweise: Bei Ersterwähnung und Verwechslungsgefahr mit Kurztitel, sonst lediglich mit dem Autorennamen, volle bibliographische Angaben am Ende des Bandes.

[2] K. Sontheimer: Wider die Leisetreterei der Historiker, in: Die Zeit v. 4.11.1994, Beilage S. 15.

[3] R. Wittram: Das Interesse an der Geschichte, S. 78; Ritter an Wittram 29.12.1958; Fundort BAK, Nl 166, Nr. 348.

Auch Hans Rothfels war 1965 der Auffassung, daß sich die Geschichte letzten Endes an den Normen „von Recht und Unrecht, von Gut und Böse zu orientieren" habe.[4]

Walter Bußmann hat mit großem Interesse und skeptischer Distanz den Beginn der vorliegenden Untersuchung verfolgt. Die Verfasser fühlen sich seiner Geschichtsauffassung verbunden, die er 1983 mit folgenden Worten zusammenfaßte: „Die Wissenschaft von der Geschichte – so wie ich sie auffasse, beschrieben und gelehrt habe – ist nicht in erster Linie die Geschichte von Strukturen, die es auch gibt und die schon von Ranke nicht geleugnet worden sind, sondern von Menschen, von handelnden, erleidenden und irrenden Menschen. Der Historiker meiner Generation hat dem Grauen ins Antlitz geschaut. Im Sinne von Dilthey vermag nur die Geschichte dem Menschen zu sagen, was und wie er wirklich ist. Darin ist die sittliche Verantwortung des Historikers zu erblicken."[5]

In den letzten Jahren ist verstärkt die Geschichtswissenschaft während des Nationalsozialismus und ihre personelle Kontinuität über 1945 hinaus Gegenstand der Forschung gewesen. Hierbei hat einer der von den 60er Jahren an angesehensten und einflußreichsten deutschen Historiker noch keine Rolle gespielt: Karl Dietrich Erdmann (1910-1990). Über seinen Lebensabschnitt bis 1945 war bisher wenig zu erfahren, obschon ohne Kenntnis dieses Zeitraums ein Verständnis seines Lebenswerks nicht möglich ist.[6] Das hier vorgestellte Erleben und Denken Erdmanns, sich formend in der Weimarer Republik, geprägt durch die Erfahrung des Nationalsozialismus und einmündend in die entstehende Bundesrepublik, gewinnt über die individuelle Bedeutsamkeit hinaus den Rang des Prototypischen, indem sein Lebenslauf es erlaubt, die Verbindung von Faszination und Dissens zum NS-System sowie die Wandlung der historisch-politischen Wertvorstellung in einer Person zu beleuchten. Erdmann ist ein Beispiel für die Verführbarkeit von Historikern, die Zeiten einer autoritären Herrschaftsform durchlebten und nach der jeweiligen politischen Wende zu neuen Erkenntnissen gelangt sind. Darüber hinaus kann die Darstellung als Fallbeispiel für eine ideologisch überhöhte, politisch-gesellschaftliche Zeitbedingtheit geschichtlichen Denkens dienen. Es wird nach einer Kontinuitätslinie von der republikanischen Demokratie über die nationalsozialistische Diktatur bis in die Nachkriegszeit gefragt und danach, ob der historisch-politische Standort sich je nach sozialem Lebensbereich sowie je nach den verschiedenen Regierungssystemen verän-

---

4 H. Rothfels: Die Geschichtswissenschaft in den dreißiger Jahren, in: A. Flitner (Hrsg.): Deutsches Geistesleben und Nationalsozialismus, S. 106.

5 W. Bußmann: Politik und Kriegführung, in: Fridericiana, S. 3. Zur Person Walter Bußmanns siehe den Nekrolog von G. Grünthal, in: HZ 258 (1994)867-876: Bußmann habe sein Studium im Sommersemester 1933 in Heidelberg begonnen, es aber vermocht, den „Versuchungen, die der 'Zeitgeist' an den Hochschulen zumal bereithielt," zu widerstehen. Im Krieg zum Oberleutnant d.R. befördert, wurde er ein früher Mitwisser der mit dem Namen Stauffenberg verbundenen Staatsstreichspläne. Siehe auch H. Möller: Walter Bußmann zum Gedenken, in: VfZG 41 (1993)495-502 und K. Hildebrand: Ein skeptischer Patriot, in: FAZ v. 22.4.1993.

6 Siehe das von Agnes Blänsdorf bearbeitete Verzeichnis der Veröffentlichungen von Karl Dietrich Erdmann in: H. Boockmann/K. Jürgensen/G. Stoltenberg (Hrsg.): Geschichte und Gegenwart, S. 689-702; ergänzte Fassung in: H. Boockmann/K. Jürgensen (Hrsg.): Nachdenken über Geschichte, S. 659-677.

derte. Untersucht wird ferner, wie Übereinstimmung, Opportunismus und Dissens zum totalitären Staat Erdmanns Verhalten bestimmt und wie er das Verhalten anderer im „Dritten Reich" erklärt und beurteilt hat. Es werden unbekannte Texte zusammen mit Zeugnissen aus seinem Umfeld vorgestellt und diese in den politischen und geistesgeschichtlichen Zusammenhang eingeordnet. Die angestrebte Objektivität kann dabei nur relativ sein, schon deshalb, „weil historische Aussagen immer im Rückschluß gewonnene Mutmaßungen über den Sinnzusammenhang der anvisierten menschlichen Praxis enthalten".[7]

Erdmann wurde 1910 in Mülheim/Rhein geboren. Sein Vater, Wilhelm Erdmann, war als Prokurist bei Felten & Guilleaume beschäftigt, dem wichtigsten Arbeitgeber im Ort. In Mülheim war der evangelische Anteil der Bevölkerung traditionell größer als im benachbarten Köln,[8] wohin Mülheim 1915 eingemeindet wurde. Britische Besatzung nach dem Ersten Weltkrieg, rheinländischer Separatismus, die katholische Kirche und die Zentrumspartei, eine höhere Arbeitslosigkeit als im Durchschnitt Deutschlands, aber auch die Wiederbegründung der Universität 1919, die Jahrtausendfeier des Rheinlands 1925 und die großen Messen („Pressa" 1928) prägten das Bild der Stadt des Oberbürgermeisters Konrad Adenauer in Erdmanns Kindheit und Jugend. Er besuchte von 1916 bis 1919 die Volksschule, anschließend das Reform-Realgymnasium Köln-Mülheim in der Adamstraße bis zum Abitur Ostern 1928.[9] Der letzte noch lebende Mitschüler, Wolfgang Grünberg, hat eine durchaus freundliche Erinnerung an Erdmann, der zunächst ein mittelmäßiger, in den letzten Klassen aber ein hervorragender Schüler gewesen sei; er ist durch einen ausgleichenden und verträglichen Charakter aufgefallen. Von den anfangs 120 Schülern sollen nach Grünbergs Angaben nur acht das Abitur erreicht und bestanden haben.[10] Mit seinem Klassenkameraden Ernst Krümpelmann und mit Kurt Derckum[11] war Erdmann in der evangelischen Jugendbewegung in der Art der Wandervögel[12] aktiv.

Erdmann studierte in Köln (1928/29), Marburg (1929-32) und Paris (1930/31) Geschichte, Theologie und Germanistik. Eberhard Jäckel, ein Schüler und Freund Erdmanns, schreibt in seinem Nachruf über den jungen Wissenschaftler: „Erdmann machte keine [Karriere]. Eine in Aussicht gestellte Ernennung zum Assistenten am

---

7 K.-G. Faber: Objektivität in der Geschichtswissenschaft? in: J. Rüsen (Hrsg.): Historische Objektivität, S. 24

8 Mülheim 1910: ca. 13 000 Evangelische auf 53 350 Einwohner (J. Bendel: Die Stadt Mülheim am Rhein, S. 265, 347), ein Anteil von rund 24,5 %; zum Vergleich Köln 1910: 18,6 % (B. Becker-Jákli: „Fürchtet Gott, ehret den König", S. 21).

9 Die Daten sind einem handschriftlichen Lebenslauf Erdmanns vom 27.8.1942 entnommen; Fundort: Schulverwaltungsakte Karl Dietrich Erdmanns im Historischen Archiv der Stadt Köln, Acc. 442, Nr. 103.

10 Gespräch mit Grünberg am 22.10.1993.

11 Ernst Krümpelmann (1909-1994) studierte in Marburg, Berlin, Halle und Bonn. Im Juli 1934 legte er sein erstes theologisches Examen ab und war anschließend Vikar in Köln-Riehl, wo er von Pfarrer Encke ordiniert wurde; Gespräch mit seinem Sohn Wolfgang Krümpelmann am 15.10.1993. Der Maler und Keramiker Derckum (1904-1969) besuchte 1922-26 die Kunstgewerbeschule in Köln, seit 1954 arbeitete er in einer eigenen Werkstatt in Frechen; dazu: Zeitgenössische Keramik in Frechen, S. 122.

12 Sie waren vermutlich Mitglieder der „Evangelischen Volksjugend Köln 1912"; vgl. dazu Becker-Jákli, S. 438 f.

Historischen Seminar in Köln wurde abgelehnt, weil er sich an einem Protest gegen die Entlassung jüdischer Mitglieder der Universität beteiligt hatte. Stattdessen ging er 1933/34 erneut nach Paris. Er war nie Nationalsozialist, und anders als viele machte er auch keine Kompromisse." Folgt man dieser Schilderung weiter, so wurde Erdmann in Köln Lehrer, weil ihm die akademische Laufbahn versperrt war. Jäckel fährt fort: „1938 schrieb er ein Schulbuch, dessen Veröffentlichung freilich von der NS-Prüfungsbehörde verhindert wurde. Nicht einmal Lehrer konnte er bleiben. Im Oktober 1938 wurde er entlassen, weil er für die Bekennende Kirche im Religionsunterricht eintrat und sich weigerte, die antisemitische Wochenzeitung 'Der Stürmer' zu verteilen." Im biographischen Anhang zur Untersuchung Winfried Schulzes über die deutsche Geschichtswissenschaft nach 1945, die zwei Jahre vor Jäckels Würdigung erschien, heißt es hierzu, Erdmann „arbeitete während des Nationalsozialismus aus politischen Gründen nicht an der Universität, sondern in der Wirtschaft".[13]

Diese Darstellungen haben sich in verschiedener Hinsicht als unzutreffend erwiesen. Weder liegen die Gründe offen, wegen derer Erdmann damals an der Universität zu Köln nicht angestellt wurde, noch kann man sagen, es habe für ihn auch keine Kompromisse mit dem Nationalsozialismus gegeben. Auch hinsichtlich des Schulbuchs und der angeführten Gründe für seine Entlassung als Lehrer ist eine Neueinschätzung möglich.

[13] E. Jäckel: Karl Dietrich Erdmann 1910-1990, in: HZ 252 (1991)529-39, hier S. 530 f., wieder abgedruckt in: Boockmann/Jürgensen, S. 15-23; vgl. W. Schulze: Deutsche Geschichtswissenschaft nach 1945, S. 317. Ähnlich heißt es über Erdmann im Munzinger-Archiv (35/1990): „Um keine Kompromisse mit dem Nationalsozialismus eingehen zu müssen, verzichtete E[rdmann] zunächst auf die angestrebte Universitätslaufbahn und trat in den Schuldienst ein, den er aber bereits 1938 nach Auseinandersetzungen mit den Nationalsozialisten quittierte." Im vorangegangenen Eintrag (Munzinger-Archiv 15/1985) war lediglich von Konflikten mit den Nationalsozialisten die Rede gewesen. Behutsamer urteilt Salewski in seinem Nachruf in: Historische Mitteilungen 3 (1990), S. 139, daß der junge Wissenschaftler in Köln sich den Zumutungen des NS-Regimes entzogen habe. Ebenfalls vorsichtiger ist Gustav Seibts Artikel in der FAZ (28.4.1990) zu Erdmanns 80. Geburtstag. Hagen Schulze formuliert in einem Geburtstagsartikel in der Welt vom 27.4.1990, wer wie Erdmann „in die Schule des Marburger Theologen Bultmann gegangen und tätiges Mitglied der von dem religiösen Sozialisten Adolf Reichwein gegründeten [sic], stark sozialreformerisch gestimmten 'Akademischen Vereinigung' gewesen war, der mußte sich als Pädagoge schon verleugnen, um den nationalsozialistischen Zumutungen nachzukommen. Erdmann verleugnete sich nicht, sondern quittierte den Schuldienst." Siehe auch den Nachrufartikel der Welt vom 27.6.1990 (Berthold Seewald): „Er war zu keinen Kompromissen bereit, verzichtete lieber auf die Universitäts-Laufbahn und trat in den Schuldienst ein." In der Frankfurter Neuen Presse vom 27.6.1990 heißt es u.a.: „Seinem Ansehen diente auch die Tatsache, daß er mit den Nationalsozialisten keine Kompromisse schloß, sondern, im Gegenteil, bei ihnen gleich zweimal in Ungnade fiel." Siehe auch den Nachruf im Spiegel Nr. 27, 2.7.1990, S. 188: „Nach seiner Promotion als Historiker in Marburg 1934 verzichtete Erdmann auf die Universitätslaufbahn und trat in den Schuldienst ein, den er nach Auseinandersetzungen mit den Nationalsozialisten 1938 aufgab." Zu Erdmanns 65. Geburtstag veröffentlichte die GWU 26 (1975)199-202 einen Brief Theodor Schieders, in dem es u.a. hieß: „Du hast, um mit dem zu beginnen, auf das alles Spätere folgt, in einer Zeit der schwersten Bewährung, die von unserer Generation verlangt wurde, Deinen Mann gestanden: in der Wahrung der inneren Freiheit und des Gewissens bis zu persönlichen Konsequenzen, in den Gefahren des Krieges." (S. 199).

Sind es zunächst Dokumente aus dem Politischen Archiv des Auswärtigen Amts über seinen zweiten Aufenthalt in Paris,[14] die in eine andere Richtung weisen, so verstärkt sich dieser Eindruck durch ein von ihm mitverfaßtes Schulbuch in acht Bänden. Daneben runden Schriftstücke vor allem aus den Nachlässen Erdmanns,[15] Wilhelm Mommsens und Georg Meistermanns die Untersuchung ab. Auf einer Quellengrundlage, die durch die besonderen Verhältnisse eines Lebens in der Diktatur eingeschränkt ist, versucht die Arbeit, ein zuverlässiges Bild zu zeichnen, soweit das heute möglich ist. Daß die Pariser Episode in Erdmanns Biographie bisher nicht bekannt war, ist auf eine Namensgleichheit und eine daraus resultierende Verwechslung zurückzuführen; diese wird im Folgenden aufgeklärt.

[14] Die Verfasser danken Béatrice Pellissier für den Hinweis auf diesen Bestand des Politischen Archivs.

[15] Der Nachlaß Erdmanns befindet sich im Bundesarchiv Koblenz (NL 393), er enthält hauptsächlich Unterlagen aus der Zeit nach 1945. Die Überlieferung des Briefwechsels beginnt erst mit dem Jahr 1947. Der Nachlaß wird z.Z. geordnet und ist deshalb nicht vollständig zugänglich. Erdmanns Witwe machte die Einsichtnahme in den Nachlaß ihres Mannes für die nach dem 1.1.1970 entstandenen Schriftstücke von der Zustimmung Agnes Blänsdorfs abhängig: Schreiben des BAK (Sabine Herrmann) vom 11.10.1993.

Der Student

Erdmann war Student im 10. Semester, als er sich am 2. November 1932 beim Deutschen Akademischen Austauschdienst (DAAD) in Berlin um eine sogenannte Freistelle in Frankreich für das Studienjahr 1933/34 bewarb. Nach ersten Semestern in Köln studierte er seit 1929 in Marburg.

In der wirtschaftlichen Krise am Ende der 20er-Jahre mußten viele Studenten erkennen, daß sie von Arbeitslosigkeit und Statusverlust bedroht waren. Sie waren keineswegs die zukünftige Elite, wie es vorangegangenen Generationen noch selbstverständlich erschienen war. Die soziale Deklassierung war eine reale Gefahr für junge Menschen, die ihre Karriere für sicher gehalten hatten. In dieser Situation gewannen unter den Studenten kompensatorische Werte wie Nation, Volk und Führer an Boden, die Ausgrenzung Andersdenkender, Antisemitismus, antidemokratisches und antirepublikanisches Denken waren an den Universitäten alltägliche Erscheinungen. Die idealistische und kämpferische Pose des Nationalsozialismus fiel besonders bei den Studenten auf fruchtbaren Boden.[16] Friedrich Meinecke sah daher schon 1932 „einen großen Teil der akademischen Jugend“ beim Nationalsozialismus.[17]

In Marburg war Erdmann Schüler Wilhelm Mommsens, der dort seit 1929 Geschichte lehrte.[18] Dieser schrieb in einer Beurteilung: „E[rdmann] hat sich in meinem Seminar stets in jeder Weise ausgezeichnet. Er ist mir auch menschlich bekannt und wert. Ich wüßte aus der hier immerhin großen Zahl guter Historiker niemand, den ich an wissenschaftlicher Begabung, ernstem Streben nach vertiefter Ausbildung und auch menschlicher Qualität vorziehen würde.“[19] Mommsen, der zur republikanisch-liberalen Richtung der deutschen Historiker gehörte, betonte in seinen Schriften den Primat der Außenpolitik und setzte sich für die Schaffung eines „gesamtdeutschen“,

---

[16] M.H. Kater: Studentenschaft und Rechtsradikalismus; M. Grüttner: Stdenten.

[17] F. Meinecke: Politische Schriften und Reden, 5, S. 466 (Ein Osterwort an die deutsche Jugend, 27.3.1932).

[18] Im Nachlaß Erdmanns befinden sich verschiedene Vorlesungsmitschriften und Exzerpthefte (zu Titeln von Paul Joachimsen, Nikolaus Paulus und Johannes Ziekursch). Danach hörte er in Köln den Althistoriker Johannes Hasebroek, in Marburg außer Mommsen den Historiker Edmund Stengel sowie die Theologen Emil Balla, Rudolf Bultmann, Heinrich Hermelink und Hans Freiherr von Soden; Fundort: BAK, Nl 393. In Köln hörte er auch Martin Spahn: siehe den Brief mit beigelegter Photographie von Kerst an Erdmann 5.9.1962; Fundort: BAK, Nl 393, Bd. 108. W. Weber: Biographisches Lexikon zur Geschichtswissenschaft, S. 133 nennt auch Ziekursch als Lehrer Erdmanns.

[19] Bewerbungsbogen und -schreiben vom 2.11.1932; Fundort: PA, Akten der Botschaft Paris (2434), Deutscher Akademischer Austauschdienst Paris – Verschiedene Schriftwechsel 1933-35. Diese Wertung findet sich nahezu wortgleich in einem Schreiben an den DAAD vom 18.11.1932, in dem sich Mommsen für die Auslandsstipendien seiner Studenten Erdmann und Hans Mombauer verwandte; Fundort: Nachlaß Wilhelm Mommsen.

das hieß damals eines Österreich einbeziehenden Geschichtsbewußtseins, ein. Für ihn war es die Aufgabe des Historikers, die Ergebnisse der Wissenschaft dem Volk zu vermitteln.[20] Als Mitglied der Deutschen Demokratischen Partei unterstützte er 1930 die Gründung der Deutschen Staatspartei. Dazu schrieb er in der Göttinger Zeitung: „Ich habe die Gründung der Staatspartei warm begrüßt, da sie die Parteierneuerung in einer Weise vollzieht, die sich seit langem mit meinen Anschauungen deckt. Wer sich mit der Parteiengeschichte des vergangenen Jahrhunderts beschäftigt hat, wer zur 'Frontgeneration' gehört und auch die politischen Anschauungen der ihr nachfolgenden Generation zu kennen glaubt, weiß seit Jahren, daß die alten Parteien und Parteinamen ebenso wie der alte Gegensatz 'links' und 'rechts' den wirklich lebendigen politischen Kräften unseres nationalen Lebens nicht mehr gerecht werden können. [...] Man kann der Zukunft nicht dienen, wenn man sich dem Staat der Gegenwart versagt; im Sinne des nicht 'mißverstandenen' Frontgeistes gilt es, eine Front all derer zu schaffen, die wie einst im Schützengraben über alle sozialen Gegensätze hinweg auf dem realen Boden der harten Wirklichkeit und im Geist stiller und selbstverständlicher Pflichterfüllung dem Staat der Gegenwart in seiner Not und damit am besten der Zukunft dienen."[21]

Offenbar war es Mommsen, der in Erdmann den Wunsch weckte, sich mit der französischen Geschichte zu beschäftigen. In mehreren Vorlesungen befaßte er sich ausführlich mit Frankreich, seine Doktorarbeit über Richelieu hatte er 1922 veröffentlicht und 1926 dessen Testament in deutscher Sprache herausgegeben.[22] Das Seminar des Wintersemesters 1929/30 widmete er dem französischen Staatsmann. Hier empfing Erdmann einen letzten Anstoß: Mommsen lobte sein „ganz überaus hervorragendes Referat"[23] über das Verhältnis von Richelieu und Machiavelli. Erste Gedanken an eine Dissertation Erdmanns mit demselben Thema tauchen in einem Brief Mommsens an Friedrich Meinecke auf.[24] Mommsen setzte sich auch bei Erdmanns Vater für einen Auslandsaufenthalt seines Studenten ein.[25]

In seinem Bewerbungsschreiben an den DAAD nahm Erdmann das Staatsexamen für den Sommer 1933 in Aussicht. Er begründete seine Bitte um ein Stipendium mit dem Auslandserlebnis während einer Rumänien-Reise 1929 sowie mit den zwei Jahre

---

[20] H. Heiber: Walter Frank und sein Reichsinstitut, S. 762 ff.; H. Schleier: Die bürgerliche deutsche Geschichtsschreibung der Weimarer Republik; B. Faulenbach: Ideologie des deutschen Weges, S. 307 f.; K. Schönwälder: Historiker und Politik, S. 288 f., Anm. 79.

[21] W. Mommsen: Blick in die Zukunft, in: Göttinger Zeitung 2. [7.?] 9.1930; Fundort: Nachlaß Wilhelm Mommsen.

[22] Vorlesungskonzepte im Nachlaß Wilhelm Mommsen; W. Mommsen: Richelieu, Elsaß und Lothringen. Berlin 1922; Richelieu. Politisches Testament und kleinere Schriften, eingeleitet und ausgewählt v. W. Mommsen. Berlin 1926.

[23] Mschr. Notizen Mommsens zu Studium und Prüfungen Erdmanns; Fundort: Nachlaß Wilhelm Mommsen.

[24] Brief Mommsens an [Meinecke] 27.5.1930; Fundort: Nachlaß Wilhelm Mommsen.

[25] Brief Mommsens an Wilhelm Erdmann 17.6.1930, seinen Dank für diese offenbar entscheidende Einflußnahme entrichtete K. D. Erdmann in einem Brief an Mommsen vom 31.12.1930; Fundort: Nachlaß Wilhelm Mommsen.

zuvor begonnenen, noch unvollendeten Recherchen für die angestrebte Promotion.[26] Der Bewerbung liegen neben der Empfehlung Mommsens auch die Beurteilungen des evangelischen Theologen Rudolf Bultmann,[27] des evangelischen Oberkirchenrats in Berlin, Oskar Söhngen,[28] und Adolf Reichweins[29] bei.

Seit 1920 gehörte Reichwein der 1912 aus der Freideutschen Jugend hervorgegangenen Akademischen Vereinigung (AV) in Marburg an. Seine politischen und sozialpädagogischen Ideen beeinflußten seitdem den Studentenbund in besonderem Maße. Durch seine Pädagogik wollte Reichwein eine gerechtere Gesellschaftsordnung herbeiführen und die Kluft zwischen dem Volk und den gebildeten Schichten überbrücken. Aber schon im Mai 1933 verlor er aus politischen Gründen seine Professur für Geschichte und Staatsbürgerkunde an der Pädagogischen Akademie in Halle. Er hatte als Leiter der Volkshochschule Jena auch die Balkanreise organisiert, an der Erdmann 1929 teilgenommen hatte.[30]

Der Gedanke, daß Erdmann durch Reichwein auf die AV aufmerksam gemacht wurde, liegt nahe. Erdmann hat die Zugehörigkeit zur AV viel bedeutet. Hier fand er Menschen, die ihm freundschaftlich verbunden blieben, wie Ernst Joachim Schaede[31] und Hans Mombauer[32]. Noch sechzig Jahre später schrieb er von

---

[26] Fundort: PA, Akten der Botschaft Paris (2434). Die in diesem Aktenband befindlichen Erdmann betreffenden Dokumente stehen mit dem Rest der Akte in keinem Zusammenhang. Sie sind, gemeinsam mit Unterlagen über den Austauschstudenten Ernst Goeritz, aus nicht mehr erkennbarem Grund dort eingelegt worden. Offensichtlich stammen sie aus dem Bestand PA, Akten der Botschaft Paris (2259), Studenten Berichte Austauschstudenten, 1933-1935.

[27] „Er ist einer meiner besten Schüler und trat durch geistige Regsamkeit und ein stets lebendiges Interesse erfreulich hervor.“ Siehe auch Erdmann über seine Beziehung zu Bultmann in: Erdmann, Erinnerung an die Anfänge der GWU, S. 728.

[28] Söhngen (geb. 1900) war von 1927 bis 1932 Pfarrer in Köln-Kalk. Als Oberkonsistorialrat (seit 1935) und Musikdezernent der Deutschen Evangelischen Kirche setzte er sich für die Einführung nationalsozialistischer Prinzipien innerhalb der evangelischen Kirche ein, insbesondere verfolgte er jüdische Kirchenmusiker; H. Prolingheuer: Musikdirektor Julio Goslar, S. 134-137, Anm. 8, 22, 104, 105.

[29] „Die wissenschaftlichen Leistungen von E[rdmann] kenne ich weniger als seinen Charakter und Willen. Er gehört zu einem verhältnismäßig kleinen Kreis von Studenten, die mir zugleich durch Fertigkeit und Zuverlässigkeit des Charakters, Zähigkeit und vor allem auch planvolle Richtung ihres Willens aufgefallen und wert geworden sind.“

[30] A. Reichwein: Ein Lebensbild aus Briefen und Dokumenten, Bd. 2, S. 69 f.; dort Hinweise auf weitere Berichte über diese Balkanfahrt; siehe auch Erdmanns Erwähnung der Balkanfahrten der bündischen Jugend in Erdmann: Die Zeit der Weltkriege 2. Teilband (1976), S. 423. Zur Akademischen Vereinigung siehe: Die deutsche Jugendbewegung, S. 1346-50.

[31] Vgl. Erdmann an Wilhelm Mommsen 22.12.1947, wo er von der „Generation Mombauer-Schaede“ ab 1929 in Marburg schreibt; Fundort: Nachlaß Wilhelm Mommsen. Schaede promovierte in Marburg bei dem Literaturhistoriker Harry Maync mit der Arbeit: Herders Schrift ‘Gott’ und ihre Aufnahme bei Goethe. Germanische Studien Heft 149. Berlin 1934.

[32] Eine schriftliche Anfrage (13.9.1993) um Auskunft über seine Beziehung zu Erdmann bei Hans Mombauer, der in einer Zuschrift an „Die Zeit“ (8.7.1983, S. 13) bemerkte, er kenne Erdmann wie kaum ein anderer, blieb ohne Antwort. Mombauer hatte bei Mommsen mit der Arbeit: Bismarcks Realpolitik als Ausdruck seiner Weltanschauung. Die Auseinandersetzung mit Leopold v. Gerlach 1851-1859. Historische Studien Heft 291. Berlin 1936 promoviert. In der Schlußbetrachtung dieser Untersuchung stellte er Bismarcks rein staatlichem Denken die völkische Motivierung des NS-Staats gegenüber.

den Eindrücken, die er damals erfahren hatte; so sei ihm die Hohe-Meißner-Formel der Freideutschen Jugend „über alle Umbrüche der Zeit hinweg immer noch ein nicht zu überhörender Anruf" gewesen.[33]

Die AV war eine „zahlenmäßig kleine, aber geistig anspruchsvolle Korporation", die der neokonservativen Jugendbewegung zugerechnet wird.[34] Für das Wintersemester 1930/31 sind neun aktive und zehn inaktive Mitglieder aufgeführt.[35] Die Verbindung vertrat den Gedanken der Selbsterziehung der Mitglieder und wollte eine Gemeinschaft sein, die „den Stil einer sachlichen, offenen und toleranten Auseinandersetzung"[36] pflegte. „Die geselligen Veranstaltungen und Feste fanden in den Formen und dem Geist des Wandervogels statt." Sogenannte wissenschaftliche Abende im Sinne eines „neutralen Bildungsprinzips" mit Referat und Aussprache stellten das Kernstück der Aktivitäten der Verbindung dar. Körperliche Ertüchtigung und gemeinsame Fahrten „waren unabdingbarer Bestandteil des AV-Lebens".[37] Der Chronist der AV berichtet, diese habe „tragfähige und pädagogisch wertvolle akademische Erziehungsprinzipien entwickelt und im Geiste Fichtes und Schleiermachers in die Tat umgesetzt".[38]

Die kritische Sicht Victor Farías' auf die AV, die trotz ihrer angeblichen ideologischen Unabhängigkeit in ihren Reihen nur Studenten „deutscher Staats- und Stammesangehörigkeit" zugelassen und damit Juden und Farbige ausgeschlossen habe,[39] ist in dieser Form nicht zu halten. In dem entsprechenden Satzungsparagraphen heißt es genau: „Mitglied überhaupt kann jeder unbescholtene Student deutscher Staatsangehörigkeit oder deutschen Stammes werden."[40] Diese Formulierung schloß Juden keineswegs aus. Glaubt man späteren Darstellungen, so gab es auch jüdische Mitglieder deutscher Staatsangehörigkeit in der AV.[41]

---

[33] Erdmann: Erinnerung an die Anfänge der GWU, S. 730; die Hohe-Meißner-Formel vom 11.10.1913 lautet: „Die Freideutsche Jugend will vor eigener Verantwortung, nach eigener Bestimmung in innerer Wahrhaftigkeit selber ihr Leben gestalten. Für diese innere Freiheit tritt sie unter allen Umständen geschlossen ein. Zur gegenseitigen Verständigung werden Freideutsche Jugendtage abgehalten. Alle gemeinsamen Veranstaltungen der Freideutschen Jugend sind alkohol- und nikotinfrei." zit. n. W. Mogge/J. Reulecke: Hoher Meißner 1913, S. 52.

[34] S. Bias-Engels: Zwischen Wandervogel und Wissenschaft (Zitat S. 107); J. Müller: Die Jugendbewegung als deutsche Hauptrichtung neukonservativer Reform.

[35] Mitgliederzahlen nach vereinseigenen Angaben in: Das Akademische Deutschland, S. 954.

[36] Müller, S. 121.

[37] Bias-Engels, S. 115 f.; zur Geselligkeit in der AV siehe den Abschnitt „Die akademische Vereinigung" in: Freideutsche Jugend. Zur Jahrhundertfeier auf dem Hohen Meißner 1913. Jena 1913, wieder abgedruckt in: Mogge/Reulecke, S. 118 f.

[38] W. Kroug: Akademische Vereinigung Marburg, in: Deutsche Universitätszeitung 5 (1950), S. 17.

[39] V. Farías: Heidegger und der Nationalsozialismus, S. 106.

[40] Wortlaut des § 3 eines am 17.5.1912 beim Rektor der Marburger Universität eingereichten Satzungsentwurfs, Fundort: Hessisches Staatsarchiv Marburg, Best. 305 a, Acc. 1954/16, Nr. 43.

[41] Siehe Krougs ungedruckten Bericht für die Dokumentation der Jugendbewegung aus dem Jahr 1961 mit dem Titel: Die Akademische Vereinigung Marburg (ab 1955 „Akademische Vereinigung Sodalitas Philippina") 1912 bis 1961, S. 5; Fundort: Nachlaß Wolfgang Kroug.

Wie andere studentische Verbindungen einschließlich des NS-Studentenbunds konnte auch die AV Konfrontationen mit der örtlichen SA nicht ausweichen.[42] Erdmann berichtet 1958 von „Raufereien mit der SA“[43]. Ein damals Beteiligter ergänzt 1994, sie seien damals alle engagierte Gegner des Nationalsozialismus gewesen, hätten auch an einer Studentendemonstration teilgenommen und seien von der SA in eine Schlägerei verwickelt worden, wobei Erdmann zufällig nicht dabei gewesen sei.[44]

Die Haltung der AV nach der Machtergreifung Hitlers wird durch den Verlauf der Pfingsttagung 1933 deutlich, einem großen Konvent unter Beteiligung der Alten Herren, an dem neben Erdmann auch Mombauer und Schaede teilnahmen. Zunächst wurde ein Bericht der Freiburger Zeitung über Heideggers Rektoratsrede erörtert.[45] Heidegger hatte 1925, wie vor ihm der ebenfalls in Marburg Philosophie lehrende Nicolai Hartmann,[46] die wissenschaftlichen Abende der AV betreut. Als neuer Rektor in Freiburg wollte er „die vielbesungene akademische Freiheit aus den deutschen Universitäten verstoßen“, der akademische Lehrer müsse sich als Führer erweisen, dessen entscheidende Fähigkeit sich in der „Kraft zum Alleingehenkönnen“ zeige; Arbeitsdienst, Wehrdienst und Wissensdienst postulierte Heidegger als die drei dem deutschen Wesen ursprünglichen und notwendigen Bindungen. Folgt man der Interpretation Farías', stimmte „die Rektoratsrede in wesentlichen Punkten mit den allgemeinen Positionen der NSDAP überein.“[47] Der Konvent diskutierte dann einen Vortrag des Gründungsmitglieds Wolfgang Kroug zum Thema „Die Idee der Akademischen Vereinigung und der Nationalsozialismus“, dessen Text nicht zu ermitteln war.[48] Anträge von Mitgliedern, die AV-Grundsätze der neuen Zeit anzupassen, waren ein weiterer Punkt der Tagesordnung. Einige Teilnehmer wollten eine Präzisierung der Beziehung der Studenten zum nationalsozialistischen Staat aufnehmen, so auch Erdmann. Er schlug folgende Formulierung vor: „Der AVer ist sich bewußt, daß sein Studentenberuf ihn zur pünktlichen Erfüllung der von Staat und Volk geforderten Dienstleistungen verpflichtet.“ Die AV-Grundsätze von 1927, die das eigene Leben des Studenten betont und individualistisch gewirkt hatten, wurden verändert. Nach der Änderung gaben die neuen Grundsätze „dem Bewußtsein Ausdruck, daß der Student innerhalb der größeren Gemeinschaft des Volkes steht, und zwar so, daß er in der Hingabe an

---

[42] Kater, S. 186.

[43] Erdmann an Petersen 11.5.1958, Erdmann beantwortete mit diesem Brief eine Anfrage der Ministerialrätin i.R. K. Petersen vom 6.5.1958; Fundort: BAK, Nl 393, Bd. 105.

[44] Auskunft Sch. vom 30.6.1994.

[45] Protokollmitschrift 5./6.6.1933, Fundort: Nachlaß Wolfgang Kroug; der Bericht der Freiburger Zeitung [29.5.1933 Abendausgabe, S. 6] über die Rektoratsübergabe an der Universität Freiburg ist gedruckt in: G. Schneeberger: Nachlese zu Heidegger, Nr. 47, S. 51-55; zur Beziehung Heideggers zur AV siehe R. Safranski: Ein Meister aus Deutschland, S. 159-161 sowie Farías, S. 106.

[46] Kroug: Akademische Vereinigung Marburg, S. 16.

[47] Farías, S. 165 f.; vgl. die Auslegung dieser Rede bei Safranski, S. 286-290.

[48] Auskunft des Archivs der deutschen Jugendbewegung, Burg Ludwigstein, Witzenhausen – Winfried Mogge, 19.8.1994.

seine besondere Arbeit der Gesamtheit einen unentbehrlichen Dienst leistet".[49] Angenommen wurde auch der Antrag Krougs, daß der Konvent keine Veranlassung sehe, die „Mitgliederschaft der Gesamt-AV irgendeiner Revision zu unterziehen".[50]

Für eine Anpassung der AV an die neue politische Situation hatte sich besonders der Student Franz Pahlmann eingesetzt. In den Ockershäuser Blättern,[51] dem vereinsinternen Mitteilungsblatt, charakterisierte er zurückblickend, bereits nach Auflösung der AV, die nach 1930 aufgenommenen Mitglieder, zu denen auch Erdmann gehörte, als die dritte Generation nach den Gründern und der Mitte der 20er Jahre durch Heidegger beeinflußten Aktivengruppe. Diese dritte Generation habe sich nicht mehr von der Jugendbewegung bestimmt gefühlt und nach einer neuen Basis des gemeinsamen Lebens gesucht. Sie habe sich gegen den philosophischen Geist ihrer Vorgänger abgrenzen wollen und sei der Ansicht gewesen, die gemeinsame Substanz „sei weder durch Fragen zu schaffen, noch liege sie überhaupt im Gebiete begrifflicher Klärbarkeit". Einige Mitglieder hätten den Intellektualismus der AV brechen wollen zugunsten von Gemeinschaft. Pahlmann stellte weiter fest: „Der Nationalsozialismus als Geist und Leben umfassende Macht hat jeden AVer in irgendeiner Form innerlich bezwungen. Ich kenne wenigstens keinen, dem die Persönlichkeit Adolf Hitlers nichts zu sagen hätte. Damit ist aber der Inhalt in Erscheinung getreten, um den die letzten Generationen der AV sich bemühten. Die AVer sind wieder schicksalhaft unter eine Einheit, eine Voraussetzung gestellt und dadurch von neuem zur Gemeinschaft geworden."

Die Analyse der zeitgenössischen, die AV betreffenden Texte zeigt, daß im Gegensatz zu ihren Erinnerungen, die damals beteiligten wenigen aktiven Mitglieder sich nicht als Gegner der neuen Zeit empfanden, sondern im Nationalsozialismus – wie Pahlmann ausführte – eine Weiterentwicklung der Jugendbewegung sahen. Ein Indiz hierfür ist, daß Mombauer 1933 Mitglied der SA wurde.[52] Ein Mangel an aktiven Mitgliedern führte im Februar 1934 zur Auflösung der AV. Doch wurde versucht, die Verbindung der Altherrenschaft durch Rundbriefe aufrecht zu erhalten.[53]

In die Marburger Studienzeit fällt der erste gedruckte Aufsatz des 22-jährigen Erdmann in einer von literarisch ambitionierten Studenten gegründeten Kulturzeit-

---

[49] G. Krüger: Die „neuen" Grundsätze der AV, in: Ockershäuser Blätter. Zeitschrift der Akademischen Vereinigung Marburg, Juni 1934, S. 2.

[50] Vgl. die Interpretation dieses Vorgangs in W. Kroug: Sein zum Tode, S. 96, Anm.: „Auf dem Großen Pfingstkonvent 1933 wurde beschlossen, weder die Juden noch die Angehörigen kommunistischer und linksgerichteter Ideologien von der Mitgliederliste zu streichen. Dieser Beschluß wurde gefaßt, obwohl damals eine, wenn auch geringe Unterwanderung der Verbindung durch NS-Anhänger erfolgt war."

[51] F. Pahlmann: A.V. am Ende oder am Wendepunkt? in: Ockershäuser Blätter. Zeitschrift der Akademischen Vereinigung Marburg, Juni 1934, S. 3-4.

[52] Siehe das hschr. Gesuch des Studienreferendars Hans Mombauer um Zulassung zur pädagogischen Prüfung für das Lehramt an den höheren Schulen an den Oberpräsidenten der Rheinprovinz, Abt. Höhere Schulen vom 1.12.1935, in dem es heißt: „Der SA gehöre ich seit dem 1. November 1933 an; [...]"; Fundort: LHK, Best. 405 A, Nr. 4064. Für den Eintritt in die SA können persönliche Gründe den Ausschlag gegeben haben.

[53] Siehe W.P. Fuchs' „Schlußbemerkung" in den Ockershäuser Blättern vom Juni 1934, S. 4. Eine Anschriftenliste nach dem Stand vom 1.4.1934 umfaßte 141 Personen.

schrift. Anläßlich der Übernahme des Gefallenenfriedhofs in dem westflandrischen Ort Langemarck hatte die Deutsche Studentenschaft an den Hochschulen ihrem übersteigert-nationalistischen Langemarck-Mythos Ausdruck gegeben. Der abschließende Satz dieser Kundgebung lautete: „Das heilige deutsche Reich ist nicht gebunden an Grenzen und Länder, es ist unendlich wie die Welt selber, eingesetzt von Gott und den Deutschen als Auftrag der Ewigkeit gegeben, in der sichtbaren Welt Ordnung und Gesetz zu schaffen." Hiergegen wandte sich Erdmanns Text, in dem es u.a. heißt: „Das Volk, das an den Fronten kämpfte, hat nicht zur Waffe gegriffen, um zu erobern, nicht tötete es, um zu herrschen, sondern um zu leben. Zu reden von einem göttlichen Auftrag, der den Deutschen gegeben sei, der Welt Ordnung und Gesetz zu schaffen, heißt die Kriegsschuldlüge verewigen."[54] Erdmann geht von einer christlich-humanistischen Kulturgemeinschaft der bei Langemarck gefallenen Belgier, Deutschen, Engländer und Franzosen aus: „Sollen wir Nachfahren jener Gefallenen angesichts dieser Gräber vergessen, daß alles Töten, auch im Krieg, unheilige Vernichtung des Lebens ist? Wissen wir denn nicht, daß jene drüben und wir durch tausend Ketten eines gemeinsamen Schicksals aneinandergebunden sind? Daß wir alle ein gemeinsames Erbe zu wahren haben, das in Christentum und Antike uns überliefert ist? Wenn jede Nation sich diesen Schatz auch mit eigener Prägung zu eigen macht, so ist es doch dasselbe Metall, aus dem wir unsere Münzen schlagen. Die Kreuze von Flandern rufen niemand zur Herrschaft, niemand zur Knechtschaft, aber alle zum Dienst. Der wird möglich durch lebendiges Wissen um die gemeinsame Herkunft, daß die Einheit des Schicksals zu einer Einheit der Aufgabe werde."[55] Dies kann aber nach Erdmann nur gelingen, wenn der „mörderische Kampf der Bürger gegeneinander" beendet ist: „Ein deutsches Reich als gesetzgebend für Europa hat nie bestanden. Und kann und darf nie bestehen, solange jeder Tag unseres inneren Kampfes jenem Franzosen recht gibt, der meint, daß der normale Zustand des deutschen Volkes doch der dreißigjährige Krieg sei!" Deutschland solle sich auf seine „besondere Berufung" zurückbesinnen, die nicht als Herrschaft, sondern als Dienst charakterisiert wird. Erdmann könnte hier die Ausformung eines einheitlicheren Volkswillens im Gegensatz zum bestehenden Parteienstreit gemeint haben, sei dieser Zustand erreicht, wäre ein „deutsches Reich als gesetzgebend für Europa" möglich.

Erdmann hatte sich mit diesem Text nicht gegen den NS-Studentenbund, sondern gegen die Deutsche Studentenschaft, einen Zusammenschluß der völkischen und nationalen Studentengruppen, gewandt. Zwar hatte sich zunehmend seit 1931 auch in dieser bis dahin demokratisch organisierten Vereinigung das Führerprinzip durchgesetzt, doch die Auseinandersetzung über die Richtung war 1932 noch nicht beendet. Die Deutsche Studentenschaft hatte bereits 1928 nach einer Flandernreise den Plan gefaßt, „Langemarck, die Stätte deutscher Jugend Opfertod, zum sichtbaren Symbol zu gestalten für Deutschland, für die deutsche Jugend und für die Welt".[56] Zur Ver-

[54] Carl [=Karl Dietrich] Erdmann: Der Langemarck-Mythos, in: Marburger Flugblätter. Zeitschrift für Kunst und Leben 1 (1932/33) Heft 5/Juli 1932, S. 4-7.

[55] Ebd.

[56] Das Langemarckbuch der deutschen Studentenschaft, hrsg. v. Karl-August Walter. Leipzig 1933, S. 210 zit. n. R. Dithmar: Der Langemarck-Mythos in Dichtung und Unterricht, S. XXIV.

wirklichung dieser Idee wurde die Langemarckspende ins Leben gerufen. Jäckel nennt diesen Aufsatz mit Recht „bemerkenswert" und meint damit Erdmanns Stellungnahme gegen den „chauvinistischen Langemarck-Mythos".[57] Die spätere Interpretation Erdmanns, der seinen Aufsatz als Zeugnis einer aktiven Tätigkeit gegen den Nationalsozialismus verstanden wissen wollte, hat dagegen apologetischen Charakter.

Die Bewerbung Erdmanns beim DAAD liegt zeitlich vor Hitlers Machtübernahme, vor der „Gleichschaltung" der Universitäten und vor den systematischen Entlassungen jüdischer Akademiker. Ein Zusammenhang zwischen einer eventuellen Assistentenstelle in Köln und seinem Parisaufenthalt, wie ihn Jäckel annimmt,[58] ist nicht gegeben. Der Zeitpunkt und das zwar fortgeschrittene, aber noch nicht abgeschlossene Studium sprechen eher gegen eine Zusage aus der Kölner Universität schon im November 1932, als Erdmann den Antrag beim DAAD stellte. Das war auch 1933 nicht anders, denn er arbeitete, wie Aufzeichnungen im Nachlaß Mommsens bestätigen, noch an seiner Dissertation: „Das Verhältnis von Staat und Religion nach der Sozialphilosophie Rousseaus. Der Begriff der 'religion civile'". Anscheinend lag die Arbeit bereits zum Zeitpunkt des Staatsexamens im Sommer 1933 vor, denn vom 22. Juni datiert ein kurzes positives Urteil Mommsens. Ein längeres Gutachten vom 4. Oktober gehört zum Promotionsverfahren. Beide Male vergibt Mommsen das Prädikat „mit Auszeichnung"; in der zweiten Bewertung gibt er jedoch zu, sich inhaltlich kein endgültiges Urteil erlauben zu können, da „die Arbeit des Herrn Erdmann nicht mein engstes Arbeitsgebiet berührt".[59]

Nachdem Erdmann das Pariser Studienjahr bewilligt worden war, konnte er sich dem Staatsexamen (21. Juli 1933) und der mündlichen Promotionsprüfung (1. November 1933) widmen, bevor er nach Paris ging.[60]

Hier hatte er bereits auf eigene Kosten das Wintersemester 1930/31 verbracht. Die Stadt und das Leben dort waren ihm bekannt. Doch hatte sich in den vergangenen drei Jahren atmosphärisch etwas Wesentliches verändert. Im Jahr von Hitlers Regierungsantritts war die französische Hauptstadt zu einem wichtigen Zentrum politisch aktiver Emigranten geworden, die von hier aus den „Gegenangriff" – so der Titel einer Exilzeitschrift – gegen den Nationalsozialismus in Gang zu setzen hofften. Was

---

[57] Jäckel: Karl Dietrich Erdmann 1910-1990, S. 529.

[58] Ebd., S. 530.

[59] Fundort der Gutachten und Notizen: Nachlaß Wilhelm Mommsen.

[60] Auf den Promotionstermin Erdmanns gibt es in seiner 1935 gedruckten Dissertation keinen Hinweis. E. Jäckel: Karl Dietrich Erdmann 1910-1990, S. 530 legt ihn in das Jahr 1933. In Kürschners Deutschem Gelehrtenkalender ist ab dem Band für 1976 das Jahr 1934 eingetragen, ebenso im Munzinger-Archiv. Im Jahresverzeichnis der an den deutschen Universitäten und Hochschulen erschienenen Schriften Bd. 51/1935, S. 532 findet man das Datum 6.5.1935. Diesen Termin bestätigt das Hessische Staatsarchiv in Marburg (Auskunft vom 31.3.1993; Auerbach) als Datum des Promotionszeugnisses, als Tag der mündlichen Prüfung im Promotionsverfahren wird der 1.11.1933 angegeben, in den Notizen des Doktorvaters Wilhem Mommsen steht der 3.11. Siehe hierzu die Abschrift des Promotionszeugnisses in der Schulverwaltungsakte Karl Dietrich Erdmanns im Historischen Archiv der Stadt Köln, Acc. 442, Nr. 103, das vom 1.11. datiert; hier auch eine Zeugnisabschrift des Staatsexamens vom 21.7.1933.

die Stimmung prägte, war auf französischer Seite eine abwartende Skepsis gegenüber dem Hitler-Regime, gepaart mit der Angst vor einer Aufrüstung Deutschlands und mit der intellektuellen Kritik an den antisemitischen Exzessen jenseits des Rheins. Die Emigranten, ihrer Heimat beraubt, versuchten eigene Aktivitäten zu entfalten, waren aber stets durch die aus der Weimarer Zeit sich fortsetzende Fragmentierung in verschiedene politische Lager sowie durch die Furcht vor der Spitzeltätigkeit deutscher Behörden behindert. Es war daher nicht zuletzt Mißtrauen, welches die deutsche Szene in Paris kennzeichnete. Die deutsche Botschaft in Paris berichtete fortlaufend über die Einflüsse der Emigranten auf die französische Öffentlichkeit. Botschafter Roland Köster charakterisierte sie als „Schädlinge, die eine umso größere Gefahr bedeuten, als sie vielfach Frankreich und die französische Mentalität gut kennen und zum Teil hier über zahlreiche Beziehungen verfügen". Es sei auch eine Flüchtlingspresse entstanden. Diesen Punkt abschließend, beruhigte er das Auswärtige Amt: „Der Einfluß der Flüchtlinge wird sich mit der Zeit immer mehr verringern, wenn es sich zeigen wird, daß die Entwicklung über sie hinweggeht. Schon heute wird erkenntlich, daß sie vielfach ihre Propaganda selbst beeinträchtigen, weil ihre Hetze durch Übersteigerung und offenkundige Perfidie an Wirkung verliert. Im allgemeinen kann gesagt werden, daß sich das französische Interesse für die aus Deutschland Geflüchteten, auch die Juden, verringert hat."[61] Noch aber war, wie der Gesandschaftsrat Karl Dumont am 27. Oktober 1933 mit Blick auf einen Zeitungsartikel Heinrich Manns feststellte, der „Einfluß, den die deutsche politische Emigration in Frankreichs öffentlicher Meinung besitzt, jedenfalls nicht zurückgegangen."[62] Am selben Tag schrieb Botschaftsrat Dirk Forster, daß der „mit allen Mitteln und großem Geschicke geführte offene und unterirdische Kampf gegen das neue Deutschland, dessen Heftigkeit allem Anscheine nach in den letzten drei Monaten ständig zugenommen hat, eine ernste Gefahr für uns bedeutet".[63] Eine Hauptrolle bei der Abwehr der „Emigrantentätigkeit" in Frankreich sollte nach Kösters Meinung der individuelle Aufenthalt Deutscher in Frankreich übernehmen: „Jeder Deutsche, der sich heute nach Frankreich begibt, müßte gewillt und imstande sein, persönlich für das neue Deutschland zu werben, wobei es erforderlich ist, sich der Form nach dem französischen Volkscharakter anzupassen und die Absicht einer ausgesprochenen Propaganda nach außen hin völlig zurücktreten zu lassen."[64] Daß die NS-Propaganda nicht erfolglos war, zeigt die resignierte Feststellung Heinrich Manns in einem Artikel in der Dépêche de Toulouse am 6. Februar 1934, daß sich in Frankreich die Sympathien des von der Demokratie enttäuschten Volks Hitler zuwendeten. Dumont schloß daraus: „Bei einem so offenen Feind des nationalsozialistischen Deutschlands, wie Heinrich Mann, muß diese schon jetzt eintretende Ernüchterung als Anzeichen dafür

---

[61] Bericht Kösters vom 4.8.1933, S. 6; Fundort: PA, R 70 945, Akten der Abteilung II, Frankreich, Politik 26: Politische und kulturelle Propaganda – Frankreich –, Bd. 4. Zur Emigrantenszene in Paris siehe W. Jasper: Hotel Lutetia.

[62] Dumont an AA 27.10.1933; Fundort: PA, R 98 454, Akten des Referats D, Politik 5 N.E. adh. 4 Nr. 1: Deutsche Emigranten im Ausland, Bd. 3.

[63] Forster an AA 27.10.1933; Fundort: PA, R 98 454.

[64] Bericht Kösters vom 4.8.1933, S. 11 f.; Fundort: PA, R 70 945.

gewertet werden, daß mit Ausnahme der KPD, der SPD und politisch führender Persönlichkeiten demokratischer Richtung die Kampfstimmung bei der breiten Masse der deutschen Flüchtlinge zu ermüden beginnt."[65]

Auf die propagandistische Wirkung seiner Studenten setzte ausdrücklich auch der DAAD, der für Erdmanns Austauschjahrgang ein gemeinsames Vorbereitungstreffen im Schloß Köpenick in Berlin veranstaltete. Hier hatte in den Vorjahren Arnold Bergsträsser die Studenten auf ihren Auslandsaufenthalt eingestimmt. 1933 konnte er hier aber nicht mehr auftreten.[66] Durch personelle Veränderungen war der DAAD im Juni 1933 der NS-Politik „gleichgeschaltet" worden. Sein neuer stellvertretender Leiter, Karl Bömer[67], seit 1932 in der NSDAP, baute gleichzeitig das Pressereferat des Außenpolitischen Amts der Partei (APA) auf. Der neue Präsident des DAAD, Ewald von Massow, kam vom Stahlhelm und war von Hitler persönlich für die NSDAP angeworben worden.[68] Die „Gleichschaltung" hatte auch Konsequenzen für die Pariser Zweigstelle. So wurde bereits im Mai 1933 der jüdischen Mitarbeiterin Feuer gekündigt.[69] Die Machtübernahme der Nationalsozialisten wirkte sich auch auf die Auswahlkriterien und die Vorbereitung der Austauschstudenten schon in Erdmanns Jahrgang aus.[70] In einem Merkblatt wurde von ihnen „die Vertrautheit mit den Grundzügen" eines NS-Bücherkanons erwartet. Dieser umfaßte 13 Titel, darunter Hitlers „Mein Kampf", Rosenbergs „Der Mythus des 20. Jahrhunderts", Moeller van den Brucks „Drittes Reich" und eine Volksausgabe des „Handbuchs der Judenfrage".[71] In einem weiteren Merkblatt hieß es im September 1933: „Du bist im Ausland Vertreter des nationalsozialistischen neuen Deutschland und hast dieses neue Deutschland durch Dein Beispiel und Dein Leben, nicht durch Reden und laute Propaganda zu vertreten. Es bleibt Deinem nationalen Taktgefühl überlassen, wann und wie Du diese Deine nationale Haltung auch mit Worten in kleinem oder großem Kreise Deiner ausländischen Kommilitonen oder Kollegen zum Ausdruck bringst. Beachte aber die Regel, daß Du, falls sich Deine Gastgeber für innerdeutsche Meinungsverschiedenheiten und Gegensätze interessieren, über anders gesinnte Deutsche kein abschätziges Urteil fällst, sondern nach Möglichkeit die Gründe ihres anderen Standpunktes darzulegen versuchst."[72] Ziel des DAAD war es nicht, tiefere Kennt

[65] Dumont an AA 14.2.1934; Fundort: PA, R 99 576, Akten der Abteilung Inland II A/B: Deutsche Emigrantentätigkeit im Ausland, Bd. 1.

[66] V. Laitenberger: Akademischer Austausch und auswärtige Kulturpolitik, S. 205 ff.

[67] H.-A. Jacobsen: Nationalsozialistische Außenpolitik, S. 62.

[68] Siehe dazu Laitenberger, S. 51 ff.

[69] Siehe dazu die entsprechenden Schreiben im Zusammenhang mit einem Artikel des Populaire vom 27.6.1933 über diesen Vorgang: PA, Akten der Botschaft Paris, V 4 g (1053/2), Deutscher Akademischer Austauschdienst, Bd. 2, Juni 1932-Juni 1935. Zur Geschichte der Pariser Zweigstelle siehe B. Pellissier: L'antenne parisienne du DAAD, in: H.M. Bock/R. Meyer-Kalkus/M. Trebisch (Hrsg.): Entre Locarno et Vichy, Bd. 1, S. 273-285, ebd. der Beitrag D. Tiemanns: Zweigstelle Paris des DAAD und Institut français de Berlin, S. 288-300, sowie E. Michels: Das Deutsche Institut in Paris 1940-1944, S. 18-31.

[70] Laitenberger, S. 191.

[71] Laitenberger, S. 193 f.

[72] Laitenberger, S. 210.

nisse über das Gastland zu fördern oder in diesem deutsche Kultur zu vermitteln, sondern, den Ideen Bergsträssers folgend, die Studenten in der Auseinandersetzung mit der fremden Umwelt zu national bewußteren Deutschen zu formen.[73]

Das Angebot, im Ausland quasi als Jungbotschafter NS-Deutschlands aufzutreten, fiel auf fruchtbaren Boden. Dieter Tiemann, der intensiv die deutsch-französischen Jugendbeziehungen untersucht hat, fällt ein hartes Urteil: „Herrisches Selbstbewußtsein, arroganter Überlegenheitswahn und aufgeblasene Rhetorik beherrschten jetzt mehr denn je das Feld der publizierten wie der unveröffentlichten Stellungnahmen, die durch keinen Anflug selbstkritischer Skepsis getrübt wurden. Inwieweit sich die Jungakademiker dem Druck des ideologischen Einflusses entziehen wollten und konnten, bleibt im Dunkeln. Daß hingegen die Bereitschaft zur bedingungslosen Hingabe an die nationalsozialistischen Wertmuster groß war, kann keinem Zweifel unterliegen."[74] Dem Gastland Frankreich blieb die propagandistische Absicht, mit der die Studenten ins Land kamen, nicht verborgen. So erwähnte der Austauschlektor Karl Korn im Zusammenhang mit seiner Ausweisung im Sommer 1934 den in der Toulouser Presse erhobenen Vorwurf, „die Deutschen, die nach Frankreich gingen, würden in Deutschland vorher auf Tagungen in die zu leistende Propagandaarbeit eingeführt".[75]

Erdmann ging vorbereitet nach Paris, wo er sich engagiert in den Dienst des DAAD stellte. Der Leiter des Austauschdienstes, Adolf Morsbach, avisierte der deutschen Botschaft am 6. September 1933 die 28 Lektoren und Austauschassistenten sowie 13 Studenten mit der Bitte um Unterstützung durch die diplomatische Vertretung.[76] Erdmann war aber erst ab November in der französischen Hauptstadt. Ein erstes Schreiben an ihn mit der Einladung zu einer Besprechung der Austauschstudenten datiert vom 10. November, und am 18. Januar 1934 schrieb er, er sei seit zwei Monaten in Paris.[77] Sieht man von sporadischen Hinweisen ab, erfährt man aus den Berichten Erdmanns, von denen im nächsten Kapitel die Rede sein soll, kaum etwas über den studentischen Alltag des jungen Wissenschaftlers. Es ist lediglich einmal von schlechten Sprachkursen und besseren Phonetikübungen die Rede, von der positiven Erfahrung mit lauten Sprechübungen und ganz allgemein von der Quellenrecherche in der Bibliothèque Nationale und in den Archives Nationales.[78] Um so mehr erfährt

---

[73] Ebd. S. 206 f.; Michels, S. 23.

[74] D. Tiemann: Deutsch-französische Jugendbeziehungen der Zwischenkriegszeit, S. 326

[75] Brief Korns an Karl Epting vom 15.[6.]1934; der Brief ist auf den 15.7. datiert, aus dem Zusammenhang ergibt sich jedoch die um einen Monat falsche Datierung; Fundort: PA, Akten der Botschaft Paris, (2255), Assistenten A-L 1933-1934. Siehe auch die Lebenserinnerungen des späteren Journalisten Karl Korn (1908-1991) mit dem Titel: „Lange Lehrzeit". Ein deutsches Leben. In einem weiteren Brief an Epting vom 6.6.1934 bezeichnete er sich selbst als Nationalsozialisten.

[76] Morsbach an Botschaft Paris 6.9.1933 mit Anlagen: PA, Akten der Botschaft Paris, V 4 a (1051/4), Studentenangelegenheiten Bd. 4; zur Person Morsbachs, der am 30.6.1934 verhaftet wurde, siehe Laitenberger, S. 24 f., 60.

[77] Durchschlag eines Schreibens an Erdmann ohne Unterschrift vom 10.11.1933 und „Erster Bericht" Erdmanns an den DAAD vom 18.1.1934; Fundort: PA, Akten der Botschaft Paris (2434).

[78] Siehe hierzu den in Anm. 77 genannten „Ersten Bericht" Erdmanns vom 18.1.1934.

man über Erdmanns Einschätzung der französischen Lebensart und Politik, über sein Verhältnis zu den geänderten Bedingungen in Deutschland und zum Nationalsozialismus.

In seiner bereits erwähnten Darstellung schreibt Tiemann: „Die deutschen Studenten und ihre Funktionäre hatten vor 1933 starke Neigungen für völkisch-nationale Heilserwartungen gezeigt und begrüßten nahezu einhellig Hitlers 'Machtergreifung'. Das galt auch für diejenigen unter ihnen, die Beziehungen zu Frankreich unterhielten. Deren Einstellungen und Verhaltensweisen gegenüber den westlichen Nachbarn bedurften also kaum der Korrektur im nationalsozialistischen Sinne." Diesem Zitat Tiemanns, der hier, ohne es zu wissen, auch über Erdmann urteilt, soll ein Satz gegenübergestellt werden, der sich in dem eingangs angeführten Nachruf Jäckels findet: „1930 ging er zu einem ersten Studienaufenthalt nach Paris. Das war damals ungewöhnlich und bewahrte ihn für immer vor nationalistischer Überheblichkeit". Während Tiemanns Bewertung auch auf Erdmann zutrifft, berücksichtigt Jäckels Aussage die Zeitumstände nicht genügend und erklärt nicht was war, sondern was hätte sein sollen. Wie Karl Korn kehrte auch Erdmann „national bewußter" aus Frankreich zurück.[79]

Als markante Beispiele dienen Tiemann eine Broschüre über eine Frankreichfahrt im Jahr 1928 und ein im Dezember 1933 verfaßter Rundbrief der Austauschstudenten in Frankreich. Beide Texte hatten einen Karl Erdmann zum Autor; es handelt sich jedoch um zwei verschiedene Autoren gleichen Namens. Kompliziert wird die Identifizierung zusätzlich dadurch, daß eine dritte Person mit diesem Namen hinzukommt.[80] Den Zusatz „Dietrich" benutzte Erdmann erst 1935 im Titel der Dissertation, um Verwechslungen vorzubeugen; im Vorwort nannte er sich wieder nur „Karl Erdmann". Auch danach gebrauchte er keinen Zweitvornamen. Dieser gewann erst nach 1945 an Bedeutung.

Es ist zunächst der Mediävist Carl Erdmann (1898-1945) zu nennen, Privatdozent für mittelalterliche Geschichte in Berlin, wo er sich 1932 habilitiert hatte. Er war seit 1934 Mitarbeiter bei den Monumenta Germaniae Historica, seine Habilitationsschrift erschien 1935. Carl Erdmann hatte Ernst Kantorowicz auf dessen Frankfurter Lehrstuhl vertreten sollen, war aber den Nationalsozialisten durch sein Eintreten für den jüdischen Kollegen aufgefallen. Wohl deshalb verlor er 1936 die Venia legendi und beschränkte sich fortan auf seine editorische Tätigkeit bei den Monumenta Germaniae Historica.[81]

---

[79] Tiemann: Deutsch-französische Jugendbeziehungen der Zwischenkriegszeit, S. 321; Jäckel: Karl Dietrich Erdmann 1910-1990, S. 529; Korn, S. 217.

[80] Tiemann: Deutsch-französische Jugendbeziehungen der Zwischenkriegszeit, S. 100-5, 323 f. Wie Tiemann erkennt auch Laitenberger (S. 230) die Identität des Stipendiaten mit dem Historiker Erdmann nicht.

[81] Hierzu der Artikel G. Opitz' in der NDB, Bd. 4, S. 570; K. Schreiner: Führertum, Rasse, Reich, in: P. Lundgreen (Hrsg.): Wissenschaft im Dritten Reich, S. 204-206 und G. Tellenbach: Carl Erdmann, in: ders.: Ausgewählte Abhandlungen und Aufsätze, Bd. 4, S. 1260.

Carl Erdmann hatte einen nur wenig jüngeren Neffen:[82] Karl Erdmann, 1902 in Riga geboren, studierte in Berlin, Heidelberg, Bonn und Cambridge Geschichte, Klassische Philologie und Rechtswissenschaft. Mit einigen Studenten der „Akademischen Freischar" unternahm er im Frühsommer 1928 eine Frankreichfahrt, über die er in einem bei Ludwig Voggenreiter in Potsdam 1929 erschienenen Büchlein berichtete.[83] Gemeinsam mit seinem Verleger und anderen führte Karl Erdmann seit Oktober 1930 die Deutsche Freischar, enge Kontakte hielt er auch zur Marburger Akademischen Vereinigung.[84] Dem Kölner Karl Erdmann kann die Namensgleichheit aufgefallen sein, schrieben sie doch beide für das interne Mitteilungsorgan der Vereinigung, die Ockershäuser Blätter.[85] 1932 schloß Erdmann sein Jurastudium mit einer Promotion in Heidelberg ab.[86] Mit einer ganzen Gruppe ehemaliger Jugendbewegter kam er, mittlerweile in die SS eingetreten, am 1. Juli 1936 in die Dienststelle Ribbentrop, wo er bis 1. August 1937 im Hauptreferat X-England beschäftigt war.[87]

Mit dem Wissen um die Namensgleichheiten und die unterschiedlichen Biographien lassen sich Verwechslungen vermeiden.

Seine besondere Einsatzbereitschaft als Austauschstudent half Erdmann in Paris nicht, als es darum ging, seine Stipendiatenstelle um ein zweites Jahr zu verlängern. Sowohl Hans Göttling als auch Karl Epting unterstützten sein entsprechendes Gesuch. Aus dem Schreiben Eptings an den DAAD[88] wird noch einmal deutlich, welche herausgehobene Rolle Erdmann für die Pariser Zweigstelle spielte:

---

[82] Zu dieser Verwandtschaftsbeziehung siehe Deutsche Stammtafeln in Listenform, Bd. II, 1, Sp. 354 f. und Sp. 361 f. Anm. 33 und den in Anm. 86 genannten Lebenslauf Karl Erdmanns.

[83] K. Erdmann: Frankreich, S. 8 „Akademische Freischar". Ein Bericht hierüber von Hermann Kügler in: Jugendbewegung, S. 1541-43.

[84] Hierzu der Beitrag U. Rößlings in: Lexikon zur Parteiengeschichte, Bd. 1, S. 655 und Jugendbewegung, S. 1356 f.

[85] Karl Erdmann: Marburger Ring, in: Ockershäuser Blätter. Zeitschrift der Akademischen Vereinigung Marburg, Nr. 25, Mai 1927, abgedruckt in: Jugendbewegung, S. 1362 f.; Karl [Dietrich] Erdmann: Die Pfingsttagung in Halberstadt vom 8. bis 11. Juni 1930. Bericht über die Tagung, in: Ockershäuser Blätter, Nr. 32, Oktober 1930, siehe die in Anm. 6 genannten Publikationsverzeichnisse. Karl Erdmann der heute in Truchtlaching im Landkreis Traunstein lebt, lernte allerdings – so teilte er am 24.5.1993 mit – seinen Namensvetter Karl Dietrich damals nicht kennen.

[86] Von der Wandlung zum sozialen Recht. Ein Versuch zur Erhellung der Frage anhand des Problems Lohnanspruch bei Teilstreik. Heidelberger rechtswissenschaftliche Abhandlungen 17. Heidelberg 1932; siehe hier die Widmung des Buchs und den Lebenslauf Karl Erdmanns.

[87] Angaben bei H.-A. Jacobsen: Nationalsozialistische Außenpolitik, S. 279, 289, 300, 702; siehe hierzu eine Weihnachtsgratifikationsliste aus dem Dezember 1936: PA, R 27183, Akten der Dienststelle Ribbentrop 12/2, Dienststelle Verwaltung und Allgemeines, 1935-1940. K. Erdmann wechselte anschließend ins Reichswirtschaftsministerium. Seit 1950 im Bundeswirtschaftsministerium, zuletzt Ministerialrat, Mitinitiator der deutschen Entwicklungshilfe, 1966 vorzeitiger Ruhestand, danach Wirtschaftsberater in München. (Informationen des Archivs der deutschen Jugendbewegung, Burg Ludwigstein, Witzenhausen – Winfried Mogge, 6.5.1993; Jugendbewegung, S. 1762 und H.-A. Jacobsen: Nationalsozialistische Außenpolitik, S. 886).

[88] Nicht unterzeichneter Durchschlag des Briefs Eptings an Dybwad vom 8.2.1934; Fundort: PA, Akten der Botschaft Paris (2434). Epting war seit April 1934 Leiter der Pariser Zweigstelle des DAAD, Göttling war Eptings Vorgänger in dieser Funktion, Ingrid Dybwad leitete bis Mai 1934 das akademische Hauptreferat des DAAD in Berlin; hierzu siehe Laitenberger, S. 71, 120, 129 f. (mit Anm. 194), 134, 236 (zu Dybwad auch Korn, S. 176, 189, 192, 194); Michels, Kap. 2;

„In der Anlage erhalten Sie einen ausführlichen Brief von Herrn Karl Erdmann. Herr Dr. Göttling wird ihn offiziell begründen und befürworten. Ich selbst möchte nur einige persönliche Bemerkungen hinzufügen, die meinen freundschaftlichen Gefühlen für Erdmann entspringen. Soweit ich sehe, ist er der einzige, dem es gelungen ist, in lebendige Fühlung mit der französischen Gesellschaft und Kreise der französischen Jugend zu kommen. Da er ein ausgezeichnetes Französisch spricht, ist ihm diese Fühlungnahme – im Gegensatz zu anderen Austauschstudenten, die kaum einen einzigen Satz fehlerlos sprechen können – erleichtert. Da er infolge seiner gefälligen Formen mit Erfolg auch in der Öffentlichkeit auftreten kann, hat er einen Wirkungsradius, der anderen versagt bleibt. Wir würden es deshalb vom Standpunkt unserer Gesamtarbeit aus begrüßen, wenn Erdmann ein zweites Jahr Frankreichaufenthalt als Student, Lektor oder Lehrer in Paris oder in der Provinz ermöglicht werden könnte, damit wir seine Fähigkeiten an Punkten einsetzen können, wo es heute um Gewinnung von Neuland geht.

Ich wäre dankbar, wenn der Austauschdienst sein Gesuch positiv entscheiden könnte."

Die Berliner Zentrale sah jedoch keine Chance, daß er ein zweites Frankreichjahr auf seine Referendarzeit als Lehrer angerechnet bekommen würde. Die zuständigen Länderministerien verhielten sich äußerst restriktiv, da „der Umbruch auf dem erzieherischen Gebiet es unbedingt erforderlich mache, daß die betreffenden Referendare ihre deutsche Ausbildungszeit ungekürzt durchführen".[89]

E. Reichel: Wieder gelesen: 'Frankreich im Widerspruch', in: Dokumente 46 (1990)148-53 sowie die Erwähnung Eptings in Erdmann: Die Ökumene der Historiker, S. 256.

[89] Siehe den Brief Theodor Wilhelms an Göttling vom 28.2.1934 und den nicht unterzeichneten Durchschlag eines Briefs an Erdmann vom 5.3.1934, den Wilhelm Göttling zur Kenntnisnahme übersandte; Fundort: PA, Akten der Botschaft Paris (2434). Wilhelm leitete das pädagogische Hauptreferat des DAAD in Berlin, siehe dazu Laitenberger, S. 64, Anm. 94 und S. 71.

Die „Pariser Dokumente"

Die deutschen Austauschstudenten waren verpflichtet, einen Bericht über ihre Erfahrungen an den französischen Universitäten für den DAAD zu verfassen, der über Paris nach Berlin gesandt wurde.[90] Die Einsendungen für 1933/34 kamen von den Universitäten Paris, Lyon, Dijon, Besançon, Montpellier, Bordeaux und Lille. Sie befaßten sich unter anderem mit der Wohnungsfrage, den Verhältnissen an der jeweiligen Universität, dem geistigen Leben, der deutsch-französischen Verständigung, dem französischen Nationalcharakter und mit der Reaktion auf die nationalsozialistische Regierung. Vereinzelt wurden die Rasse- und die Judenfrage berührt. Es kann hier nicht im einzelnen auf die unterschiedlichen Stellungnahmen eingegangen werden. Für die Schwierigkeiten, vor die sich die politisch denkenden Studenten gestellt sahen, soll ein Ausschnitt aus dem Bericht Andreas Hilgers (Lyon) angeführt werden: „So steht [der Franzose] dem Gedanken des totalen Staates durchaus feindlich und voll Unverständnis gegenüber. Hier revoltieren auch bei den Jungen die liberalistischen und individualistischen Gedanken, die bei ihnen kraft einer langen Tradition und einer eindringlichen Erziehung eingewurzelt sind, und die wir in vielen Diskussionen so genau kennen gelernt haben, daß ich nicht darauf zurückkommen will. Verneint der Franzose auch nicht, daß eine diktatorische Führung zu Krisenzeiten nicht zu vermeiden ist, so zeigt er sich schon im nächsten Satz, fast als Entschuldigung, von neuem als treuer und überzeugter Anhänger der Ideenwelt Rousseaus und als Kind der Gedanken der französischen Revolution. Ebenso untragbar wie der totale Staat ist für den Franzosen der Gedanke, daß es ein Rassenproblem zu lösen gibt."[91]

Ähnliche Erfahrungen machte Erdmann. Während aber von den anderen Studenten über ihre Berichte hinaus keine bemerkenswerten Arbeiten überliefert sind, tritt er als Sprecher der Stipendiaten hervor. Von ihm sind folgende Texte überliefert:

1) der bereits erwähnte Rundbrief Nr. 1 der Austauschstudenten in Frankreich, den er im Dezember 1933 verfaßte,[92]

2) der ebenfalls schon angesprochene „Erste Bericht" Erdmanns an den DAAD vom 18. Januar 1934,[93]

---

[90] Fundort: PA, Akten der Botschaft Paris (2259). Karl Korn (S. 189) schreibt, jeder Stipendiat habe halbjährlich nach Berlin berichten müssen.

[91] 21-seitiger Bericht des Austauschstudenten Hilger; PA, Akten der Botschaft Paris (2259), Zitat S. 18.

[92] Der Rundbrief war Anlage zu einem Kurzbericht über die Tätigkeit der Zweigstelle Paris des DAAD vom 15.9.-15.12.1933; Fundort: PA, Akten der Botschaft Paris (1053/2); ein zweites Exemplar befindet sich in PA, R 64063, Akten der Abt. VI W, Hochschulwesen 1, Frankreich, Paris 1932-1937, Bd. 3. Der Rundbrief ist im Anhang Nr. 1 gedruckt. Laitenberger hatte bereits 1976 unter Nennung des Namens „Karl Erdmann" auf diesen Rundbrief mit Angabe der Fundstelle im Politischen Archiv des Auswärtigen Amts mehrmals hingewiesen (S. 230, 235 f., 321).

3) ein Brief Erdmanns an die „Deutsche Studentenschaft in Berlin“ vom 15. Mai 1934,[94]
4) ein hektographierter und gebundener „Gemeinschaftsbericht der deutschen Austauschstudenten und Austauschstudentinnen in Frankreich“, den die Zweigstelle Paris des DAAD unter dem Titel „Frankreich, wie es sich selber sieht“ herausgab;[95] er ist von Erdmann und einem „Kameraden“ zusammengestellt und redigiert worden,
5) seine Dissertation über Rousseaus Sozialphilosophie; obwohl sie erst 1935 erschien, erlaubt der zeitliche Zusammenhang, sie im Kontext der anderen „Pariser Dokumente“ zu behandeln.

Erdmanns Rundbrief an die „Kommilitonen und Kommilitoninnen“ in ganz Frankreich liest sich weniger wie ein studentisches Informationsblatt, sondern mehr als philosophisch-politische Instruktion für die zu erwartenden Diskussionen mit Franzosen. Diese hätten den „Wunsch, einmal mit einem leibhaftigen Nationalsozialisten über Korridor, Anschluß und Abrüstung zu reden“.

Erdmann plädiert dafür, solche Gespräche als Chance zu begreifen, sich der eigenen heimatlichen Bindungen und deutschen Identität bewußter zu werden, „durch solche Begegnung zu einem echteren Verstehen und einer verantwortlicheren Bejahung unseres eigenen Wesens zu gelangen“. Die zwischen Deutschland und Frankreich schwebenden Probleme seien eine Angelegenheit der inneren Gültigkeit „unserer politischen Lebensweise, [...] unseres menschlichen Daseins schlechthin“. Der Sinn solcher Gespräche besteht für ihn nicht im argumentativen Austausch, sondern liegt auf einer irrationalen Metaebene des Dialogs, „in die keine Beweise und Argumente mehr hineinreichen“, in die jedoch „die unwiederholbaren Elemente unseres Volksbewußtseins rein hindurchklingen und das fremde Echo wachrufen“.

Eine Verständigung zwischen Deutschland und Frankreich scheint ihm ausgeschlossen zu sein: „Unsere Aufgabe ist, dieses Fremde als solches zu erkennen, dieses andere Lebensgefühl in unseren Gesprächen herauszuhören, unsere eigenen Worte und Begriffe darum so zu läutern, daß die unwiederholbaren Elemente unseres Volksbewußtseins rein hindurchklingen und das fremde Echo wachrufen.“ Diese Spannung müsse man als schicksalsmäßige Gegebenheit anerkennen und aushalten. Er zitiert in diesem Zusammenhang Arthur Moeller van den Bruck: „konservativ sein, heißt, Gegensätze ertragen können“.[96] Um sich die Verschiedenheit gegenseitig be-

[93] Fundort: PA, Akten der Botschaft Paris (2434); ein „Zweiter“ Bericht Erdmanns liegt als Einzelschrift nicht vor, doch darf man es als sicher annehmen, daß er diesen in den „Gemeinschaftsbericht“ (siehe Nr. 4) eingearbeitet hat.

[94] Gedruckt als Anhang Nr. 2; Fundort: PA, Akten der Botschaft Paris (2434).

[95] Fundort: PA, Akten der Abt. VI W, Hochschulwesen 27, Frankreich, Studentenaustausch – Frankreich Bd. 2.

[96] In Moeller van den Brucks Buch „Das dritte Reich“ lautet das Motto des gleichnamigen Kapitels: „Wir müssen die Kraft haben, in Gegensätzen zu leben“ (zitiert nach der bearbeiteten 3. Auflage, Hamburg, Berlin, Leipzig 1931, S. 300). Über diesen Autor schreibt Erdmann: Das Dritte Reich im Zusammenhang, S. 412: „Parlamentarismus und Demokratie wurden als schlechthin undeutsch verschrien. Man lese darüber Oswald Spengler und Moeller van den Bruck, um zu begreifen, was durch diese Literatur des neuen Nationalismus den kommenden Zerstörern Deutsch-

wußter zu machen, schlägt er für August 1934 ein gemeinsames Treffen aller deutschen und französischen Austauschstudenten auf einer Jugendburg am Rhein vor. Hierzu ist es jedoch nicht gekommen.[97]

Tiemann fällt über die in diesem Rundbrief geäußerten Gedanken ein deutliches und zutreffendes Urteil: „Karl Erdmanns Argumentation ging nämlich apodiktisch und in enger Anlehnung an NS-Vorgaben von deutsch-französischen Wesensunterschieden aus, die er nur mittels Intuition und nicht durch Reflexion feststellen zu können behauptete – eine Attitüde, welche gerade die jungen Intellektuellen unter den Franzosen zutiefst irritieren mußte, weil sie einerseits jede rationale Kontrolle ausschloß und andererseits durch das 'Dritte Reich' das Gewicht einer geradezu makabren politischen Realität gewonnen hatte.“[98]

Im „Ersten Bericht“, einem zehn maschinengeschriebene Seiten langen Text, schildert Erdmann seine Eindrücke von Frankreich und den Franzosen nach zweimonatigem Aufenthalt in Paris. Bei seinem ersten Besuch des Landes (1930/31) habe er den Eindruck der Geschlossenheit der politischen und moralischen Grundurteile in Frankreich gegenüber dem sich selbst zerfetzenden[99] Deutschland mitgenommen (S. 3). Jetzt sei nurmehr die Sprache das einzige Element, in dem Frankreich noch wirklich funktioniere (S. 2). Mit einem „Gemisch von Bewunderung und Angst“ blickten seine Gesprächspartner heute auf Deutschland. Der anfängliche Abscheu gegen die rassepolitischen Maßnahmen schwinde in dem Maße, „als sich die Emigranten durch ihr Verhalten in den Augen der Franzosen selbst ihr Urteil sprechen“ (S. 6). Die Emigrantenpresse und „das elende Buch von Heinrich Mann“ lehne man weithin ab. Angriffe von Emigranten gegen Deutschland, etwa in der Frage des Sterilisationsgesetzes, werden von Franzosen zurückgewiesen. „Allgemein ist festzustellen, daß man es lieber mit einem Nationalsozialisten zu tun hat als mit einem Emigranten“ (S. 6). Daß mit der Bewunderung für die Geschlossenheit und den Opferwillen Deutschlands die Angst vor unheimlichen Absichten gegen Frankreich einhergehe, erklärt er mit dem stimmungsmäßigen Bedürfnis der Franzosen, sich als „Zivilisationsmärtyrer“ (S. 7) zu sehen: „Man kann nur auf indirektem Wege diesem

---

lands an Schlagworten wie ein Bündel vergifteter Pfeile in die Hand gelegt wurde.“ Hier (S. 414) findet sich auch dieser Satz: „Um die Kraft der Faszination zu verstehen, mit der die Hitlerpartei in das politische Vakuum einbrach und große Teile des deutschen Bürgertums gewann, muß man sich klarmachen, daß die Proklamation einer Synthese von Nationalismus und Sozialismus auf eine 'große objektive Idee' der Zeit hinwies.“

[97] Siehe den nicht unterzeichneten Durchschlag eines, wohl von Karl Epting stammenden Briefs an Erdmann vom 14.5.1934 und den ebenfalls nicht unterzeichneten Durchschlag eines Briefs an Erdmann vom 13.6.1934, den Herbert Scurla Epting zur Kenntnisnahme übersandte; Fundort: PA, Akten der Botschaft Paris (2434). Scurla wurde Nachfolger Adolf Morsbachs in der Leitung des DAAD, zuvor leitete er dessen kulturpolitisches Hauptreferat; siehe dazu Laitenberger, S. 71, 142 f.

[98] Tiemann: Deutsch-französische Jugendbeziehungen der Zwischenkriegszeit, S. 324, vgl. Pellissier, S. 279.

[99] Die hier indirekt wiedergegebene Textstelle des Berichts ist wörtlich in dic Broschüre „Frankreich, wie es sich selber sieht“ übernommen worden (hier S. 10 f.); Fundort: PA, Akten der Abt. VI W, Hochschulwesen 27, Frankreich, Studentenaustausch – Frankreich Bd. 2. Es heißt dort „zersetzend“ statt „zerfetzend“.

tötenden Mißtrauen dadurch entgegenwirken, daß man versucht, in dem Franzosen ein Bewußtsein von der Dringlichkeit und der universalen auch ihn betreffenden Bedeutung der in Deutschland sich ereignenden Dinge wachzurufen bzw. zu stärken“ (S. 7).

Der von Erdmann angeführte Essayband Heinrich Manns „Der Haß – Deutsche Zeitgeschichte“[100] erschien im Oktober 1933 bei Gallimard in Paris und nur wenig später in deutscher Übersetzung im Querido-Verlag in Amsterdam. In dem „Meinem Vaterlande“ gewidmeten Buch griff er auf seine Weise den Haß der Nationalsozialisten gegen Vernunft und Aufklärung, Humanität und Kultur an. Sein Stil ist von Sarkasmus, Ironie und satirischer Aggression bestimmt. „Der Haß“ ist eine Kampfschrift, deren damalige Überspitzungen durch die tatsächliche Entwicklung in Deutschland aber noch übertroffen werden sollte. Es schildert die Abschaffung der Freiheit, die Verfolgung der Juden, Marxisten, Katholiken und Intellektuellen. Der Krieg werde durch Propaganda und Rassenlehre vorbereitet. Der Autor wollte mit dem Buch dazu beitragen, daß „Zeitalter des Irrationalen“ zu überwinden, um einem „Zeitalter der Vernunft“ den Weg frei zu machen.

Heinrich Manns intellektueller Appell wurde von Erdmann nicht angenommen. Eingehend setzt dieser sich mit dem „Hauptvorwurf, der sich immer wieder gegen das neue Deutschland erhebt“, auseinander: „die angebliche Vernichtung der Freiheit“ (S. 8 f.). Seinem Gastland wirft er umgekehrt den Glauben an die „zügellose politische Parlaments- und Pressefreiheit“ vor. „In solch’ einer Gesprächssituation kommt alles darauf an, den Unterschied klarzumachen zwischen einer ungezügelten Freiheit zu jeder beliebigen Meinungsäußerung und politischen Gruppenbildung, und einer Freiheit, die ihr Recht und ihre Möglichkeit allererst aus der Bindung gewinnt, und auf deren Grundlage echte geistige Spannungen zu verantwortungsvollem Austrag kommen können. Es brachte jedesmal den Vorwurf gegen angebliche Unfreiheit des deutschen Geistes zum Schweigen, wenn ich darauf hinwies, daß in diesem ‘tyrannisierten’ Deutschland zwischen den weltanschaulichen und religiösen Gruppen innerhalb und außerhalb der Kirche ein geistiger Kampf um das Verhältnis von Volkstum und Religion ausgetragen wird, der in seiner weit über Deutschland hinausreichenden grundsätzlichen Bedeutung heute der entscheidendste geistige Vorgang in Europa überhaupt ist. Und zwar ein Kampf, der grade dadurch erst möglich wurde, daß man einen falschen Freiheitsbegriff aufgab, in der Politik statt der Libertät des Privatmannes die zwingende Bindung des Volkstums wieder erkannte, und in der Theologie aufs neue mit Luther gegen jeden rationalistischen, erasmeischen Optimismus von der Erbsünde und ‘de servo arbitrio’[101] lehrte.“

Hierher gehört auch ein Brief aus Köln vom Dezember 1933, in dem Erdmann Mommsen bat, ihm seine Dissertation zuzusenden, da er sie „bald druckfertig machen möchte“.[102] Er schreibt weiter: „Am 8. Januar werde ich nach Paris zurückfahren. Die Aktualität, die das Problem meiner Arbeit, das Verhältnis von Staat und Religion,

---

[100] H. Mann: Der Haß. Deutsche Zeitgeschichte.

[101] Martin Luthers Schrift gegen Erasmus von Rotterdam „Vom unfreien Willen“ aus dem Jahr 1525.

[102] Erdmann an Mommsen 27.12.1933; Fundort: Nachlaß Wilhelm Mommsen.

durch die jüngsten Vorgänge in der protestantischen Kirche u[nd] bei den „Deutschen Christen“ bekommen hat,[103] überträgt sich auch auf das Interesse, das der gebildete Franzose an Deutschland nimmt. Grade von hier aus eröffnen sich große Möglichkeiten einer ruhigen Aufklärungsarbeit in Frankreich. Nichts etwa ist derartig geeignet, gegen das Emigrantengeschrei von der Versklavung des deutschen Geisteslebens vorzugehen, als ein Hinweis auf Karl Barth und die Marburger theol[ogische] Fakultät.[104] Im Februar werde ich vor Franzosen einen Vortrag über die Lage in der Kirche halten. Leider sind meine Revolutionsstudien durch mannigfaltige politische Betätigung etwas zu kurz gekommen. Immerhin bleiben noch sechs Monate.“ Mit dem Hinweis auf Karl Barth ist wohl dessen im Juni 1933 erschienene Schrift „Theologische Existenz heute“ gemeint, mit ihr begann der Kirchenkampf innerhalb der evangelischen Kirche. Barth bezeichnete darin die Lehre der Deutschen Christen als „Irrlehre“, die Zugehörigkeit zur Kirche werde „nicht durch das Blut und also auch nicht durch die Rasse“ bestimmt.[105]

Der politische Standort Erdmanns hielt sich, ausgenommen sein Eingehen auf die Rassetheorie, im Rahmen dessen, was viele der damaligen Studenten dachten. Auffallend ist aber, daß er die Auseinandersetzungen in der evangelischen Kirche benutzte, um damit in „einer ruhigen Aufklärungsarbeit in Frankreich“ zu beweisen, daß die neuen Machthaber das deutsche Geistesleben nicht versklavt hätten. Diese Argumentationsweise, die er bereits im „Ersten Bericht“ anwandte, beruhte auf dem weitverbreiteten Gefühl, daß die grundlegende Veränderung die Lähmung der vorangegangenen Regierungen überwunden habe, und daß die Einschränkung verfassungsmäßiger Rechte zur „Abwehr kommunistischer staatsgefährdender Gewaltakte“[106] auch zum Schutz der christlichen Religion erfolgt sei. Verharmlost wurden der Terror, die Verfolgung und die Demütigungen seitens der Nationalsozialisten gegen Juden und Andersdenkende, Fakten, die Erdmann hätten bewußt sein können, zumal mit Adolf Reichwein und Hermann Jacobsohn Personen aus seinem persönlichen Umfeld betroffen waren. Der jüdische Sprachwissenschaftler hatte sich am 27. April

---

[103] Eine Rede des Gauobmanns Reinhold Krause und eine Entschließung des Gaues Groß-Berlin der Glaubensbewegung „Deutsche Christen“ (DC) vom 13.11.1933, in der das Alte Testament abgelehnt wurde, führte zu einer großen Auseinandersetzung innerhalb der evangelischen Kirche und zu einer Spaltung der DC. Siehe hierzu E. Busch: Karl Barths Lebenslauf, S. 245. Die genannte Entschließung des Gaues Groß-Berlin ist abgedruckt in: Die Bekenntnisse und grundsätzlichen Äußerungen zur Kirchenfrage des Jahres 1933 gesammelt und eingeleitet von Kurt Dietrich Schmidt. Göttingen 1934, S. 133 f.; hierzu auch G. Denzler/V. Fabricius: Christen und Nationalsozialisten, S. 50 f.

[104] Das „Gutachten der Theologischen Fakultät der Universität Marburg über den Arierparagraphen in der Kirche“, unterzeichnet am 19.9.1933, lehnte die Einführung des Arierparagraphen ab, welche die DC forderten und andere Protestanten für möglich erklärten; abgedruckt in: Bekenntnisse und Äußerungen; siehe Denzler/Fabricius, S. 48.

[105] Busch, S. 238-40; siehe Denzler/Fabricius, S. 44 sowie die verkürzte Darstellung in einem Vortrag Erdmanns aus dem Jahr 1983; Erdmann: Geschichte, Politik und Pädagogik, Bd. 2 (1986), S. 272.

[106] Verordnung des Reichspräsidenten zum Schutz von Volk und Staat („Reichstagsbrandverordnung“) vom 28.2.1933, Reichsgesetzblatt 1933, Teil 1, S. 83.

1933 wegen seiner Beurlaubung auf Grund des sog. Arierparagraphen des NS-Gesetzes zur Wiederherstellung des Berufsbeamtentums das Leben genommen.[107]

Das deutsche Geistesleben war bereits weitgehend „gleichgeschaltet“, die Freiheit wissenschaftspolitischer Meinungsäußerungen war eingeschränkt. Wer den Kirchenkampf zwischen den nationalsozialistisch gesteuerten Deutschen Christen, dem Pfarrernotbund und anderen Bekenntnisgruppen als Beweis für ein freies Geistesleben in Deutschland anführte, übersah, daß „unter der Maske der Legalität die Errichtung der nationalsozialistischen Einparteienherrschaft sich vorbereitete und die rechtsstaatliche Ordnung aufgelöst wurde“.[108] Diese von Erdmann später formulierte Einsicht war bei manchen Zeitgenossen trotz des Führerkults schon 1933 vorhanden.

Als „Aufklärungsarbeit“ ist auch das in einem Brief an die „Deutsche Studentenschaft“ vom 15. Mai 1934 (siehe Dokument Nr. 2 im Anhang) geschilderte öffentliche Auftreten Erdmanns zu sehen. Er informiert darin die nun durch die personelle Verflechtung mit dem Nationalsozialistischen Deutschen Studentenbund (NS-DStB) „gleichgeschaltete“ studentische Dachorganisation in Berlin von einem Vortrag, den er in Paris vor „vor etwa 200 meist studentischen Zuhörern über Nationalsozialismus“ gehalten hatte. Zum ersten Male habe sich damit Nationalsozialisten die Gelegenheit geboten, ihre Ideen einen ganzen Abend lang vor einem französischen Kreis (Cercle International de Jeunesse) darzulegen. Erdmann teilte sich diese Aufgabe mit dem Austauschstudenten Jolles.

Jolles' „Bericht – 1933/34“ zeugt davon, daß auch er sich in Paris als „Vertreter des neuen Deutschland“ fühlte. Hier heißt es unter der Überschrift: „Rassenfrage“: „Man erkennt hier wenigstens teilweise die Sonderstellung Deutschlands gegenüber der Einwanderung östlicher Juden an. Man betont zwar immer wieder, daß für Frankreich die Judenfrage nicht existiere, ist aber in erstaunlich häufigen Fällen keineswegs judenfreundlich. Daran mag vielfach das unglaubliche Verhalten vieler Emigranten schuld sein. Trotzdem fühlt man sich durch die deutsche Haltung im Rassenproblem an den eigenen Wurzeln der humanitären und individualistischen Geisteshaltung angegriffen, was die Auseinandersetzung über die Judenfrage hinaus immer wieder auf den generellen Gegensatz zwischen Deutschland und Frankreich führt. [...] Den Nationalsozialismus als den ersten Aufbruch zu einer grundsätzlich neuen Gestaltung von Staat und Volk, als den ersten Versuch der Überwindung einer Periode des Staatsdenkens, die mit der französischen Revolution begann, zu erklären, das scheint mir hier die wichtigste Aufgabe für uns im Ausland zu sein.“[109]

[107] Zur Person Jacobsohns vgl. Catalogus professorum academiae Marburgensis, Bd. 2, S. 530. Siehe hierzu S. 55.

[108] Erdmann: Die Zeit der Weltkriege (1959), S. 193.

[109] Fundort des zitierten 23-seitigen Berichts: PA, Akten der Botschaft Paris (2259), Studenten Berichte Austauschstudenten, 1933-1935, Zitate: S. 2, 18, 22. Otto Jolle Matthijs Jolles (1911-1968), hatte in Heidelberg Soziologie, Geschichte und Philosophie studiert und dort 1933 promoviert (Mathys Jolles: Das deutsche Nationalbewußtsein im Zeitalter Napoleons. Studien zur Geschichte des Staats- und Nationalgedankens Bd. 1, Frankfurt/Main 1936). 1935-38 arbeitete er als deutscher Lektor am University College of Wales in Aberystwyth. Im Sommer 1936 strebte er die Habilitation an einer deutschen Universität an. (Siehe das Schreiben Jolles' an das Politische Archiv des AA 30.8.1936, Fundort: PA, R 26 754, Akten des Politischen Archivs, P.A. 11, Benutzung deutscher Archive durch Ausländer, Bd. 11.) Seit 1938 lehrte er

Während Jolles den außenpolitischen Teil des Abends übernahm, beschrieb Erdmann „von einer Erklärung des Begriffs 'Nationalsozialismus' her den inneren Aufbau des Reiches in seiner Idee und seinen ersten praktischen Verwirklichungen". Das hatte er wohl schon im Februar in einem Artikel für die neue Zeitschrift „Technique Française" tun sollen. Ob er diesen Aufsatz geschrieben hat, ist den Akten nicht zu entnehmen. Die zur Illustration des Beitrags erbetenen Bilder Hitlers bei der Eröffnung einer Autobahn oder in der Siemenshalle, des Reichsbauernführers und Leiters des Rasse- und Siedlungshauptamts der SS, Richard-Walther Darré, des Reichsarbeitsministers Franz Seldte und vom Reichsbauerntag erreichten Paris nicht rechtzeitig.[110] In seinem Vortrag stellte Erdmann die NS-Ideologie dar „als die Überwindung des Gegensatzes von Privatmann und Staatsbürger durch die Erhöhung der privaten Arbeit zu politischer Bedeutung". Er versuchte, seinem Publikum das Führerprinzip, den Rassegedanken sowie den Unterschied zwischen deutschem und marxistischem Sozialismus näher zu bringen. Fast jeder Redner habe auf die Frankreich betreffenden Stellen in Hitlers Buch „Mein Kampf" angespielt.[111] Erdmann weist besonders darauf hin, daß man den zahlreich erschienenen Emigranten das Wort verboten habe. Umgekehrt sei acht Tage später bei einer Veranstaltung der Emigranten „uns Nationalsozialisten das Wort gestattet" gewesen. Als seinen Gesamteindruck faßt er zusammen, „daß in einem immer stärkeren Maße, gerade in der französischen Jugend die Tendenz festzustellen ist, den Nationalsozialismus als Gegebenheit, mit der man zu rechnen hat, anzuerkennen".[112]

Die Broschüre „Frankreich, wie es sich selber sieht" datiert vom Oktober 1934. Es heißt dort, sie sei aus zahlreichen Einzelberichten der Austauschstudenten des Jahrgangs 1933/34 von „zwei Kameraden zusammengestellt" worden. Aus der Korrespondenz Erdmanns mit Karl Epting läßt sich auf eine mögliche Autorenschaft Jolles' schließen.[113] Sicher jedoch war Erdmann einer der Autoren. Von ihm sind im Konzept

---

Germanistik in den USA, zuerst in Chicago, seit 1962 in Ithaca (Kürschners Deutscher Gelehrtenkalender Bd. 1, 1961, S. 893; Who was who in America, Bd. 5, 1973, S. 376; ungenau: International Biographical Dictionary of Central European Émigrés 1933-1945, Bd. 2,1, S. 573). Zur Freundschaft Jolles' mit Hans Rothfels siehe BAK, Nl 213, Bd. 158, fol. 1.

[110] Siehe den nicht unterzeichneten Durchschlag eines, wohl von Hans Göttling stammenden, Briefs an Karl Bömer vom 21.2.1934 und das Antwortschreiben Bömers an Göttling vom 26.2.1934; Fundort: PA, Akten der Botschaft Paris (2434).

[111] Über Hitlers Buch schreibt Erdmann in: Die Zeit der Weltkriege, 2. Teilband (1976), S. 347: „Die ihm zujubelnde Menge legte sich keine Rechenschaft darüber ab, daß Hitler es gerade mit den extremen Vorstellungen seiner Weltanschauung ernst meinte und daß in 'Mein Kampf' offen ausgesprochen war, was er wollte. [...] Und die wenigen, die die Qual einer genauen Lektüre auf sich nahmen, vermochten es nicht für möglich zu halten, daß gerade in den horrenden Vorstellungen von Judenausrottung und Ostkrieg um Lebensraum die zentrale programmatische Aussage Hitlers enthalten war. Eine solche Feststellung erklärt, warum man Hitler weithin für einen anderen nahm als er war, aber sie entschuldigt nicht die diesem Mißverständnis zugrunde liegende Blindheit."

[112] Der Vortrag Erdmann/Jolles ist mit dem Titel „Die deutsche Jugend" in einem Bericht der Zweigstelle Paris des DAAD, März bis August 1934, erwähnt (S. 9); Fundort: PA, Akten der Botschaft Paris (1053/2).

[113] Postkarte Erdmanns an Epting vom 21.8.1934; Antwortschreiben Eptings an Erdmann vom 18.9.1934; Fundort: PA, Akten der Botschaft Paris (2434).

handschriftliche Textstellen für einige Teile des Gemeinschaftsberichts erhalten, die unverändert in die endgültige Fassung übernommen worden sind.[114] Von einer Prüfung vor der Vervielfältigung durch Epting, dem Leiter der Pariser DAAD-Stelle, ist ebenfalls auszugehen. Der vollständige Bericht umfaßt 36 hektographierte Seiten; in zwei Teilen sind – so die Verfasser in ihrem Vorwort – die außenpolitischen Vorstellungen und die geistig-politische Lage Frankreichs abgehandelt.

Die von Erdmann stammenden Passagen variieren seine früheren Themen: die identitätsstiftende Rolle der französischen Sprache, die politisch-moralische Geschlossenheit Frankreichs, das Gemisch aus Abscheu und Bewunderung der Franzosen gegenüber Deutschland, die durch die Machtergreifung der Nationalsozialisten gesteigerte Beunruhigung über Deutschland, die Neugier der Jugend auf den NS-Staat, das negative Urteil über die Emigranten. Der volksbildenden Bedeutung der Sprache in Frankreich stellt er die „biologischen Kategorien: Blut und Rasse“ gegenüber, „die Urelemente, auf die der Nationalsozialismus Volk und Staat zu gründen unternimmt“: „Die Verschiedenheit dieser Tendenzen der Rückbesinnung erscheint französischem Empfinden als unvereinbar gegensätzlich. So kommt es, daß man in manchen Kreisen zwar Verständnis hat für konkrete Maßnahmen gegen ‘métèques’, in der Rassentheorie als Bekenntnis jedoch nur eine Abstrusität und Geistesverwirrung erblickt, die man normalerweise durch eine ‘manque d'intelligence’ der Deutschen zu erklären sucht und die man im besten Falle ihrem ‘dynamisme’ und ihrem ‘goût de la mystique’ zugute hält.“ (S. 12) Die Rolle des Rassegedankens werde nicht begriffen. Da Frankreich keine der deutschen vergleichbare Jugendbewegung kenne, bleibe auch „der Gedanke des ‘Bundes’“ unverstanden. Gleiches gelte für den „Unterschied zwischen soldatischer und militaristischer Haltung“ (S. 13).[115] Erdmann fährt fort:

„So bleiben also drei dem Nationalsozialismus wesentliche Dinge: die Rassentheorie, der Begriff des Bundes und Soldatentum außerhalb jeder ernsthaften Diskussionsmöglichkeit und bedeuten in ihrer eindeutigen Ablehnung kein Problem für Frankreich. Man zerlegt die umfassende Erscheinung ‘Nationalsozialismus’ gleichsam in ihre verschiedenen Bestandteile, um ihn nach Ausschaltung einer ganzen Fragenreihe auf sein faschistisches Element zurückzuführen, das man nun sehr ernst nimmt. Für den so auf Faschismus reduzierten Nationalsozialismus findet man analoge Erscheinungen in der eigenen Geschichte.[116]

Die Überbrückung der Klassengegensätze im Patriotismus, die Verschmelzung der Stände zur Nation, die Zentralisierung der Verwaltung, die Versammlung der Massen zu nationalen Feiertagen, die Ausbildung einer reichen nationalen Symbolik, und schließlich die Beschränkung der politischen Machtausübung auf eine Partei wurden mir öfters im Gespräch mit gebildeten Franzosen als im Jakobinismus vorgebildet bezeichnet. Die plebiszitäre Herrschaft eines einzelnen und seine außerordentliche

[114] Fundort: PA, Akten der Botschaft Paris (2259)

[115] Die letzte Textstelle stammt nicht aus dem handschriftlichen Konzept der Vorlage. Sinngemäß findet sie sich jedoch auch in Erdmanns Rundbrief vom Dezember 1933 (Dokument Nr. 1 im Anhang).

[116] Im handschriftlichen Konzept steht hier ein Doppelpunkt und kein Absatz.

Machtbefugnis, die Beschneidung der kommunalen Selbstverwaltung zugunsten der Staatskontrolle erscheinen als Napoleonismus. Wie sehr die Beurteilung des Nationalsozialismus in Frankreich an die Vorstellungen der eigenen Geschichte gebunden bleibt, zeigten mir zahlreiche Gespräche mit Legitimisten, die als Bewunderer Hitlers kein größeres Lob zu spenden wußten, als daß er wie ein französischer König handle!

So wird das auf diese Weise reduzierte Problem des Nationalsozialismus in Frankreich eine Frage nach der Zukunftsgültigkeit eigener geschichtlicher Traditionen. Frankreich bleibt in seinem eigenen Kreise. Und wie sollte es auch anders sein, wenn die Herdersche Lehre von der Gebundenheit der Volksindividualitäten in sich selbst richtig ist?“

Was auch immer Erdmann unter dem Rasseproblem genau verstanden haben mag, es beinhaltete die Judenfrage. Daß zur Durchsetzung des nationalsozialistischen Rassegedankens die Verfolgung der Juden gehörte, wußte er spätestens seit seiner Teilnahme am Vorbereitungstreffen des DAAD im Schloß Köpenick, und er konnte es sowohl der deutschen wie der französischen Presse entnehmen. Unfähig, sich der NS-Propaganda zu entziehen, wurden die terroristischen Vorgänge in Deutschland als „Zerrbild“ bagatellisiert. So heißt es in der Frankreichbroschüre: „Das von der Presse geschaffene Zerrbild Deutschlands, in dem Konzentrationslager, Judenverfolgungen und andere Gewalttätigkeiten die Hauptrolle spielen, lebt in der Vorstellung der meisten fort.“ (S. 11)

Wenn Erdmann in den bisher vorgestellten „Pariser Dokumenten“ von der grundsätzlichen geistigen Auseinandersetzung um das Verhältnis von Volkstum und Religion („Erster Bericht“), von der Überwindung des Gegensatzes von Privatmann und Staatsbürger (Brief vom 15. Mai 1934), von der Überbrückung der Klassengegensätze im Patriotismus und der Verschmelzung der Stände zur Nation („Frankreich, wie es sich selber sieht“) schrieb, so waren dies auch Früchte seiner wissenschaftlichen Arbeit in Frankreich. Während seines ersten Studienaufenthalts 1930/31 hatte er sich intensiv mit dem Freiheitsbegriff der französischen Revolution und dem Verhältnis von Rationalismus und katholischer Kirche beschäftigt.[117] Daneben hatte er wohl auch mit Vorarbeiten für die Doktorarbeit begonnen.

Seine Dissertation geht von einem Kapitel in Jean Jacques Rousseaus „Contrat social“ aus, in dem der Begriff der Zivilreligion geprägt wird und das das Zentrum der Rousseauschen Sozialphilosophie ausmacht. Erdmann stellt deren heterogene und sich oftmals widersprechenden Elemente zusammengefaßt im statischen Gegensatzpaar „Mensch“ und „Bürger“ dar. Rousseau stelle dem universalen, aber unpolitischen, Christentum (der Religion) das partikulare Interesse des Staats entgegen, dessen Versuch einer Synthese dieses Dualismus im Begriff der „religion civile“ sei jedoch gescheitert. Indem er auf das „Problem der Übereinstimmung des

[117] Dies geht aus zwei Schreiben Erdmanns an Mommsen vom 31.12.1930 und 2.3.1931 hervor; Fundort: Nachlaß Wilhelm Mommsen. Die hierin vorgetragenen Argumente erinnern allerdings weniger an die Dissertation, als vielmehr an die 1947 bei Peter Rassow geschriebene Habilitationsschrift: Volkssouveränität und Kirche. Köln 1949. Im Nachlaß Erdmann befinden sich zwei Exzerpthefte aus dieser Zeit mit Notizen aus den Procès Verbal zum Thema Katholizismus und französische Revolution; Fundort: BAK, Nl 393.

Einzelwillens mit dem Gemeinwillen“ hinweist, versucht Erdmann die Ursache für dieses Scheitern zu erklären. Der theoretischen Polarität zwischen Mensch und Bürger entspreche in der „historischen Wirklichkeit der säkulare Gegensatz zwischen Kirche und Staat“ (S. 76): „Beide haben es mit einer gebrochenen Wirklichkeit zu tun, mit dem Menschen, der zwischen seiner politischen und privaten Existenz hin- und hergerissen wird, der, um es modern auszudrücken, in dem Konflikt zwischen Staat und Gesellschaft steht.“ (S. 77) Erst die Auflösung transzendentaler Bindungen habe den Menschen als Privatmann geschaffen (S. 79), an die Stelle der Abhängigkeit von Gott sei der freie Wille getreten (S. 81). „An Stelle der christlichen Hoffnung auf Wiedergeburt ist das Bewußtsein vom immanenten Werte des Menschen und der sich daraus ergebenden Verpflichtung zur Tugend getreten. [...] Die Heilsgeschichte ist durch die Sozialgeschichte verdrängt.“ (S. 81). Von hier aus führe ein direkter Weg zu Karl Marx, der das Verhältnis umkehre: die Existenz der Religion sei ein Zeichen gesellschaftlicher Zustände. „Der Kampf gegen bestimmte gesellschaftliche Zustände und der Kampf gegen Religion sind darum unlöslich miteinander verknüpft. [...] Der bürgerliche Beginn der Emanzipation des Menschen von der geschöpflichen Abhängigkeit bei Rousseau hat seine proletarische Vollendung durch Marx gefunden.“ (S. 85 f.) Aus der Feststellung, daß das Doppeldasein des Menschen als Privatmann und Staatsbürger ein historisch begrenztes Phänomen sei, welches weder die Antike noch das Mittelalter gekannt hätten, zieht Erdmann am Schluß seiner Arbeit die Folgerung, daß dieser Dualismus aufgehoben werden könne: „Neue revolutionäre Ideen geben die Parole einer Überwindung der Gesellschaftsspaltung in Klassen durch Begründung einer modernen berufsständischen Ordnung mit politischer Funktion. In dem Augenblick, wo im vollendeten Ständestaate der säkulare Zwiespalt von Privatmann und Staatsbürger überwunden sein wird, stellt sich das Problem der Existenz in neuer Weise. Rousseau und Marx hatten den Konflikt lösen wollen vom Interesse des souveränen Privatmanns her, sei es nun der private Einzelne oder die private Klasse. Das Verhältnis zur Religion betraf nicht mehr die Grundfrage des konkreten Daseins, sei es nun, daß man die Religion für den Notfall als moralisches Motiv zur Lösung des grundsätzlich auf säkularisierte Weise zu bewältigenden Existenzproblems zu Hilfe riefe, sei es, daß man sie als Vernebelung der profanen Situation überhaupt ablehnte. Wo die Lösung des Verhältnisses von Mensch und Bürger jedoch nicht mehr so gedacht ist, daß der Staat sein Dasein von dem sich zur Öffentlichkeit erweiternden souveränen Privatmann empfängt, sondern beide, der Staat wie der Mensch, überhaupt ihr Dasein allererst empfangen von einem Dritten, das sie bindet und trägt, dem in ständischer Ordnung lebenden ‘Volk’, da kann auch Religion über ihre Bedeutung als moralisches Motiv, als das sie vom souveränen, freien Individuum empfunden wurde, in ihrem ursprünglichen Rechte als existenzbegründende und -bedrohende Macht wieder erkannt werden. Und für den staatlich und christlich gebundenen, nicht souveränen Menschen, für den Menschen des ‘servum arbitrium’, gewinnt das politisch und religiös gebundene Dasein die Möglichkeit echter Tragik zurück, wie sie Luther formulierte als ‘simul peccator et iustus’.“ (S. 86 f.)

Mommsen hatte als Doktorvater im Promotionsgutachten eine inhaltliche Wertung umgangen, da er mit dem Thema nicht vertraut sei. Der Frankreichspezialist Martin Göhring erlaubte sich dagegen in einer Rezension ein deutliches Urteil: „Die verdienstliche, auf gewissenhafter Analyse der einschlägigen Partien der Werke Rousseaus beruhende Untersuchung hätte noch gewonnen, wenn das Problem in stärkerer Fühlung mit seiner Zeit behandelt worden wäre. Was die Ausführungen über das 'Verhältnis der Religionspolitik der Französischen Revolution zu Rousseau' betrifft, so können sie nicht vollauf befriedigen. Denn neue Erkenntnisse, wie man sie der Gesamtproblemstellung zufolge hätte erwarten dürfen, werden hier nicht vermittelt.“[118]

In der – deshalb ausführlich zitierten – Schlußpassage der Dissertation hat Erdmann einen wichtigen Aspekt seines geschichtlichen Denkens formuliert. Die letzten Sätze der Arbeit stehen in keinem zwingenden Zusammenhang mit dem Gang der Untersuchung; sie können als persönlicher Standpunkt gewertet werden.[119] Er glaubte, daß mit berufsständischen Ordnungsprinzipien auf völkischer Grundlage „neue revolutionäre Ideen“ die Klassengesellschaft und den Parteienstaat überwinden würden. Welche „neuen revolutionären Ideen“, die stärker sind als die Ideen Rousseaus und die des Marxismus, mag er gemeint haben? Die Leser Mitte der 30er Jahre konnten diese Erkenntnis nur auf den Nationalsozialismus beziehen, der in spezifisch Erdmannscher Ausdeutung auch gemeint war. Erdmanns Absage an die aufklärerische Tradition steht im Gegensatz zur rationalistischen Auffassung einer Souveränität des Menschen gegenüber der Religion seit der Renaissance. Sie geht von Herder und besonders von Schleiermacher aus und findet sich in den 20er und 30er Jahren vor allem in den Arbeiten der evangelischen Theologen Emanuel Hirsch und Paul Althaus,[120] denen Erdmann darin näher steht, als seinem Marburger Professor Rudolf Bultmann, in dessen Werk das Volk keine hervorgehobene Rolle spielt.[121]

---

[118] HZ 155 (1937)426; zu dieser Zeit arbeitete Göhring für seine Habilitation in Paris. Positive Aufnahme fand Erdmanns Arbeit bei dem Kieler Pastor und Religionsphilosophen Werner Schultz (Theologische Literaturzeitung 61. Jg., 1936, S. 199) und dem Berliner Romanisten Walter Mönch (Zeitschrift für Kirchengeschichte Bd. LV = 3. Folge Bd. VI/1936, S. 416 f.). Eine weitere Rezension des Rechtsphilosophen Friedrich Darmstädter erschien in Revue internationale de la théorie du droit, Brünn, 10. Jg., 1935/36, S. 137. Der Revolutionshistoriker an der Sorbonne Georges Lefebvre (Revue historique 64. Jg., Bd. 185, 1939, S. 381 f.) kritisierte den Vorrang, den die philosophische Analyse gegenüber dem historischen Kontext Rousseaus erfährt. Er erkannte auch die politischen Anklänge in Erdmanns Dissertation: „On ne s'étonnera pas qu'en conclusion, il affirme qu'une synthèse est maintenant découverte en Allemagne.“ Erdmanns Dualismus stellte Lefebvre einen anderen gegenüber: „Le véritable abîme s'ouvre entre la liberté de conscience et l'intolérance, entre la laïcité et la religion d'État, quelle qu'elle soit.“ (S. 382)

[119] Eine stichprobenweise Durchsicht der in den „Historische Studien“ zwischen 1933 und 1943 erschienenen Hefte 221-376 gibt keinen Anhaltspunkt dafür, daß Anbiederungen an den Zeitgeist notwendig gewesen wären.

[120] R.P. Ericksen: Theologen unter Hitler; K. Scholder: Die Kirchen und das Dritte Reich. Bd. 1, S. 531-533, 539.

[121] Vgl. hierzu R. Bultmann: Geschichte und Eschatologie, S. 183 f.

Berufsständische Vorstellungen finden sich in einem kleinen Aufsatz wieder, den Erdmann 1938 veröffentlichte; er würdigt darin die Leistung Alfred Krupps.[122] Es ist dies neben der Dissertation der einzige bekannte, von Erdmann zwischen 1933 und 1945 veröffentlichte Text. Hier wird der Staatsgründer Bismarck als „genialer Einzelner“ gefeiert, der die Gefahr erkannt habe, daß „die von der Industrie hergestellten materiellen Güter, die Geräte, Maschinen und Waffen nicht imstande sein würden, bei einer letzten Zerreißprobe des Schicksals die fehlende seelisch-menschliche Verbindung der Menschen deutschen Blutes zu ersetzen“. Das Volk habe „keine umfassende, übergreifende Bindung mehr“ besessen: „Volk und Staat waren noch nicht zusammengewachsen zu der unzerreißbaren Einheit der politischen Nation.“ Es habe auch nicht genügt, „die offen staatsfeindliche Organisation der sozialdemokratischen Partei zu zerschlagen“. Bismarck habe den tieferen, in der Hast des Gewinnstrebens und im Lärm des Klassenkampfs verlorengegangenen „Sinn der Arbeit“ mit der Idee des „Soldaten der Arbeit“ [Bismarck] wieder ins Licht gerückt.[123] Abschließend betont Erdmann die Notwendigkeit einer „menschlichen Beziehung zwischen Betriebsleiter und Belegschaft“ in einer technisierten Industriewirtschaft. Auch in dem von ihm verfaßten Schulgeschichtsbuch propagiert er an verschiedenen Stellen die berufsständische Idee.[124]

Anklänge der Gedanken Erdmanns in dieser Schrift an die Ideen Othmar Spanns und anderer Autoren wie etwa Edgar J. Jung und Martin Spahn[125] sind signifikant. Spanns universalistische Vorstellungen über den hierarchisch gegliederten Stän-

---

[122] Karl [Dietrich] Erdmann: Die Umwandlung Deutschlands vom Agrar- zum Industriestaat, in: Alfred Krupp. Der Treuhänder eines deutschen Familienunternehmens. Ein Beitrag zur westdeutschen Wirtschaftsgeschichte im 19. Jahrhundert, hrsg. v. Gerhard Kallen. Düsseldorf 1938 (Jahrbuch der Arbeitsgemeinschaft der Rheinischen Geschichtsvereine, Bd. 4), S. 27-35. Die folgenden Zitate sind auf den Seiten 33 bis 35 zu finden. Die in Anm. 6 genannten Publikationsverzeichnisse führen einen Sonderdruck aus dem Jahr 1939 auf.

[123] In Erdmanns Schulgeschichtsbuch, auf das noch eingegangen wird, heißt es: „Marx hatte den Arbeiter durch das Schimpfwort 'Proletarier' gedemütigt. Bismarck sah in der Arbeit einen Dienst am Volk, so ehrenvoll wie der Dienst mit der Waffe. 'Soldat der Arbeit', das ist ein Wort, das dem Arbeiter Heimatrecht im Volke, das ihm seine Ehre gibt. Wenn dieser Gedanke von den Massen ergriffen wurde, dann konnte die vom Klassenkampf zerrissene Volksgemeinschaft neu aufgebaut werden. Aber um diesen Gedanken aufnehmen zu können, mußten die Menschen erst durch das Feuer der völkischen Not geläutert werden und im Kampfe lernen, daß sie alle Glieder eines Volkes waren. Diese Stunde war noch nicht da. Um diesen Gedanken in die Herzen des Volkes zu hämmern, mußte aus dem Volk selbst ein Führer erstehen, der in mitreißender Rede den Massen in der Sprache des Volkes den Gedanken von der soldatischen Ehre des Arbeiters, vom nationalen Sozialismus predigte. Bismarck, der preußische Edelmann und Diplomat, war dieser Mann nicht. Bismarck ist es nicht gelungen, den Klassenkampf zu bezwingen.“ (Bd. V, S. 24)

[124] Krupp ist hier „das leuchtende Bild eines deutschen Betriebsführers“ (Bd. V, S. 12). Die liberale Reform Hardenbergs wird als „verhängnisvoll“ bezeichnet, da die gutsuntertänigen Bauern zu Landarbeitern wurden und an die Stelle des persönlichen Verhältnisses der Vertrag trat: „Der Landarbeiter leistete seine Arbeit nicht mehr als Dienst, sondern verkaufte sie als Ware [...] Und wo ehedem ein Bauer seine Scholle pflügte, werkten jetzt besitzlose Tagelöhner im Dienste ihres Brotherren.“ (Bd. V, S. 13)

[125] S. Breuer: Anatomie der Konservativen Revolution, S. 101 f.; G. Clemens: Martin Spahn und der Rechtskatholizismus, S. 133-144.

destaat[126] finden sich bei Erdmann wieder, besonders die Ablehnung der liberalen, kapitalistischen, individualistischen und marxistischen Lebensordnung und die Betonung des Vorrangs einer autoritären Staatsführung. In Spanns Gesellschaftslehre sind Staat und Regierung letztlich der bestimmende Stand, das heißt Herrschaftsausübung im Sinn von „geistiger Gültigkeit"[127], als auch im Sinn des Führerprinzips. Die Verwirklichung des Ständestaats hat für Spann wie für Erdmann die Aufhebung der sozialen Frage zur Folge. Spann sieht den Gegensatz von Kapital und Arbeit gebrochen durch ein Eingegliedertsein in eine ständische Ordnung.[128] Zugunsten eines universalistischen Freiheitsbegriffs wird die Freiheit des Einzelnen praktisch ausgelöscht.[129]

Auch Erdmann begrüßt die Aufgabe des „falschen Freiheitsbegriffs" zugunsten der „zwingenden Bindung des Volkstums".[130] Wie er später rückblickend ausgeführt hat (siehe Anm. 96), erlag wohl auch er der Faszination der Synthese von Nationalismus und Sozialismus, die als große objektive Idee der Zeit verstanden wurde. Er distanzierte sich in den Pariser Texten von der westeuropäischen parlamentarisch-liberalen Entwicklung, um sich einem speziellen deutschen Freiheitsbegriff anzuschließen, der Staat, Führerprinzip und Rasse als übergeordnete Werte beinhaltete. Er sprach sich gegen Meinungs- und Parteienpluralismus aus, verwarf die Ideen der Französischen Revolution, feierte die soldatische Lebensweise, was als Gefolgschaft und Unterordnung des Einzelnen in der (Volks-)Gemeinschaft unter einen Führerwillen zu verstehen ist. Insofern ist auch eine gewisse Nähe zu den Richtlinien der ersten Reichstagung der „Glaubensbewegung Deutscher Christen" im April 1933 zu beobachten, die Staat, Volk und Rasse „als den großen Dreiklang göttlicher Schöpfungsordnung" bezeichnete, und die Überwindung des Parlamentarismus sowie „die Herrschaft der Besten unter einem selbstgewählten Führer" forderten.[131] Wieviel davon auf Überzeugung oder aber auf das Gefühl zurückzuführen ist, in fremder Umgebung das eigene Land und dessen Regierung vertreten zu müssen, ist nicht zu beurteilen, spätere Texte sprechen aber eher für Überzeugung. Allerdings hielt Erdmann an einem europäischen kulturgeschichtlichen Zusammenhang fest, wie dem gemeinsamen christlichen Glauben, und achtete die Andersartigkeit seines Gastlandes, er bewunderte geradezu die an der französischen Sprache orientierte Geschlossenheit der Nation. Die Erfahrung der Fremde und die Konfrontation mit den Emigranten ließen ihn die Bindung an die eigene Nation und das eigene Volk verstärkt erkennen. Ob er der

126 O. Spann: Der wahre Staat. Leipzig 1921; diese Arbeit des Wiener Professors für politische Ökonomie und Gesellschaftslehre erschien im Verlag Quelle & Meyer, sie erlebte wie auch andere Schriften Spanns mehrere Auflagen (2. Aufl. 1923, 3. Aufl. 1931). Zu Spann siehe M. Schneller: Zwischen Romantik und Faschismus.

127 Spann, S. 212.

128 Spann, S. 279: „Dies Eingegliedertsein in ein Ganzes ist die grundlegendste soziale Änderung, welche die ständische Ordnung bringt, und die sie sowohl in ihrer Eigenschaft als ständische Wirtschaft, wie als ständisches Staatsleben und ständisches Geistesleben verwirklicht."

129 Zum Verhältnis der Ständestaatskonzeption Spanns und der ständischen Wirtschaftsordnung im Nationalsozialismus siehe K.-J. Siegfried: Universalismus und Faschismus, S. 59, 158-164 und 164-173.

130 Zitat aus den von Erdmann verfaßten Teilen der Broschüre aus dem Jahr 1934 „Frankreich, wie es sich selber sieht", S. 9; siehe dazu bei Anm. 95.

131 Zit. n.: Hitlers Machtergreifung, Dok. Nr. 160, S. 205 f.

Pariser Gruppe des NS-DStB[132] angehörte, ist nicht bekannt; daß er in der hier betrachteten Zeitspanne intern und öffentlich Ziele des NS-Staats vertrat, ist nicht zu bezweifeln. Mit dieser Offenheit für nationalsozialistisches Gedankengut steht der junge Historiker nicht allein. So zieht Schönwälder folgende Bilanz: „In ihrer überwältigenden Mehrheit waren die an den deutschen Universitäten lehrenden Historiker begeistert über die Vernichtung der Weimarer Republik, mitgerissen vom 'nationalen Aufbruch' und einem – wie sie glaubten – revolutionären Umbruch und bereit, am erwarteten Aufbau einer neuen Ordnung und eines erneuerten Machtstaates mitzuwirken."[133]

Erdmanns Engagement in Paris war freiwilliger Natur. Daß auch Widersetzlichkeit möglich war, zeigt das Beispiel des Austauschstudenten Burkhard Mehlhorn, der „Ende 1934 deutschen Kommilitonen in Bordeaux dadurch auffiel, daß er öffentlich für den Versailler Vertrag Partei ergriff, die deutsche Wirtschaftspolitik für völlig verfehlt erklärte und eine Karikatur Hermann Görings zirkulieren ließ."[134] Disziplinierungsversuche des deutschen Konsulats und Bemühungen des DAAD, seine vorzeitige Rückkehr nach Deutschland zu erreichen, schlugen fehl. Die Drohung, ihn an keiner deutschen Hochschule mehr zuzulassen, hatte gleichfalls keinen Erfolg, Mehlhorn blieb in Bordeaux.

Die ausführlich zitierten Texte, die Erdmanns damaliges politisches Denken belegen, lassen erkennen, daß er, ausgehend von den Vorstellungen des Neokonservatismus, Ideen des Nationalsozialismus übernommen hat.[135]

Der Begriff Neokonservatismus faßt die intellektuellen Strömungen zwischen Deutschnationalen und Nationalsozialisten zusammen. Die bereits erwähnten Autoren Spengler, Moeller van den Bruck, Spann und Jung gehören dazu. Sie diskutierten ganz unterschiedliche politische Konzepte, fanden sich aber in einer antiparlamentarischen und autoritären, expansiv und völkisch-nationalistischen, zum Teil auch rassistischen Tendenz zusammen. Folgt man der Ansicht Bußmanns, gab es zwischen den Vertretern der „Jungkonservativen" und den Nationalsozialisten „offenkundige Gegensätze", die zeitgeschichtliche Wirkung bestand aber „vornehmlich darin, daß z.B. Begriffe wie autoritäres Führertum an Stelle einer parlamentarisch kontrollierten Regierung oder organische Gliederung an Stelle demokratischer Gleichheit in der Vorstellungswelt breiter Kreise der Gebildeten, vor allem, so darf hinzugefügt werden, der Begabtesten und Hochgestimmten unter der akademischen Jugend gängig

---

[132] In dem in Anm. 92 genannten Kurzbericht heißt es, diese Gruppe bilde den Mittelpunkt der 120 in Paris lebenden deutschen Studenten (S. 6).

[133] Schönwälder, S. 63. Daß Erdmanns Welt- und Geschichtsbild am Übergang von der Weimarer Republik zum NS-Staat unter den deutschen Historikern kein Sonderfall ist, verdeutlicht der Aufsatz von K.F. Werner: Machtstaat und nationale Dynamik, in: F. Knipping/K.-J. Müller (Hrsg.): Machtbewußtsein in Deutschland am Vorabend des Zweiten Weltkrieges, S. 327-362.

[134] Tiemann: Deutsch-französische Jugendbeziehungen der Zwischenkriegszeit, S. 326. Fundort des Vorgangs: PA, Akten der Abt. VI W, Hochschulwesen 27, Frankreich, Studentenaustausch – Frankreich Bd. 2.

[135] Der Begriff „Neokonservatismus" setzt sich ab von dem älteren Versuch, diese rechten Strömungen zur „Konservativen Revolution" zu integrieren. Breuer (S. 180 ff.) plädiert für die Bezeichnung „Neuer Nationalismus". Zum selben Phänomen siehe K. Sontheimer: Antidemokratisches Denken in der Weimarer Republik, in: VfZG 5 (1957)42-62.

und heimisch wurden“.[136] Es kann hinzugefügt werden, daß einige ihrer Anhänger des Neokonservatismus sich später vom Nationalsozialismus abwandten oder sogar Widerstand leisteten. Stefan Breuer macht darauf aufmerksam, daß fast alle (neo)konservativen Revolutionäre aus protestantischen Elternhäusern kamen, daß jedenfalls die Religion als „lebensprägende Macht erfahren“ wurde.[137] Als weitere wichtige Prägestätten nennt er Gymnasium, Universität und Jugendbewegung; daraus sei eine Generation erwachsen, die nach dem verlorenen Krieg vom Gefühl erfüllt war, Trägerin einer charismatischen Mission zu sein.[138]

---

[136] W. Bußmann: Politische Ideologien zwischen Monarchie und Weimarer Republik, in: HZ 190 (1960), S. 77.

[137] Breuer, S. 27 f.

[138] Breuer, S. 28-30, 35.

Der Lehrer

Aus einem handschriftlichen Lebenslauf Erdmanns vom 27. August 1942 und Angaben in seiner Entnazifizierungsakte ergibt sich für den folgenden Zeitraum eine genaue Chronologie.[139] Ergänzt wird sie durch ein Schreiben Erdmanns an die britische Militärregierung vom 24. Juli 1945 mit der Bitte „um Überprüfung meiner Suspendierung aus dem Schulamt" sowie durch einen weiteren maschinenschriftlichen, und handschriftlich auf eine Zeit „nach Suspendierung im Amt eines Assistenten an der Universität Köln 1945" datierten Lebenslauf.[140] Zu seiner Verteidigung und um seine Existenz zu sichern, stellte er in diesen Texten vor allem die Gesichtspunkte zusammen, die ihn entlasten sollten.

Im Juni 1934 nach Deutschland zurückgekehrt, nahm Erdmann einen dreimonatigen freiwilligen Arbeitsdienst auf sich.[141] Die Idee einer solchen Arbeitsverpflichtung aus freien Stücken entstammte zum Teil der jugendbündischen Tradition. So hatte etwa Adolf Reichwein schon 1921 zur gemeinsamen Erntehilfe von Akademikern und Fabrikarbeitern aufgerufen.[142] Bis Februar 1934 faßten die Nationalsozialisten alle derartigen Bestrebungen unter dem Dach des NS-Arbeitsdienstes zusammen. Diese „Gleichschaltung" war schon im Laufe des Jahres 1933 abzusehen, „da ein großer Teil der Männer die Lager verließ, um nicht unter nationalsozialistischer Regie weiterarbeiten zu müssen".[143] Erdmann, der sich des gewandelten Charakters der Lager nicht bewußt gewesen sein muß, meldete sich zum Arbeitseinsatz, den er vom August bis Oktober 1934 offenbar im Weserbergland ableistete, in Beberbeck bei Hofgeismar.[144] Er überbrückte so die Zeit bis zum Dienstantritt als Studienreferendar am Städtischen Reform-Realgymnasium in der Spiesergasse in Köln. Hier und am

---

[139] Handschriftlicher Lebenslauf Erdmanns vom 27.8.1942, Fundort: Schulverwaltungsakte Karl Dietrich Erdmanns im Historischen Archiv der Stadt Köln, Acc. 442, Nr. 103. Signatur der Entnazifizierungsakte im Nordrhein-Westfälischen Hauptstaatsarchiv: NW 1049-16923.

[140] Beide Schriftstücke sind im Besitz des Bruders von Karl Dietrich Erdmann, Kurt Erdmann, Solingen, der sie den Verfassern zugänglich gemacht hat. Ihr vorgesehener Abdruck, wichtig zur Objektivierung der Untersuchung, ist nach Einsicht in das Typoskript, das beide Schriftstücke als Anhänge enthielt, von Kurt Erdmann und den erbberechtigten Nachkommen untersagt worden; siehe jedoch Anhang 6.

[141] Der Hinweis hierauf findet sich in dem handschriftlichen Lebenslauf Erdmanns vom 27.8.1942, Fundort: Schulverwaltungsakte.

[142] W. Benz: Vom freiwilligen Arbeitsdienst zur Arbeitsdienstpflicht, in: VfZG 16 (1968), S. 321 f.; Jugendbewegung, S. 1523.

[143] Benz, S. 333 f., Zitat S. 333.

[144] Siehe Absender und Poststempel einer Postkarte Erdmanns an Epting vom 21.8.1934; Fundort: PA, Akten der Botschaft Paris (2434).

Städtischen Realgymnasium für Jungen in der Schaurtestraße in Köln-Deutz absolvierte er seine Referendarzeit bis zum Pädagogischen Staatsexamen am 2. Oktober 1936.[145]

Horst Gies resümiert in seiner Untersuchung über den Geschichtsunterricht unter der Diktatur Hitlers, daß Lehrer einem mehrfachen Anpassungsdruck ausgesetzt gewesen seien: Opportunismus verbesserte die persönliche Karriereaussicht trotz katastrophaler Beschäftigungslage, gleichzeitig übten Standesvertretung, Schulbehörde, Kollegen, Eltern und Schüler in einer von der uniformen veröffentlichten Meinung aufgeheizten Atmosphäre eine nicht zu unterschätzende politische Kontrolle und damit Einfluß auf das Verhalten der Lehrer aus.[146] Einen besonderen Druck, neben dem NS-Lehrerbund auch der Partei beizutreten, scheint es aber an den Kölner Schulen nicht gegeben zu haben. Nach einer Statistik der NSDAP aus dem Jahr 1935 waren im Gau Köln-Aachen lediglich 3060 von 9632 Mitgliedern des NSLB zugleich auch in der Partei (rund 32 Prozent).[147] Erdmann ist nicht in die NSDAP eingetreten. Die Frage, ob er Mitglied werden wollte oder es ablehnte, läßt sich nicht beantworten. Von Mai 1933 bis Mai 1937 hatte die Partei eine fast völlige Aufnahmesperre verhängt. Davor war er Student, danach – was noch darzustellen ist – hatte er Schwierigkeiten mit der Koblenzer Schulbehörde, die einen Eintritt ausschlossen.

Am 2. Dezember 1934 wurde Erdmann Mitglied des NS-Lehrerbunds (Nr. 307 351).[148] Hinzukam seit 1. Juni 1938 die Mitgliedschaft in der NS-Volkswohlfahrt.[149] In diesen Organisationen ließ sich „ohne nennenswerte Verpflichtung Sympathie für den NS-Staat bekunden“.[150] Es trifft sicher zu, wenn Peter Rassow –

---

[145] Für diese Prüfung war das „Wissenschaftliche Prüfungsamt Köln für das Lehramt an höheren Schulen in Preußen“ zuständig. Mitglieder waren unter dem Vorsitz Jungbluths u.a. Bertram, Börger, Hasebroek, Kallen, Spahn und Ziekursch (siehe die Mitgliedslisten im Handbuch über den preußischen Staat, 139. Jg./1935, S. 845 und 140. Jg./1938, S. 669). Wer Erdmann 1936 prüfte, wurde nicht ermittelt. Für die Jahre 1935 und 1936 läßt sich Erdmann in Lehrerverzeichnissen der Schule in der Spiesergasse nachweisen: LHK, Best. 405 A, Nr. 112.

[146] H. Gies: Geschichtsunterricht unter der Diktatur Hitlers, S. 116.

[147] Siehe hierzu J. Trapp: Kölner Schulen in der NS-Zeit, S. 37, 150 f., Anm. 36 und 39 sowie die ungedruckte Staatsexamensarbeit aus dem Jahr 1990 von Markus Langner: Die „Reichszeitung für den deutschen Erzieher“ im Gau Köln-Aachen. S. 18; Fundort: Bibliothek des NS-Dokumentationszentrum EL-DE-Haus, Köln. Zum NSLB siehe W. Feiten: Der Nationalsozialistische Lehrerbund. Eilers, der insgesamt eine weitgehende Nähe der Lehrerschaft zum Nationalsozialismus konstatiert, führt aus, „ein spezieller Druck“ auf die Lehrer, der NSDAP beizutreten, sei generell „nicht nachweisbar“; Eilers: Die nationalsozialistische Schulpolitik, S. 74.

[148] Karteikarte in der NS-Lehrerbundkartei, Gau Köln, im BAK (NS 12 Anh./66). Eine gleichlautende Karteikarte befindet sich im Berlin Document Center. Mitteilungen des BDC vom 30.7.1992 und des Bundesarchivs vom 1.3.1993.

[149] Diese Mitgliedschaften, wie auch die im NS-Fliegerkorps (seit 1. 9. 1937 förderndes Mitglied), sind in einem von Erdmann ausgefüllten und am 27.8.1942 unterzeichneten Fragebogen aufgeführt; Fundort: Schulverwaltungsakte. Eine DAF-Mitgliedschaft (November 1938 bis August 1939) ergibt sich aus dem Entnazifizierungsfragebogen, den Erdmann am 23.2.1946 unterzeichnete; Fundort: Entnazifizierungsakte. In seinem hschr. auf 1945 datierten Lebenslauf schreibt Erdmann: „Außer der Berufsorganisation des Lehrerbundes gehörte ich weder der Partei noch irgendeiner ihrer Organisationen an.“

[150] H.J. Fischer: Hitlers Apparat, S. 73.

bei ihm habilitierte Erdmann sich 1947 – unmittelbar nach Kriegsende es als das Hauptproblem der Entnazifizierungspolitik bezeichnet, „zwischen formaler Parteimitgliedschaft und tatsächlicher nationalsozialistischer Gesinnung zu unterscheiden".[151] Von ihrer Programmatik her waren diese Gliederungen durchaus keine harmlosen Unterorganisationen der NSDAP, obschon viele Mitglieder es damals so gewertet haben wollten und auch heute noch diese Ansicht vertreten wird. Es kann nicht bestritten werden, daß es gerade die Aufgabe dieser angeblich unverfänglichen Verbände der NSDAP war, das nationalsozialistische System zu stabilisieren. So unterstützte zum Beispiel die NSV nur solche Bedürftige, die sie für erbtüchtig hielt und schloß andere von ihrer Unterstützung aus.[152] Der NS-Lehrerbund war für die politisch-weltanschauliche Ausrichtung aller Lehrer und damit auch der Schüler im Sinne des Nationalsozialismus verantwortlich. Diese Zielsetzungen waren jedem, der diesen Organisationen beitrat, erkennbar. Für einen Studienassessor im „Dritten Reich" war es jedoch fast aussichtslos, eine Beamtenstelle zu erhalten ohne dieser Organisation anzugehören.[153]

Erdmann unterrichtete seit Oktober 1936 im Evangelischen Oberlyzeum für Mädchen in der Antonitergasse in Köln. Doch hat ihn der Schuldienst offenbar weder intellektuell ausgefüllt noch wirtschaftlich befriedigt. Er teilte diese ökonomischen Probleme mit vielen Assessorenkollegen. Mit Gehaltskürzungen und Streichung von Planstellen reagierten die Schulbehörden bereits seit den späten zwanziger Jahren auf den Anstellungsstau. In der zweiten Hälfte der 30er Jahre entspannte sich dieser Zustand, doch sichere Aussichten auf eine Karriere gab es bis zum Krieg nicht, und die materielle Lage wurde von den Assessoren als negativ empfunden.[154]

Schon am 14. Februar 1937, kaum fünf Monate nach seinem zweiten Staatsexamen, wandte Erdmann sich an seinen Doktorvater Mommsen mit der Bitte, sich bei ihm habilitieren zu dürfen. Er regte als Thema das Verhältnis von Kirche und Staat in der französischen Revolution an. Hierzu gab es aus der Zeit seines ersten Parisaufenthalts bereits Vorarbeiten.[155] Mommsen hatte jedoch Bedenken. Ihm lehnte

[151] Rassow an Kaehler 31.5.1945 abgedruckt in W. Schulze, S. 66-74. Zu Praxis und Problemen der Entnazifizierung in Köln E. M. Martinsdorf: Von den Schwierigkeiten, die Gegenwart von ihrer Vergangenheit zu „säubern", in: Versteckte Vergangenheit, S. 125-162.

[152] Siehe hierzu H. Vorländer: Die NSV, S. 118: „Und es wurden im Namen einer volksgesundheitlichen Politik alle die rasse- und erbbiologischen Maximen nationalsozialistischer 'Weltanschauung', die die Partei lehrte, zur obersten Richtlinie auch der nationalsozialistischen Volkswohlfahrt erhoben, die sich als deren wichtigste Vollstreckerin verstand." Siehe hierzu die Ausführungen Erdmanns im Schulgeschichtsbuch, auf die später eingegangen wird, und seinen 1975 veröffentlichten Vortrag: „Lebensunwertes Leben". Totalitäre Lebensvernichtung und das Problem der Euthanasie, in: GWU 26 (1975)215-225; zur NSV auch J.-C. Kaiser: NS-Volkswohlfahrt und freie Wohlfahrtspflege im „Dritten Reich", in: H.-U. Otto/H. Sünker (Hrsg.): Politische Formierung und soziale Erziehung im Nationalsozialismus, S. 78-105, sowie E. Hansen: Wohlfahrtspolitik im NS-Staat.

[153] Trapp, S. 41 meint, es sei bereits bis Mai 1933 jedem Lehrer „klar geworden, daß ohne Bekenntnis zum nationalsozialistischen Staat, demonstriert durch die Zugehörigkeit in einem NS-Verband, seine berufliche Existenz gefährdet, beruflicher Aufstieg unmöglich würde".

[154] A. Nath: Der Studienassessor im Dritten Reich, in: Zeitschrift für Pädagogik 27 (1981)281-306.

[155] Erdmann an Mommsen, 14.2.1937; Fundort: Nachlaß Wilhelm Mommsen.

sich das Thema zu sehr an die Dissertation an, auch fragte er sich, ob es mit der in Deutschland vorhandenen Literatur zu bearbeiten sein würde.[156] Erdmann schlug als neues Thema den deutschen Liberalismus am Beispiel Friedrich Dahlmanns vor. Gleichzeitig erkundigt er sich, ob „die wirtschaftlichen Voraussetzungen der Privatdozentur in absehbarer Zeit grundsätzlich geändert" würden. Er schrieb weiter: „Diese wirtschaftlichen Erwägungen spielen darum im Augenblick für mich eine besondere Rolle, weil ich noch Ende dieses Monats [März 1937] heiraten werde. Mein Ziel ist eindeutig die Universität, und zwar so bald es irgend geht."[157] Mommsen riet von einer Verbindung des Schuldienstes mit einer Privatdozentur wegen der damit verbundenen Überbelastung ab. Auch der Themenvorschlag „Dahlmann" schien ihm nicht überzeugend; es gebe zwar keine wissenschaftliche Biographie, doch seien hierfür Jahre der Arbeit erforderlich.[158]

Erdmann gab den Wunsch nach einer beruflichen Veränderung auch deshalb nicht auf, weil er bereits wußte, daß er bei seiner beabsichtigten Heirat die Stellung als Lehrer verlieren würde, denn die arische Herkunft seiner Verlobten war nicht ausreichend nachweisbar. Das nächste, was der Marburger Professor deshalb von seinem Schüler hörte, war eine Anfrage des Reichs- und Preußischen Ministeriums für Wissenschaft, Erziehung und Volksbildung vom 29. Juli 1937, wo Erdmann sich um eine Dozentur an einer Hochschule für Lehrerbildung beworben hatte. Mit Einführung der politisch-weltanschaulichen Grundfächer und einer Neubesetzung der Lehrstühle waren diese ehemaligen preußischen Pädagogischen Akademien gehalten, „die Weltanschauung des Nationalsozialismus sachgemäß und wirkungsvoll zur Anwendung zu bringen".[159] Mommsen sandte eine positive Referenz nach Berlin,[160] doch war er nicht gerade der geeignetste Fürsprecher, um Erdmann den Weg zu ebnen: auf Betreiben Walter Franks war Mommsen 1936 aus der Leitung der Geschichtslehrer-Zeitschrift „Vergangenheit und Gegenwart" entfernt worden, deren Herausgeber er fünf Jahre, seit 1934 gemeinsam mit Moritz Edelmann[161], gewesen war. Im Februar 1937 hatte ihm überdies Fritz Hartung mitgeteilt, daß auf ministerielle Weisung die Zeitschrift der Akademie der Wissenschaften, die „Jahresberichte für deutsche Geschichte", auf Rezensionen von ihm verzichten müßten.[162]

---

[156] Mommsen an Erdmann, 23.2.1937; Fundort: Nachlaß Wilhelm Mommsen.
[157] Erdmann an Mommsen, 2.3.1937; Fundort: Nachlaß Wilhelm Mommsen.
[158] Mommsen an Erdmann, 7.3.1937; Fundort: Nachlaß Wilhelm Mommsen.
[159] Erlaß des Reichs- und Preußischen Ministeriums für Wissenschaft, Erziehung und Volksbildung 18.6.1935, zit. n. Eilers, S. 8.
[160] Voigtländer an Mommsen, 29.7.1937; Mommsen an Voigtländer, 5.8.1937; Fundort: Nachlaß Wilhelm Mommsen.
[161] Oberstudiendirektor Edelmann war Direktor einer Mädchenoberschule, der Augustaschule in Berlin-Tiergarten (siehe Handbuch über den preußischen Staat (140. Jg.) 1938, S. 239), 1939 wurde er Professor und Direktor der Dortmunder Hochschule für Lehrerbildung. Edelmann war Berichterstatter des NSLB in „Vergangenheit und Gegenwart"; nach Mommsens Ausscheiden wurde die Zeitschrift das Organ des Reichssachgebiets Geschichte im NSLB. Siehe Heiber: Walter Frank und sein Reichsinstitut, S. 723, 775 f.
[162] Ebd. S. 777.

Daß Erdmanns Habilitationsvorhaben damals scheiterte, hatte mit den Problemen Mommsens jedoch nichts zu tun. Der Briefwechsel zeigt deutlich andere Gründe: es fand sich kein passendes Thema, dem Mommsen zustimmen konnte, und vor allem blieb die Frage der finanziellen Absicherung ungeklärt.

Die für die Jahre 1932/33 bereits diskutierte Frage einer Assistentenstelle in Köln ist verbunden mit Erdmanns Versuch, den Beruf zu wechseln, erneut zu stellen. Wenn es ein informelles Angebot gegeben hat, könnte er es von dem Mediävisten Gerhard Kallen erhalten haben, zu dem er durch den Krupp-Aufsatz und möglicherweise auch durch die Prüfung für das Pädagogische Staatsexamen (siehe Anm. 145) Kontakt hatte. In den Dekanatsakten der Universität zu Köln finden sich keine Hinweise auf eine Bewerbung.[163] Ein solcher Versuch ist aber im Zusammenhang des Jahres 1937 und der Bemühungen, einen neuen Berufsweg zu finden, durchaus denkbar, zumal Erdmann später gesprächsweise davon berichtet haben soll, der Kölner Germanist Ernst Bertram habe eine Anstellung verhindert.

Nicht allein als Literaturwissenschaftler, sondern auch als Essayist und Lyriker wirkte Bertram im Bildungsbürgertum und bei seinen Studenten. Sein Weg führte ihn zu den Nationalsozialisten, eine Entwicklung, die ihn seinem langjährigen Freund Thomas Mann entfremdete.[164] Dessen Bücher, wie auch diejenigen des Literaturhistorikers Friedrich Gundolf, hatte er im Mai 1933 in Gesprächen mit dem Führer der Kölner Studentenschaft vor den Flammen der Bücherverbrennung in Köln bewahrt. Indem er einzelne Autoren schützte, gab er alle anderen dem Feuer preis und machte den Vorgang so erst „salonfähig".[165] In seiner Ansprache zur Eröffnung des Sommersemesters 1933 bekämpfte er westliche Zivilisation und volksfremde Ideologien.[166]

Für eine besondere Rolle Bertrams in Erdmanns Leben spricht, daß dieser in einer späteren Darstellung, die sich mit den deutschen Universitäten unter der Herrschaft

---

[163] Eine Personalakte aus Erdmanns Kölner Zeit (1945-53) wird dort nicht mehr geführt, sie wurde nach Kiel abgegeben; Auskunft des Kölner Universitätsarchivs (Schütz) vom 20.1.1993. Die im Landesarchiv Schleswig-Holstein lagernde Personalakte des Kultusministeriums beginnt im Jahr 1953. Eine weitere Personalakte über die Zeit 1946 bis 1953 befindet sich in der Christian-Albrechts-Universität Kiel. Diese Akten konnten nicht eingesehen werden. Im Nachlaß Kallens im Kölner Universitätsarchiv ließ sich ebenfalls nichts hierzu ermitteln; Auskunft vom 23.4.1994 (Meuthen).

[164] Zu Ernst Bertram siehe Karl Otto Conrady: Völkisch-nationale Germanistik in Köln. Eine unfestliche Erinnerung. Schernfeld 1990 und den entsprechenden Artikel C. Schwarz', in: W. Killy (Hrsg.): Literaturlexikon, Bd. 1, S. 477 f. Zu Bertrams Beziehung zu Thomas Mann siehe dessen von P. de Mendelssohn herausgegebenen Tagebücher 1918-1921, S. 560.

[165] Zu Bertrams Rolle bei der Kölner Bücherverbrennung siehe F. Golczewski: Die „Gleichschaltung" der Universität Köln, in: L. Haupts/G. Mölich (Hrsg.): Aspekte der nationalsozialistischen Herrschaft in Köln und im Rheinland, S. 61 und F. Golczewski: Kölner Universitätslehrer und der Nationalsozialismus, S. 80 und 395 f. („salonfähig") sowie Heiber: Universität unterm Hakenkreuz, S. 90. Auszüge aus zwei Schreiben Bertrams an den Kalligraphen Ernst Glöckner hierzu sind gedruckt in: Thomas Mann an Ernst Bertram. Briefe aus den Jahren 1910-1955, S. 277 und in J. Wulf: Literatur und Dichtung im Dritten Reich, S. 57.

[166] K.O. Conrady: Deutsche Literaturwissenschaft und Drittes Reich, in: E. Lämmert/W. Killy/ K.O. Conrady/P. v.Polenz: Germanistik – eine deutsche Wissenschaft, S.74 und ders.: Völkisch-nationale Germanistik in Köln, S. 38 f.; Auszüge aus Bertrams Rede sind auch zitiert in: Hitlers Machtergreifung, Dok. Nr. 233, S. 283-286.

des Nationalsozialismus befaßt, aus vielen möglichen und eindeutigeren Beispielen professoraler Mitwirkung ausgerechnet Bertrams eher zwiespältiges Engagement während der Bücherverbrennung herausgreift und in einen falschen Zusammenhang stellt. Nicht Bertram, sondern der Germanist Hans Naumann verlas während der Bücherverbrennung an der Bonner Universität ein Gedicht, das Bertram 1932 in Erinnerung an das Wartburgfest von 1817 geschrieben hatte. Dagegen übersah Erdmann die seit 1960 bzw. 1963 bekannte mäßigende Rolle Bertrams während der Kölner Brandaktion.[167]

Mit Wirkung vom 1. April 1938 war Erdmann als Studienassessor, d.h. als Beamter auf Widerruf, erneut an das Städtische Realgymnasium in Köln-Deutz versetzt worden,[168] wo Paul Börger seit 1935 Direktor war. Im Wissen um seine unsichere berufliche Zukunft suchte Erdmann nun einen Erfolg als Schulbuchautor: er beteiligte sich an einem Geschichtsbuchprojekt für Oberschulen und Gymnasien mit dem Titel „Das Erbe der Ahnen", dessen Herausgeber Börger war. Hierfür nutzte er nach Bekanntwerden amtlicher nationalsozialistischer Lehrplanentwürfe im September 1937 vor allem die Zeit nach einer Wehrübung in Paderborn (18. Oktober – 18. Dezember 1937) bis Ostern, Mitte April 1938; bis dahin war er für diese Arbeit vom Schuldienst beurlaubt.[169] Bereits im Mai 1938, als Erdmann noch an der Schule tätig war, hatten die von ihm verfaßten Abschnitte als fertige Bücher die parteiamtliche Prüfung durchlaufen (siehe Anm. 226).

Börger war nicht nur Erdmanns Vorgesetzter als Schulleiter, er leitete auch die Hauptstelle für Erziehung und Unterricht in der Gauwaltung Köln-Aachen des NS-Lehrerbunds, dessen Mitglied er seit dem 1. April 1933 war. In dieser Funktion vertrat er das Erziehungsideal des neuen Regimes auch publizistisch. Galt er den einen als „Nationalsozialist 100%", soll er andererseits, obwohl selbst seit dem 1. Mai 1933 Mitglied, sich Zumutungen der Partei entgegengestellt haben, die seine Schüler und Lehrer betrafen.[170]

---

[167] Erdmann: Die Zeit der Weltkriege, 2. Teilband (1976), S. 428. In den gleichfalls von Erdmann verfaßten Kapiteln der 8. Auflage des „Gebhardt" ist Bertram dagegen nicht erwähnt, ein zurückhaltenderes Urteil findet sich in Erdmann: Professoren unter Hitler, in: FAZ v. 16.6.1965, S. 15; vgl. die längere Fassung desselben Vortrags unter dem Titel „Wissenschaft im Dritten Reich" in: Erdmann: Geschichte, Politik und Pädagogik, Bd. 2 (1986), hier S. 331. Zu dem „Weihespruch" Bertrams siehe Conrady: Völkisch-nationale Germanistik in Köln, S. 41 f.; er ist zuerst gedruckt in Ernst Bertram: Wartburg. Spruchgedichte, Leipzig 1933, S. 66, dann auch in Hans Naumann/Eugen Lüthgen (Hrsg.): Kampf wider den undeutschen Geist. Reden, gehalten bei der von der Bonner Studentenschaft veranstalteten Kundgebung wider den undeutschen Geist auf dem Marktplatz zu Bonn am 10. Mai 1933, Bonn 1933. Erdmann bezieht sich im „Gebhardt" auf H. Brenner: Die Kunstpolitik des Nationalsozialismus, S. 188 f.

[168] Verfügung III Nr. 3817 des Oberpräsidenten der Rheinprovinz – Abteilung für höheres Schulwesen vom 14.4.1938; Fundort: Schulverwaltungsakte. Ein Lehrerverzeichnis vom 25.2.1937 weist Erdmann bereits als Studienassessor an der Deutzer Schule aus; Fundort: LHK, Best. 405 A, Nr. 223

[169] Erdmann an Meistermann 5.1.1938; Fundort: Nachlaß Meistermann; zu den Lehrplanentwürfen siehe Selmeier: Das nationalsozialistische Geschichtsbild, S. 42-46.

[170] Börger (1896-1985) hatte evangelische Theologie und Geschichte studiert. Er promovierte 1928 in Münster mit einer lokalhistorischen Arbeit über Hamm in Westfalen. Im Krieg war er Major und Kommandeur eines Pionierbataillons. Im März 1942 wurde er mit dem Deutschen Kreuz in

1942 schrieb Erdmann in einem Lebenslauf, „auf eigenen Wunsch aus dem Staatsdienst“ ausgeschieden zu sein. Am 27. September 1938 hatte er beantragt, aus dem höheren Schuldienst entlassen zu werden. Dem Antrag wurde am 7. Oktober entsprochen. Vier Tage darauf war Erdmanns letzter Unterrichtstag.[171] Welche Gründe könnten ihn zu diesem ungewöhnlichen Schritt bewogen haben?

Börger hatte am 30. Juli 1938 ein Schreiben des Leiters der Abteilung für höheres Schulwesen beim Oberpräsidenten der Rheinprovinz, Richard Jungbluth erhalten. Dieser forderte „Unter Hinweis auf den Ministerialerlaß vom 3.5.1938 betr. Bekanntgabe von politischen Beurteilungen an Beamte“ ihn auf, Erdmann zu Angaben zu hören, die amtlich nach Koblenz mitgeteilt worden seien: „Nach dem bisherigen Ergebnis der Ermittlungen gehört Dr. Karl Erdmann lediglich dem NSLB an. In dieser Organisation lehnte er es ab, das Amt eines Blockwalters zu übernehmen. Die Aufforderung, wöchentlich 2-3mal Exemplare des ‘Stürmers’[172] abzusetzen, verweigerte er mit der Begründung, daß er sich mit der Kampfesart des ‘Stürmers’ nicht einverstanden erklären könne, außerdem einen ‘guten jüdischen Freund’ gehabt habe, der sich wegen des Verhaltens der NSDAP in der Judenfrage das Leben nahm. Als er Ende 1936 dem NSLB gegenüber eine Erklärung abgeben sollte, daß er keiner konfessionellen Lehrervereinigung angehöre, lehnte er dies mit der Begründung ab, daß diese Angelegenheit nach seiner Ansicht den NSLB nichts angehe.“[173]

Ein Blick auf die beteiligten Personen und ihre Beziehung zueinander gibt Aufschluß über den für die NS-Diktatur charakteristischen Vorfall. Jungbluth war vor Börger Direktor der Deutzer Schule gewesen und Vorsitzender der Prüfungskommission, vor der Erdmann seine erste Staatsprüfung abgelegt hatte. Börger kannte Erdmann seit 1935 und hielt offenbar viel von ihm, denn er war es, der ihm die Abfassung eines für die Indoktrination der Jugend im Sinn des NS-Geschichtsbilds zentralen Teils des geplanten Schulbuchs übertragen und ihn für Monate vom Schuldienst freigestellt hatte. Das konnte er nur verantworten, wenn er auf Grund ihrer

---

Gold ausgezeichnet. Auskünfte über Paul Börger erteilten das BDC (20.7.1993), der ehemalige Kölner Superintendent Erwin Mielke und der Direktor des Städtischen Gymnasiums Schaurtestraße in Köln-Deutz, Karlheinz Scheuer, der bereitwillig Einblick in die Mitteilungs- und Protokollbücher seiner Schule gewährte; zur Person Börgers siehe auch den Artikel Carl Dietmars: „Der Major und sein legendärer Persilschein“ im Kölner Stadtanzeiger vom 26.3.1996; Langner, S. 48, 55; Trapp, S. 45, 152, Anm. 43 f.: Als „Nationalsozialist 100%“ bezeichnete der katholische Religionslehrer Joseph Herkenrath seinen Vorgesetzten und ließ sich 1935 vorzeitig in den Ruhestand versetzen, weil er mit Börger nicht zusammenarbeiten mochte. Börgers Nachlaß für die Zeit vor 1945 soll durch Kriegseinwirkung nahezu ganz vernichtet worden sein.

[171] Verfügung III Nr. 10357 des Oberpräsidenten der Rheinprovinz – Abteilung für höheres Schulwesen vom 7.10.1938 und verschiedene hschr. Vermerke dazu; Fundort: Schulverwaltungsakte.

[172] Die hetzerische Propagandazeitschrift „Stürmer“ richtete sich hauptsächlich gegen die Juden aber auch gegen die konfessionellen Kirchen und propagierte die rassisch reine Elite des neuen NS-Glaubens.

[173] Verfügung III Nr. 7862 des Oberpräsidenten der Rheinprovinz – Abteilung für höheres Schulwesen vom 30.7.1938; Fundort: Schulverwaltungsakte. Die betreffenden Akten des Oberpräsidiums im Landeshauptarchiv Koblenz sind nicht mehr vorhanden. Jungbluth war 1908-1924 Direktor an der Deutzer Oberschule; siehe Theodor Eylert: 25 Jahre Städtisches Realgymnasium Köln-Deutz – 1908-1933; Fundort: LHK, Best. 405 A, Nr. 349.

schulischen Zusammenarbeit überzeugt war, daß dieser seine Aufgabe im Sinne des nationalsozialistischen Erziehungssystems erfüllen werde. Außerdem wußte er, daß Erdmann wegen der bevorstehenden Heirat den Lehrerberuf aufgeben mußte. Ihm in dieser Situation zu helfen, mag auch ein Grund gewesen sein, Erdmann als Autor zu verpflichten. Jenen Beteiligten, der die amtliche politische Beurteilung nach Koblenz übermittelt hatte, kannte Jungbluth, Börger und Erdmann kannten ihn dagegen nicht. Er kann identisch gewesen sein mit dem Informanten, der 1936 die Befragung Erdmanns vorgenommen hatte und der ein Funktionär des NSLB, also ein Lehrerkollege, gewesen sein muß. Aus dem Dokument geht nicht hervor, ob die Äußerungen in der Schule oder im privaten Rahmen gemacht worden sind.

Daß Erdmann das Amt des Blockwalters im NSLB nicht übernehmen wollte und eine Auskunft über seine etwaige Zugehörigkeit zu einer konfessionellen Lehrervereinigung verweigerte, waren ebenso wie die Ablehnung, den „Stürmer" zu verteilen, wohl auch in den Augen der Nationalsozialisten keine gravierenden Anschuldigungen, zumal die Kampfesart des „Stürmers" auch unter Parteimitgliedern umstritten gewesen ist. Gefährlicher war der Vorwurf, Erdmann habe geäußert, daß er „einen 'guten jüdischen Freund' gehabt habe, der sich wegen des Verhaltens der NSDAP in der Judenfrage das Leben nahm". Dieser Punkt hätte, wenn er durch Börger bestätigt worden wäre, schwerwiegende Folgen haben können. Erdmann hat später in seinem handschriftlich auf 1945 datierten Lebenslauf diesen Freund als Hermann Jacobsohn identifiziert. Ob Erdmann sich zu diesem Punkt so geäußert hat, wie es die Ermittlung aussagt, und wie er Börger über seine Bekanntschaft mit der Familie Jacobsohn unterrichtet hat, ist nicht mehr feststellbar. So unangenehm die Anfrage für Börger und Erdmann gewesen sein mußte, die Umstände waren für beide so, daß Schlimmeres verhütet werden konnte. Börger kannte Erdmanns Schulbucharbeit und konnte diese zur Entlastung verwerten. Auch wußte er wohl, daß Erdmann am 1. Juni 1938 der NSV beigetreten war. Erdmann durfte wegen seiner freundschaftlichen Beziehung zu Börger davon ausgehen, daß dieser nicht zu seinem Nachteil nach Koblenz berichten werde. Börgers Antwortschreiben an Jungbluth ist nicht überliefert. Die einzige authentische Beurteilung Erdmanns durch die NSDAP datiert aus dem Jahr 1942. Sie kann sich aber nur auf die Zeit bis zum Kriegsausbruch beziehen. Die Partei erhob gegen ihn „in politischer Hinsicht keine Einwendungen". Auch das Städtische Schulamt Köln bestätigte, daß „gegen die politische Zuverlässigkeit des Stud.Assessors Dr. Erdmann keine Bedenken" bestehen.[174] Die Angaben des Informanten sind wohl in Koblenz als unzutreffende Denunziation gewertet worden, wie sie damals häufig vorkam, sie hatte deshalb keine nachteiligen Folgen für Erdmann.

Veranlaßt waren die Nachforschungen durch das Verbot von Doppelmitgliedschaften in Lehrerverbänden, um das sich der NSLB-Reichsleiter Fritz Wächtler zwischen 1936 und 1938 bemühte.[175] Joachim Trapp, der sich mit den Kölner Schulen in der

[174] Verfügungen III Nr. 3305 und Nr. 4699 des Oberpräsidenten der Rheinprovinz – Abteilung für höheres Schulwesen vom 29.5. bzw. 20.8.1942, die zweite Verfügung enthält die Abschrift eines Schreibens der NSDAP Parteikanzlei vom 11.8.1942, Führerbau III P-Lh.-2191/E 553. Hierzu die mschr. Notiz, Städtisches Schulamt Köln vom 9.12.1942; Fundort: Schulverwaltungsakte.

[175] Eilers, S. 83 f.; Trapp, S. 44.

NS-Zeit befaßt hat, fand solche Recherchen auch in anderen Lehrer-Personalakten.[176] In seinen beiden Lebensläufen von 1945 charakterisierte Erdmann den Vorgang als „ablehnende politische Beurteilung seitens der Partei", die „bei der für mich zuständigen Kreisleitung der Partei angefordert" worden sei, sie habe seinen Berufswechsel mitveranlaßt. Den Wortlaut der Anfrage aus Koblenz übernahm er später begreiflicherweise zu seiner Entlastung ohne Einschränkung,[177] obschon der Punkt der Ermittlung über seine Beziehungen zu Jacobsohn nicht ganz zutreffend war. Erdmann war mit der Tochter Jacobsohns, Eleonore, befreundet. Ihre Eltern lernte er bei Besuchen kennen. Zu ihrem Vater hatte er aber keine besondere Beziehung, sprach aber der Familie sein Beileid zum Tode Hermann Jacobsohns aus. Die Bekanntschaft Erdmanns und die engere Beziehung Mombauers zur Familie Jacobsohn kamen zustande, nachdem beide mit Erfolg versucht hatten, Eleonore für den AV-Chor zu gewinnen. Auch Schaede gehörte zu diesem Kreis, er war mit der Schwester, Hanna Jacobsohn, befreundet, die auch in der AV verkehrte. Da alle drei Studenten Verbindungen zu den Töchtern Jacobsohn unterhielten, konnten sie Einblick gewinnen in die Kultur einer jüdisch-christlichen Familie, deren Oberhaupt am jüdischen Glauben festhielt, die zusammen nur das Sederfest feierte und religiös liberal war.[178]

Ob die anderen angegebenen Geschehnisse sich so zugetragen haben, läßt sich nicht nachprüfen. Es spricht jedoch viel dafür, daß sich Erdmann so oder so ähnlich geäußert bzw. verhalten hat, wie es die Ermittlung überliefert. Der absehbare Ausschluß aus seinem Beruf könnte ihn einerseits zum NSV-Eintritt bewogen, andererseits zu einer kritischeren Sicht einzelner Aspekte des Nationalsozialismus geführt haben.

Ausschlaggebend für das Verlassen des Schuldienstes war die Haltung seiner vorgesetzten Behörde in Koblenz hinsichtlich der Heirat, die für Ostern 1937 geplant war.[179] So schrieb er im März 1938, als er noch am Schulbuch arbeitete, an den befreundeten Solinger Künstler Georg Meistermann, daß er nicht in seinem Beruf bleiben könne und damit rechne, ihn im Juli quittieren zu müssen: „Lieber Meistermann, ich habe mir die Freude versagen müssen, zu Ihnen rauf zu kommen. Statt dessen war ich in Koblenz auf meiner Behörde und hatte zwei Tage mit der Heiratsgenehmigung zu tun. Alle Hoffnung ist verflogen. Es müßte ein Wunder geschehen, wenn ich in

---

[176] Gespräch mit J. Trapp, Köln, am 11.11.1993. Vgl. die Nachfragen zur „Mitgliedschaft in berufsständischen konfessionellen Verbänden" gem. Erlaß vom 25.10.1938, z.B. betr. Mombauer (Antwortschreiben Börgers an den Oberpräsidenten der Rheinprovinz, Abt. Höhere Schulen vom 19.12.38). Ein Lehrerverzeichnis weist Mombauer im Dezember 1938 als Studienassessor am Realgymnasium in Köln-Deutz aus; Fundort: LHK, Best. 405 A, Nr. 223.

[177] Vgl. die Entnazifizierungsakte, die die Ermittlung als abschriftliche Anlage zum Fragebogen enthält.

[178] Anfang 1936 kam es in Köln zu einem Treffen Eleonores mit Erdmann und Mombauer, danach emigrierte sie nach London. Erdmann soll sich bemüht haben, ihr dort durch die Mutter seiner Verlobten zu helfen. Gespräch mit Eleonore Kaufmann, Marburg, am 20.3.1995 und Mitteilungen vom 8.4./28.8.1995.

[179] „Meine eigenen Hoffnungen zu Ostern haben sich nicht erfüllt. Ich habe nicht heiraten können, aber wenigstens ist meine Braut jetzt in Köln. Sie wohnt draußen am Park in Müngersdorf in einer Wohnung, die eigentlich für uns beide bestimmt war." Erdmann an Meistermann 14.5.1937; Fundort: Nachlaß Meistermann.

meinem Beruf bleiben könnte. Ich rechne damit, daß ich im Juli den Schuldienst quittiere. Die Arbeit unter diesen Umständen ist nicht leicht."[180] Die Heirat erfolgte erst am 15. Oktober 1938. Seine Frau wurde die in Marburg promovierte Chemikerin Sylvia Pieh, die während ihrer Studienzeit auch an Veranstaltungen der AV teilgenommen hatte.[181] Weil ihre arische Abstammung nicht geklärt werden konnte, hatte sie länger als ein Jahr in der später gemeinsamen Wohnung auf die Heirat warten müssen. Nach Kriegsende berichtete Erdmann, sein Dienstvorgesetzter Jungbluth habe ihm die Genehmigung für diese Heirat verweigert, da die Geburts- und Taufurkunden (Ariernachweis) des elsässischen Großvaters der Braut nicht aufzufinden waren. Zu dieser Zeit sollen weder Erdmann noch seine Verlobte gewußt haben, ob dieser Großvater jüdischer Abstammung war. Deshalb und wegen der ablehnenden politischen Beurteilung durch Parteistellen sei ihm „ein weiteres Fortkommen im Schuldienst unmöglich" erschienen, schrieb er 1945.[182] Daß seine damals gerade fertiggestellte Niederschrift des Schulbuchs den Glauben an den Führer in den Mittelpunkt gestellt hatte, teilte er begreiflicherweise nicht mit.

Seit Mai 1937 war es Erdmann klar, daß er den Staatsdienst würde verlassen müssen, wenn er seine Braut heiraten wollte. Damit nahm er bewußt in Kauf, zukünftig in seiner Berufstätigkeit wegen der NS-Rassepolitik benachteiligt zu sein, falls die Abstammung seiner Frau nicht würde geklärt werden können oder es sich herausstellte, daß sie jüdische Vorfahren hatte. Trotz der unangenehmen Umstände und nicht berechenbaren Folgen blieb er fest in seinem Entschluß.

Endlich verheiratet, hatte Erdmann den Tiefpunkt seiner beruflichen Karriere erreicht. Seine Arbeitsstelle als Lehrer hatte er aufgeben müssen, die Bemühungen um eine Habilitation bzw. eine Dozentenstelle waren erfolglos geblieben. Diese beruflichen Mißerfolge, die sich schon im Frühjahr 1938 abzeichneten, sind letztlich Auswirkungen der nationalsozialistischen Politik, die ihn ganz persönlich betroffen haben. Dennoch stimmte er am 10. April für den Anschluß Österreichs und damit auch für Hitler. Erdmann berichtete 1985 in einem Vortrag zu seinem 75. Geburtstag, daß er „1938 bei der Volksbefragung über die nach dem Einmarsch der deutschen Truppen vollzogene Einbeziehung Österreichs in das Reich mit Ja gestimmt habe".[183] Er erinnerte jedoch nicht daran, daß das Plebiszit mit einem Einverständnis mit Adolf Hitler in einer Reichstagswahl verbunden war. Die Frage, über die abzustimmen war, lautete vollständig: „Bist Du mit der am 13. März 1938 vollzogenen Wiedervereinigung Österreichs mit dem Deutschen Reich einverstanden und stimmst Du für die Liste unseres Führers Adolf Hitler?" Erdmann stimmte wie „die große Mehrheit [99,7 Prozent] in beiden Ländern in dieser Stunde und in dieser Sache" Hitler zu.[184] Im

---

[180] Erdmann an Meistermann 25.3.1938; Fundort: Nachlaß Meistermann.

[181] Promotionsdatum in Marburg war der 27.5.1936: Jahresverzeichnis der deutschen Hochschulschriften Bd. 52/1936. Leipzig 1937, S. 535.

[182] Zitat aus dem hschr. auf 1945 datierten Lebenslauf.

[183] Erdmann: Die Spur Österreichs in der deutschen Geschichte, S. 15.

[184] Erdmann: Die Zeit der Weltkriege 2. Teilband (1976), S. 473 und Erdmann: Die Zeit der Weltkriege (1959), S. 235: „Es ist unbestreitbar, daß die große Mehrheit in beiden Ländern den Anschluß in dieser Stunde bejahte und Hitler zustimmte, obwohl zu bedenken ist, daß in Wien noch vor der Wehrmacht die SS erschienen war und daß dort ebenso wie in Deutschland Himmler und

„Gebhardt" wertet Erdmann das Abstimmungsverhalten in der NS-Zeit: „Es läßt sich nicht abschätzen, wieviele bei diesen Plebisziten etwa aus Überzeugung, aus allgemeinen nationalen Motiven, aus Mitläufertum oder bloßer Feigheit ihre Stimme gegeben haben. Unbezweifelbar ist es, daß Hitler es vermocht hat, die große Masse des deutschen Volkes so oder so hinter sich zu bringen und zwölf Jahre lang auf dem Kurs der nationalsozialistischen Politik festzuhalten."[185] Daß er damals für den Anschluß gestimmt hat, kann auch deshalb nicht überraschen, da von einer freien Stimmabgabe keine Rede mehr sein konnte, daß er sich aber 1985 dazu bekannte, ohne hier mit einem Wort auf seine Zustimmung zu Hitler und die Folgen für Österreich einzugehen, darf nicht unerwähnt bleiben.

Eine Beschäftigung fand er fortan in der Industrie. Sein Lebenslauf weist dabei keine zeitliche Lücke auf; der Wechsel kam nicht unvorbereitet, und über die wirtschaftlichen Probleme als Studienassessor hatte er ja auch Mommsen berichtet. Zunächst ging er als „timekeeper" zu Ford (November 1938 bis Februar 1939).[186] Wieder kündigte er selbst. Eine Anstellung als Übersetzer bei den IG-Farben in Frankfurt bestand nur einen Monat (Februar/März 1939). Nach seiner Angabe hat sich dort die NSDAP gegen ihn eingesetzt.[187] Nachdem er „die folgenden Wochen mit seiner Frau in London verlebt hatte", war er ab Juni Fremdsprachenkorrespondent bei Felten & Guilleaume in Köln-Mülheim.[188] In dieser Zeit soll er eine Emigration nach England, der Heimat seiner Schwiegermutter erwogen haben. Jäckel konstatiert, Erdmann habe diesen Gedanken, als der Krieg kam, verworfen: „Weder Nazi noch Nationalist, fühlte er sich doch seinem Land verpflichtet."[189]

---

seine SS-Polizei keine abweichende Meinung sich äußern ließen. Der großdeutsche Jubel wich in Österreich in wenigen Jahren einer bitteren Enttäuschung."

[185] Erdmann: Die Zeit der Weltkriege (1959), S. 199.

[186] Nach Auskunft der Ford-Werke AG, Köln vom 30.8.1993 (Reinhold), ist das timekeeping bis heute ein Bestandteil der innerbetrieblichen Lohnabrechnung; dabei werden die Ist-Anwesenheit und die Soll-Anwesenheit der Belegschaft verglichen. Siehe einen mschr. Lebenslauf Erdmanns vom 26.1.1955; Fundort BAK, Nl 393, Bd. 103.

[187] „Entlassung aus meiner Stellung als französischer Übersetzer bei der Zentralverwaltung der IG-Farbenindustrie in Frankfurt/M. auf Veranlassung der Partei." Mschr. Anlage zum Entnazifizierungsfragebogen; Fundort: Entnazifizierungsakte. Das Bayer-Archiv, Leverkusen, hat Reste des IG-Farben-Archivs übernommen, Personalunterlagen über Erdmann sind nicht vorhanden; Auskunft vom 16.3.1995.

[188] Handschriftlicher Lebenslauf Erdmanns vom 27.8.1942; Fundort: Schulverwaltungsakte; Zitat aus dem hschr. auf 1945 datierten Lebenslauf; Entnazifizierungsakte; Munzinger-Archiv (15/1985). Der Hinweis auf den Englandbesuch im Mai 1939 ist der Entnazifizierungsakte zu entnehmen.

[189] Jäckel: Karl Dietrich Erdmann 1910-1990, S. 531.

Das Erbe der Ahnen

Geschichtsbuch für Oberschulen und Gymnasien

Herausgegeben von

Oberstudiendirektor Dr. Paul Börger

Teil 5 für die 5. Klasse:

Die Geschichte des Zweiten und Dritten Reiches von 1871 bis zur Gegenwart

von Dr. Karl Erdmann

Studienassessor in Köln

1 9 3 8

Verlagsbuchhandlung von Quelle & Meyer in Leipzig

Das Schulbuch

Autoren von Schulbüchern[190] sind nicht frei in der Auswahl des Stoffs und in der Bewertung des Geschichtsablaufs. Besonders unter den Bedingungen einer politisierten Schule und dem anmaßenden nationalsozialistischen Erziehungsanspruch galt es, ideologische Vorgaben und Zielbeschreibungen einzuhalten. Nach Eilers bedeutete Geschichtsunterricht „von nun an Betrachtung der deutschen Geschichte bzw. der Geschichte der nordischen Rasse. Der gesamte Geschichtsverlauf wurde zur Exempelsammlung für ihren Wert und ihre Bedeutung. Als bestimmender Faktor allen Geschehens wurde neben der rassischen Substanz nur noch die Führerpersönlichkeit anerkannt."[191] Der Entschluß, sich auf dieses eng umgrenzte Feld zu begeben, setzte voraus, die politisch-weltanschaulichen Gegebenheiten übernehmen und diese für den Unterricht umsetzen zu wollen.

Es ist richtig, daß das nationalsozialistische Geschichtsbild im wesentlichen das Geschichtsbild des nationalsozialistischen Geschichtsunterrichts[192] und damit seiner Lehrbücher war. So hatte Reichsinnenminister Frick schon im Juli 1933 Richtlinien hierfür entwickelt, die die Gesichtspunkte der neuen Geschichtsauffassung zusammenfaßten. Programmatisch wurden hier die wesentlichen Elemente des neuen Geschichtsunterrichts verkündet: Rasse als entscheidende Triebkraft des historischen Geschehens, der völkische Gedanke im Gegensatz zum internationalen, der Vorrang der politischen vor der Kulturgeschichte, Heldentum und Führerideal. Diese Grundsätze galten bis zur Herausgabe neuer amtlicher Lehrpläne 1938, über deren Gestaltung seit 1933 öffentlich diskutiert wurde. Die alten Lehrmittel aus der Weimarer Zeit wurden, teils aktuell ergänzt, bis dahin weiter benutzt. Die Veröffentlichung neuer Geschichtsbücher war formell erst nach der Herausgabe der am 29. Januar 1938 erlassenen Bestimmungen des Reichs- und Preußischen Ministeriums für Wissenschaft, Erziehung und Volksbildung über „Erziehung und

---

[190] Erdmann beschäftigte sich 1982 in einem Vortrag im Georg-Eckert-Institut für Internationale Schulbuchforschung mit Schulbüchern und ihrer Eigenschaft als historische Quelle. Für ihn war das Schulbuch unabhängig von seiner Unterrichtsbedeutung „jedenfalls ein objektivierbarer, begrenzter Gegenstand, der für die Forschung greifbar ist" (Erdmann: Internationale Schulbuchrevision zwischen Politik und Wissenschaft, in: Erdmann: Geschichte, Politik und Pädagogik, Bd. 2 (1986), S. 255).

[191] Eilers, S. 15 f.; vgl. Erdmann: Die Zeit der Weltkriege (1959), S. 201 f.: „Ansatzpunkt für dic Umwandlung der Schule zur Schulung und Einübung in nationalsozialistischer Weltanschauung war der Geschichts- und Biologieunterricht, in denen Rassenlchre, Erbkunde und ein darwinistisch verstandenes Machtprinzip zu den zentralen Leitwerten für die Erziehung der deutschen Jugend wurden." Siehe hierzu auch Gies, S. 25-44.

[192] Selmeier, Vorwort.

Unterricht in der Höheren Schule" möglich,[193] mit dem im einzelnen vorgeschrieben wurde, in welcher ideologischen Ausrichtung der Geschichtsstoff konkret durchzunehmen war. Die Richtlinien regelten den Geschichtsunterricht, dessen Bedeutung durch eine erhöhte Stundenzahl unterstrichen wurde, erstmals reichseinheitlich. Sicher ist, daß die Schulen und Verlage bereits im September 1937 über die ministeriellen Entwürfe der neuen Lehrpläne unterrichtet worden waren und diese „dann ohne Änderung im nächsten Jahr herausgegeben" wurden.[194] Die Kenntnis dieser Rahmenbedingungen erklärt die 1937 einsetzende Aktivität zahlreicher Verlage im Schulbuchbereich.

Für den Verlag Quelle & Meyer wollte Paul Börger ein achtbändiges Geschichtsbuch mit dem Titel „Das Erbe der Ahnen" herausgeben. Er selbst schrieb die Bände 3 und 8. Als Schulbuchautor hatte er bei demselben Leipziger Verlag bereits Erfahrung sammeln können. 1933 hatte Quelle & Meyer ihm die Abfassung des Oberstufenbands zum religionskundlichen Unterrichtswerk von Kesseler, Oppermann, Schremmer sowie die Herausgabe der Neubearbeitung des evangelischen Religionsbuchs für die Unter- und Mittelstufe übertragen.[195] Nun sollte auf Grund des neuen Lehrplans ein Schulgeschichtswerk folgen, das die Anforderungen der nationalsozialistischen Erziehungsordnung erfüllte. Daß die Schulbücher der Weimarer Zeit ersetzt werden sollten und es dem Unterrichtsministerium darum ging, nur nationalsozialistisch ausgerichtete Lehrbücher zuzulassen, mußte allen Beteiligten bewußt sein. Die offensichtlich schon 1937 von Börger verpflichteten Autoren richteten ihre Texte nach den Entwürfen der neuen Lehrpläne aus.

Bei den Bänden 4 und 5 von „Das Erbe der Ahnen"[196] handelt es sich um fertige Bücher, die vor dem Druck der geplanten Auflage als Einreiche- oder Vorausexemplare benutzt wurden. Sie wurden, wie es auch heute mit Schulbüchern geschieht, zur amtlichen Prüfung eingereicht. Die Bände waren paginiert, illustriert, mit einem Leinenrücken und festem Einband gebunden,[197] der Preis sollte jeweils 2,80 RM

---

[193] Erziehung und Unterricht in der Höheren Schule, S. 88. Der für Erdmann als Schulbuchautor relevante Teil „5. Klasse. Von 1871 bis zur Gegenwart" ist in Auszügen als Anhang 3 gedruckt. Zur Praxis der Schulbuchzulassung im NS-Staat siehe Selmeier, S. 36-46 und S. 115-131 sowie J. Weiß: Zur nationalsozialistischen Einflußnahme auf Schulgeschichtsbücher, in: Internationale Schulbuchforschung 3 (1981)112-124.

[194] Selmeier, S. 46; Weiß, S. 113.

[195] Vgl. zwei Verträge vom 23.1. bzw. 7.9.1933 mit Paul Börger; Fundort: Sächsisches Staatsarchiv Leipzig, Bestand Quelle & Meyer, Verlagsbuchhandlung Leipzig, Nr. 161.

[196] Der vollständige Titel lautet: Das Erbe der Ahnen. Geschichtsbuch für Oberschulen und Gymnasien. Herausgegeben von Oberstudiendirektor Dr. Paul Börger. Verlagsbuchhandlung von Quelle & Meyer in Leipzig 1938 [für Bd. 5], 1939 [für Bd. 4]. Den Verfassern liegen die Originalbände vor. Der Leihgeber will nicht genannt werden. In Erdmanns Nachlaß im Bundesarchiv fand sich kein Manuskript, wie überhaupt die Überlieferung aus der Zeit vor 1945 auffallend gering ist. Während der Drucklegung wurde bekannt, daß inzwischen von interessierter Seite alle acht Bände des Geschichtsbuches aufgefunden worden sind, und für einen Beitrag über K. D. Erdmann ausgewertet werden.

[197] Ein eingehefteter Zettel trägt den Aufdruck: „Korrekturabzug! Für den Druckausfall nicht maßgebend". Unter dem technischen Begriff Druckausfall ist lediglich die gegenüber der Serienproduktion bewußt einfachere Papier- und Druckqualität zu verstehen; der Buchinhalt ist davon nicht betroffen.

betragen. In der Titelei werden die Namen der Autoren eindeutig bestimmten Abschnitten zugeordnet, „Dr. Karl Erdmann, Studienassessor in Köln“ ist als Verfasser des Abschnitts E von Band 4 und des ganzen Bandes 5 ausgewiesen. Sein Mitautor für die Abschnitte A bis D des 4. Bandes war der Trierer Oberstudiendirektor Eduard Anrich. Band 4 für die Schüler der vierten Oberschul- und Gymnasialklasse deckt auf 190 Seiten den Zeitraum vom Westfälischen Frieden bis zur Reichsgründung von 1871 ab. Unter der Überschrift „Die Erfüllung“ behandelt der Erdmann zugeschriebene Buchteil (40 Seiten) die frühe Bismarckzeit. Der folgende Band für die fünfte Klasse setzt auf 173 Seiten die Darstellung bis zum Anschluß Österreichs an das Deutsche Reich im März 1938 fort.

Da die Angaben über Druckgestaltung, Format und Seitenzahlen, welche das im Verlauf der Prüfung im Mai 1938 erstellte Gutachten zu Band 5 (vgl. Anhang Nr. 5) enthält, mit dem vorliegenden Buch übereinstimmen, besteht für den Band, als dessen alleiniger Autor Erdmann angegeben wurde, und an dessen Niederschrift er bis April noch gearbeitet hatte, die Gewißheit, daß er nur in dieser Form vom Gutachter beurteilt wurde.[198] Für etwaige Korrekturen seitens des Verlags war zunächst kein Anlaß vorhanden. Die geringe Produktionszeit des Verlags von der Abgabe des Manuskripts im April bis zum fertigen Buch Anfang Mai 1938 spricht für einen unveränderten Abdruck des Manuskripts. Außerdem ist davon auszugehen, daß inhaltliche Textänderungen entweder vom Autor verfaßt oder zumindest doch einvernehmlich mit dem Autor vorgenommen worden wären, wie es vergleichbare Autoren- bzw. Herausgeberverträge des Verlags Quelle & Meyer vorsahen. Auch Schulbuchverlage waren nicht berechtigt, die Texte ihrer Autoren nach eigenem Gutdünken umzuschreiben. Entsprechend mußte etwa Paul Börger als Religionsbuchautor selbst für die Korrekturen und Schlußrevision sorgen, oder – als Herausgeber – sicherstellen, daß sich seine Verfasser darum kümmerten.[199]

Vom Beginn der Niederschrift bis zum fertigen Buch benötigten Erdmann und der Verlag vermutlich nur ein halbes Jahr. Dabei mußte sich der Autor an folgende Vorgaben des Lehrplans für die Zeit nach Bismarcks Sturz halten:

„Wachsende Bevölkerungszahl, Raumnot, Möglichkeiten der Lösung; Ausfuhrsteigerung, Überindustrialisierung. Volksgesundheitliche und rassische Gefahren der Verstädterung. Die Bodenspekulation, Wohnungsnot, Entvölkerung des deutschen Ostens, Versagen der Siedlungspolitik, Einströmen der Polen; Übersteigerung des Kapitalismus: Aktiengesellschaft, anonymes, international verflochtenes Bank- und Börsenkapital, vorwiegend in jüdischen Händen. Spekulation. Politischer und kultureller Einfluß des jüdischen Kapitals (Presse, Theater, Buchverlag). Veräußerlichung der Lebensziele, Schein statt Sein, Steigerung des Eigennutzes, Mangel an Gemeinsinn. Zunehmendes Einströmen jüdischen Blutes in den deutschen Volkskörper, gefördert durch die Ausbreitung der Freimaurerlogen und die

[198] Für den vierten Band mit der Jahrsangabe 1939 gibt es solche Übereinstimmungen zwischen dem Gutachten vom 8.5.1938 und dem gedruckten Buch nicht, hier ist deshalb von einer anschließenden Überarbeitung auszugehen.

[199] Vgl. § 3 bzw. 4 der Verträge vom 23.1. bzw. 7.9.1933 mit Paul Börger; Fundort: Sächsisches Staatsarchiv Leipzig, Bestand Quelle & Meyer, Verlagsbuchhandlung Leipzig, Nr. 161.

Stellung der Kirchen zur Judentaufe. Völkische und judengegnerische Strömungen und Vorkämpfer: Richard Wagner, Treitschke, Lagarde, Stöcker, Schönerer, Chamberlain. Der völkische Erneuerungswille der Jugendbewegung."[200]

Ein weiterer Abschnitt für die Zeit nach 1918 lautet:

„Von der Weimarer Verfassung sind nur solche Bestimmungen zu behandeln, die ihren weltanschaulich-politischen Geist besonders kennzeichnen.

Die fortschreitende wirtschaftliche und gesellschaftliche Zerrüttung, Einströmen der Ostjuden, Zersetzung der völkischen Haltung und des Wehrwillens durch das Judentum, Genußsucht und Korruption, Sinken der Volkskraft, Schwinden des Staatsgefühls durch Überwiegen des Parteigeistes.

Kommunistische Aufstände (z. B. Bayern, Braunschweig, Sachsen, Ruhrgebiet), widerstandslose Erfüllungspolitik. Zielbewußte Fortführung der alten französischen Rheinlandspolitik bis 1922.

Fortleben und Wandlungen des Frontgeistes in den Freikorps. Kämpfe gegen den Bolschewismus, Grenzlandkämpfe (u. a. Sudetendeutschland, Kärnten, Baltikum, Posen, Schlesien).

Adolf Hitlers politischer Werdegang bis 1922.

Die rassischen, völkischen, sozialistischen Grundlagen des Nationalsozialismus sind an einigen Hauptbeispielen anschaulich und begrifflich klar herauszuarbeiten, insbesondere die Begriffe sozial, sozialistisch, national (im Sinne der alten Parteien), nationalsozialistisch."[201]

Durch seine Bereitschaft, diese Richtlinien anzuerkennen, stellte sich Erdmann auf den Boden des Nationalsozialismus. Angesichts dieser Tatsache wären auch inhaltliche Textänderungen durch ein Verlagslektorat, die aber für den von Erdmann geschriebenen Band 5 nahezu ganz auszuschließen sind, zweitrangig. Auch wenn das Buch verloren gegangen wäre, hätte man anhand der Richtlinien auf seine politische Tendenz schließen können. Erdmann hat später das bisher nicht auffindbare und daher unbekannte Geschichtsbuch als sein Werk anerkannt, er benannte jedoch nie Titel oder Verlag, weder daß es sich um eine mehrbändige Reihe gehandelt hatte, noch hat er den von ihm bearbeiteten Zeitabschnitt angegeben.[202]

Einen begrenzten Einblick in die Entstehung eines Lehrbuchs für die Schule erlaubt ein handschriftliches Manuskript, das Eduard Anrich, wie Erdmann Autor im vierten Band vom „Erbe der Ahnen", hinterlassen hat.[203] Es behandelt die Geschichte von der Gegenreformation bis zum Ausgang der Revolution von 1848. Diese Epochen-

[200] Erziehung und Unterricht in der Höheren Schule, S. 87

[201] Ebd., S. 88.

[202] Es ist behauptet worden, daß der Text, oder Teile desselben, nicht von Erdmann verfaßt seien. Als Begründung wurden verschiedene, stets unbeweisbare Behauptungen aufgestellt. Diese Äußerungen stammen von Personen, die Erdmann nahegestanden haben.

[203] Undatiertes hschr. Manuskript im Besitz von Gerhard Anrich, Lichtenstein; weiteres Material ist im Nachlaß nicht vorhanden, es blieb 1944 in Straßburg zurück. Eduard Anrich wurde 1899 in Straßburg geboren und besuchte dort das Protestantische Gymnasium. Im Ersten Weltkrieg war er Offizier, seit 1923 im Schuldienst tätig, 1936 Direktor des Hindenburg-Gymnasiums in Trier, 1941 Direktor der Erwin-von-Steinbach-Schule in Straßburg, 1948 Direktor des Johannes-Kepler-Gymnasiums in Reutlingen. Anrich starb 1990 in Tübingen.

setzung, die Art der Gliederung des Stoffs und die Beigabe von Vorschlägen für Erzählungen, Gedichte, Anekdoten und Quellen entsprach nicht dem 1938 erlassenen Lehrplan für Geschichte. Somit muß dieser Arbeit zunächst eine andere, frühere Konzeption zugrunde gelegen haben. Vom Autor selbst vorgenommene Änderungen in der handschriftlichen Fassung (Verbesserungen im Text, seitliche Ergänzungen, zusätzliche Seiten) lassen erkennen, daß Anrich seine ältere Fassung, um Anschluß an den neuen Lehrplan zu finden, teilweise umgeschrieben hat. Ein besonderes Augenmerk verdienen dabei die Stellen, die sich mit dem Einfluß der Juden befassen. Diese stehen vereinzelt bereits in der früheren Fassung, zwei weitere hat Anrich gemäß dem Lehrplan hinzugefügt,[204] andere finden sich erst in der Druckfassung. Bleistiftanmerkungen von fremder Hand, fast ausschließlich fachlicher Art, die Anrich weitgehend berücksichtigt hat, stammen von einem Lektor. Auf ihn geht die einzige Erwähnung Hitlers zurück, die sich auch im gedruckten Text wiederfindet. Mit diesem Text gibt es in der Manuskriptfassung Übereinstimmungen vor allem bei Überschriften und Absatzanfängen, seltener aber in Gestalt ganzer Abschnitte. Das Manuskript ist demnach als Teil des Arbeitsprozesses für den Beitrag Anrichs zum Schulbuch anzusehen, es wurde nach den Erfordernissen des Lehrplans umgearbeitet. Wie die endgültige Fassung dann entstanden ist, läßt sich anhand der Vorlage nicht belegen.

Im Unterschied zu Anrich, der seinen Text auf die Richtlinien von 1938 umarbeiten mußte, kannte Erdmann von vornherein die Anforderungen und konnte den Stoff so darbieten, daß er „dem neuen Verständnis der deutschen Vergangenheit aus dem Glauben der nationalsozialistischen Bewegung an die Zukunft des deutschen Volkes“[205] gerecht wurde.

Im folgenden wird auf den Inhalt Abschnitt E des vierten und den fünften Band dieses Geschichtswerks zusammengefaßt eingegangen, zitiert wird stets in runden Klammern mit römischer Band- und arabischer Seitenzahl.

Im Mittelpunkt steht das Begriffspaar Volk – Führer. Das deutsche Volk überwindet seine inneren Gegensätze und den äußeren Druck und vollendet den Verlauf seiner Geschichte in der Führerperson Adolf Hitlers. Die Geschichte erhält damit ein Subjekt, die Volksgemeinschaft, und ein Ziel, den Führerstaat. Am Beginn steht jedoch das in Parteien aufgesplitterte Volk. Die Ultramontanen, die Liberalen, die Konservativen, alle „stellten die Belange ihrer Partei über die Belange Deutschlands“ (IV, 155, 187), was sie zu Reichsfeinden macht (V, 16). Das „schrankenlose Parteiregiment“ setzt sich über das Kaiserreich hinaus fort (V, 117).[206] Das Gegenideal ist die „soldatische Gemeinschaft der Deutschen“ (IV, 186). Den Gegensatz Partei – Volk hebt letztlich erst der Führer Hitler auf, dem sich das Volk freiwillig anschließt (V, 132, 134-6, 141). Stets hat der Verfasser dabei auch die Auslandsdeut-

[204] Erziehung und Unterricht in der Höheren Schule, S. 84: „Judenemanzipation, mit kurzem Rückblick auf die Geschichte des Judentums (freiwillige Ausbreitung als Händler im Mittelmeer vor der Zerstörung Jerusalems, jüdischer Wucher und Ablehnung des Judentums im Mittelalter, der Hofjude).“ Ebenso wird die Einbeziehung der Juden in die Darstellung der 48er-Revolution verlangt.

[205] Erziehung und Unterricht in der Höheren Schule, S. 69.

[206] Siehe hierzu den im Anhang Nr. 4 gedruckten Text „Die Weimarer Verfassung“.

schen im Blick, denen gleichfalls die richtige Führung fehlt (V, 4-9). Ihres Schicksals als geduldete Minderheiten, mit bestenfalls bescheidenem Lebensrecht, nimmt sich schließlich die nationalsozialistische Regierung unmittelbar an (V, 159 f.).

Hitler ist das Ziel der deutschen Geschichte. Bismarck figuriert als Rufer in der Wüste, dessen Politik stets von einem „nationalen Sinn" erfüllt war (IV, 162), dem es aber nicht gelang, die Gegensätze (den „Klassenkampf") zu überwinden (V, 24). Erst mit der NS-Machtübernahme „wurde das Werk Bismarcks durch Aufrichtung des neuen Einheitsstaates zu Ende geführt" (V, 138). Auf Bismarck folgt Hitler. Er ist im Hintergrund zugegen, seit Österreich 1866 aus der deutschen Geschichte ausschied: „Diese Sehnsucht [der Deutschen Österreichs nach Deutschland] glühte natürlich in den besten Männern. Sie rief in den nächsten Jahrzehnten die Alldeutsche Bewegung ins Leben und fand ihre weltgeschichtliche Ausprägung in der Gestalt Adolf Hitlers, der als Knabe nicht begreifen konnte, daß nicht jeder Deutsche das Glück habe, im Reiche Bismarcks zu leben, der als Jüngling nicht unter Habsburgs Fahnen, sondern im deutschen Heer den Weltkrieg mitkämpfte, der als Mann seine Brüder heimführte ins Reich" (IV, 175). Hitler ist dabei, wenn das „Zweite Reich" 1871 eine Verfassung erhält, denn: „Zum deutschen Einheitsstaat, wie er unter Adolf Hitler Wirklichkeit geworden ist, war noch ein weiter Weg." (V, 3). Und in seinem Zeichen steht die Geschichte der Weimarer Republik, die als eigenes Kapitel im Buch der deutschen Geschichte nicht vorkommt, sondern als Vorlaufphase, Übergangszeit, Kampfzeit („Hitler kämpft um das deutsche Volk") bereits die Überschrift „Das Dritte Reich" trägt (V, 100). Über „die Partei Adolf Hitlers" führt der Weg zum Herzen des Volks (V, 132), ihm gehört die Zukunft (V, 135). Die messianischen Züge Hitlers sind unübersehbar. Allenthalben fehlt der Führer, der Ziel, Programm und Vision verkörpert: ob es die Deutschen Amerikas sind (V, 7), die ungebildeten Arbeiter (V, 19), das ganze Volk am Beginn des Weltkriegs (V, 34)[207] oder die Freikorpskämpfer und 1919 die verzweifelten Kapp-Putschisten (V, 106 f.). Neben Hitler gibt es einige markante Vorbilder. Außer Bismarck (und Hindenburg, V,132) sind dies Alfred Krupp (V, 10-12), Albert Leo Schlageter (V, 122), Horst Wessel (V, 133) und Wilhelm Gustloff (V, 158). NS-Märtyrerlegende und identitätstiftende Absicht gehen hier Hand in Hand, um die junge Leserschaft an das Regime zu binden.

Adolf Hitlers Biographie wird ausführlich geschildert.[208] Hitler hat in seiner Wiener Zeit folgende Erkenntnisse gewonnen, „auf denen heute das Reich fest gegründet steht: 1. Der Klassenkampf kann nur dann überwunden werden, wenn alle Schaffenden sich darauf zurückbesinnen, daß sie Deutsche sind. 2. Deutschland kann nur dann einer großen Zukunft entgegengeführt werden, wenn alle Deutschen sich darauf zurückbesinnen, daß sie nicht gegeneinander, sondern füreinander arbeiten

---

[207] Im Zusammenhang mit der Darstellung des Ersten Weltkriegs bezieht Erdmann wie bereits im Langemarckaufsatz gegen die „Kriegsschuldlüge" Stellung (V, 52, 54). Er meint, die Entscheidung für den uneingeschränkten U-Boot-Einsatz sei zu spät gefallen (V, 64, 73). Er vertritt die Dolchstoßlegende (V, 76 f., 82, 84) und verurteilt den „Schmachfrieden" des „Versailler Diktats" (V, 97; siehe den im Anhang Nr. 4 gedruckten Text „Die Unterwerfung"). Interessant auch sein kurzes Eingehen auf die Ereignisse bei Langemarck (V, 59 f.).

[208] Siehe die im Anhang Nr. 4 gedruckten Texte „Adolf Hitler" (Schluß) und „Die Gründung der Nationalsozialistischen Deutschen Arbeiterpartei".

sollen. 3. Das Reich kann nur dann im Sinne einer solchen nationalen und sozialistischen Gemeinschaft von Grund auf neugestaltet werden, wenn das deutsche Volk sich zurückbesinnt auf die tiefen natürlichen Quellgründe seiner Kraft: Blut und Boden." (V, 112) Die Schilderung der Zeit von 1918 bis 1933 steht ganz im Zeichen des Aufstiegs der NSDAP (V, 112-6, 124-6, 132-5). Den Wendepunkt der deutschen Geschichte symbolisiert der 30. Januar 1933: „Es war nicht ein bloßer Regierungswechsel, der sich am 30. Januar vollzog. Mit einem ganzen System, das 14 Jahre lang Deutschland zugrunde gerichtet hatte, sollte aufgeräumt werden." (V, 135 f.)[209]

Ursache für den Niedergang in der deutschen Geschichte sind die Parteien. Das Ermächtigungsgesetz wird als Überwindung der Parteienherrschaft gefeiert: „Aber Hitler konnte sich als Führer der nationalsozialistischen Volksbewegung nicht damit begnügen, Vollstrecker eines fremden Willens zu sein. Er konnte sein geplantes Aufbauwerk nur dann auf lange Sicht und mit Aussicht auf Erfolg beginnen, wenn er die nötige Vollmacht zu ungestörter Arbeit hatte." (V, 137) Jede Störung wird beseitigt: „Die marxistischen Parteien wurden zerschlagen. Die bürgerlichen Parteien lösten sich im Laufe des Sommers selber[210] auf. Keine Zeitung, kein Redner, kein Film durften mehr den Klassenhaß predigen. Die Juden wurden aus allen öffentlichen Ämtern, aus Presse, Rundfunk und Film herausgedrängt. Dadurch wurde verhindert, daß immerwährend neues Gift in den kranken Volkskörper eingeimpft wurde." (V, 138)[211] Im Führerstaat erhalten die soldatischen Tugenden „Führung, Gefolgschaft und Ehre" (V, 142) den ihnen gebührenden Platz. Auf ihnen aufbauend „kann die nationalsozialistische Staatsführung nach den ersten fünf Jahren ihrer Tätigkeit auf gewaltige Erfolge zurückblicken: Die Arbeitslosigkeit ist überwunden. Die Bauernnot ist gewendet. Das Volk beginnt zu gesunden und seine Lebenskraft wiederzufinden. Der Vertrag von Versailles ist zerrissen. Die Grenzen werden wieder beschützt von einer starken Wehrmacht. Das Reich hat seine Stellung als Großmacht wiedererobert und besitzt mächtige Freunde in der Welt. Das Gesamtdeutschtum erwacht zu dem Bewußtsein seiner blutsmäßigen und geschichtlichen Zusammengehörigkeit. Das Großdeutsche Reich ist begründet." (V, 169)

Als zeitlich letzter Erfolg Hitlers wird der Anschluß Österreichs (V, 160-8) angeführt und in der angehängten Zeittafel (V, 173), damit das im Lehrplan vorgegebene Datengerüst ergänzend, als „Begründung des volksdeutschen Reiches" bezeichnet. Der „Heimkehr Deutsch-Österreichs" ist mit neun Seiten außerordentlich viel Platz eingeräumt, ein Zeichen, wie wichtig dem Verfasser dieser Vorgang war.[212] Hier finden sich die folgenden Sätze: „Österreich war nationalsozialistisch. Jeder wußte, was das bedeutete. Der Traum vom großdeutschen Reich, seit Jahrhunderten gehegt, aber durch ein tragisches Schicksal an seiner Verwirklichung gehindert, mußte nun erfüllt werden." (V, 162)

---

[209] Siehe den im Anhang Nr. 4 gedruckten Text „Hitlers Berufung zum Reichskanzler".

[210] Die sprachliche Eigenheit Erdmanns, „selber" statt „selbst" zu schreiben, findet sich auch im „Gebhardt" (1959), S. 195 und (1976), S. 379.

[211] Siehe den im Anhang Nr. 4 gedruckten Text „Der Tag der nationalen Arbeit".

[212] Zum Vergleich: „Locarno" wird auf weniger als einer Seite (V, 127) dargestellt.

Ein Absatz wird im Druck besonders hervorgehoben: „Im Schützengraben hatte es ein echtes, wahrhaft deutsches Volk gegeben, ohne Standesdünkel und Eigennutz, beseelt vom Opferwillen für Deutschland. Wenn es gelang dieses Vermächtnis lebendig zu erhalten und einst das ganze Volk mit diesem Geiste zu durchdringen, dann waren die Opfer nicht umsonst gewesen, trotz allem. Dann würde dereinst dem Frontsoldaten in der Heimat ein Sieg beschieden sein, strahlender als je Erfolge der Waffen." (V, 92) Dieses „Vermächtnis" wurde schließlich erfüllt durch die „großdeutsche Volksgemeinschaft". „Seit Adolf Hitler Staatsoberhaupt ist, leisten die Soldaten der Wehrmacht und die Beamten genau wie die Glieder der Bewegung ihm den persönlichen Treueeid. Auf dem Reichsparteitag der Freiheit 1935 wurde die Fahne der Bewegung zur alleinigen Fahne des Reichs erhoben. Partei, Wehrmacht und Staat sind in der Hand des Führers vereint, um gemeinsam eingesetzt zu werden zum Dienst am Volk. [...] Der frei anerkannte Führer empfängt Vertrauen und Gehorsam: das ist der Sinn germanischer Volksherrschaft (Demokratie)." (V, 170)

In der deutschen Geschichte werden neben dem internationalen Katholizismus, dem Liberalismus, der Sozialdemokratie und dem internationalen Kapitalismus zwei spezielle Feindbilder ausgemacht: der Marxismus (Kommunismus, Bolschewismus) und die Juden.

Das Gegenbild des deutschen Führers ist Karl Marx, ein Jude und Internationalist, der den Haß der Arbeiter schürt und als „Endziel" die „staatenlose sozialistische Gesellschaft der Zukunft" verkündet, „in der alle Völker und Rassen sich auflösen sollten" (V, 21). Seine Lehre ist der Gegenpol des Nationalsozialismus[213], seiner „Irrlehre" (V, 35) folgte die international gebundene Sozialdemokratie (V, 22). In Gestalt des von Juden beherrschten russischen Bolschewismus bedroht der Marxismus das nationalsozialistische Deutschland und ganz Europa. Neben diesen ideologischen und aktuell politischen Feind wird das mit den Russen paktierende Frankreich gestellt (V, 153 f.).[214]

Die Juden sind zugleich Symptom des Verfalls und als Täter die Ursache allen Übels. Im habsburgischen Reich, wo das Deutschtum durch „fremdvölkischen Durchschuß" zersetzt wird, sind es vor allem Tschechen und Juden, die diesen Prozeß ausmachen (IV, 175 f.). Der Verfasser sieht auch in Deutschland die Juden am Werk, um die Kraft des Deutschtums zu zerstören: „Jüdische Makler und Spekulanten gaben den Ton [in Börsen und Banken] an. Sie waren an der Berliner Börse so gut zu finden wie in Wien, Paris, London und Neuyork. Sie besaßen und handelten Aktien aus allen Ländern und schufen so aus dem Gewinn, den die Völker erarbeitet hatten, die staatenlose Macht des internationalen Kapitalismus. Sie wurden reich durch die Arbeit anderer." (V, 18)[215] Eine „jüdische Clique" im Reichskolonialamt

---

213 Siehe den im Anhang Nr. 4 gedruckten Text „Marxismus und Nationalsozialismus".

214 Aufschlußreich sind im Kontext der nationalsozialistischen Kriegsvorbereitung die folgenden Sätze wenige Seiten zuvor: „Weil die marxistischen Parteien den Kraftwagen als kapitalistischen Luxus betrachteten, wurde durch hohe Steuern die Wagenhaltung erschwert. Es liegt auf der Hand, daß im Kriegsfalle ein weniger motorisiertes Land einem stärker motorisierten unterlegen ist." (V, 144)

215 Siehe hierzu die im Anhang Nr. 4 gedruckten Texte „Materialistische Weltanschauung", „Vordringen der Juden" und „Erlahmen der Volkskraft".

verhinderte zusammen mit Zentrum und Sozialdemokratie eine aktivere Kolonialpolitik Bismarcks (V, 31). Jüdische Geldmacht und Freimaurer sind die Nutznießer des Weltkriegs (V, 55). Im Nachkriegsdeutschland sind „der galizische Jude Kurt Eisner", „der Jude Cohn" (V, 89)[216], „der Jude Hilferding", „der Jude Georg Bernhard" (V, 96 f.), „das jüdische Berliner Tageblatt" (V, 110), der „Jude Hugo Preuß", das Judentum in den Behörden und die „Börsen- und Bankjuden" (V, 117) die Verursacher des deutschen Niedergangs. „Im übrigen konnte jüdischer Einfluß sich hemmungslos geltend machen" (V, 118).[217]

Die Antisemiten des ausgehenden 19. Jahrhunderts, Houston Stuart Chamberlain, Paul de Lagarde, Richard Wagner und Adolf Stoecker, Georg von Schoenerer und Karl Lueger sollen als „neue Kräfte" (V, 40-2) den jugendlichen Lesern des Geschichtsbuchs als Vorbilder dienen. Hierzu rechnet der Verfasser ferner die Jugendbewegung: „Auch die Besten der bürgerlichen Jugend im Reich waren zutiefst angeekelt von der Verlogenheit des Großstadtlebens. Aber sie wurden nicht vom Zwang des Broterwerbs so tief in alle Fragen hineingestoßen, daß sie nicht entfliehen konnten. In Wandervogel- und Pfadfindergruppen suchten sie neue, echte Gemeinschaft. Sehnsuchtsvoll schauten sie zurück auf die Zeiten, da das deutsche Volk noch unverfälscht und wahrhaftig lebte. Alte Volkslieder, die aus jener Zeit herüberklangen, wurden von ihnen zu neuem Leben erweckt. Sie entdeckten auf ihren Fahrten die uralte, ewig junge Schönheit der deutschen Landschaft. In ihren Herzen lebte die Sehnsucht nach einem neuen Reich." (V, 42 f.) Die Kräfte der Erneuerung aber wurden vom „Schlachtruf des Klassenkampfes überschrien" (V, 43).

Unter der Überschrift „Rassen und Volksgesundheitspflege" wird die NS-Rassengesetzgebung verteidigt: „Arbeitslosigkeit und Bauernnot konnten in vier Jahren gewendet werden. Auch dem drohenden Volkstod ist die nationalsozialistische Regierung entgegengetreten. Einmal war es nötig zu verhindern, daß weiterhin schädliches, das heißt erbkrankes und rassefremdes Blut in den Volkskörper einströmen konnte. Das geschah durch das 'Gesetz zur Verhütung erbkranken Nachwuchses' 1933 und durch die Nürnberger Rassegesetze 1935." (V, 147) Nicht nur die Juden, auch die Behinderten fallen hier aus der Volksgemeinschaft heraus.

Einen Höhepunkt stellt die durch Sperrsatz hervorgehobene Darstellung der tödlichen Attentate auf Walther Rathenau und Matthias Erzberger dar, die den politischen Mord zu sanktionieren scheint: „Der hilflose Schmerz über das Elend des Vaterlandes rief junge Deutsche zur Verzweiflungstat. Die schmachvolle Unterwerfungs- und Erfüllungspolitik war verkörpert in zwei Namen: Erzberger und Rathenau. Im Sommer 1922 [sic] traf sie die Kugel." (V, 119)

Die Themenschwerpunkte des Lehrplans entsprachen sicher nicht in jedem Fall Erdmanns historisch-politischem Geschichtsbild. So wird das für ihn zentrale Thema des Verhältnisses von Kirche und Staat nicht thematisiert. Der Leser erfährt lediglich, daß Bismarck „den preußischen Grundsatz zur Durchführung bringen wollte: 'Volle Freiheit der Kirche in kirchlichen Dingen und entschiedene Abwehr jedes Übergriffs auf das staatliche Gebiet.'" (V, 16).

[216] Siehe hierzu den im Anhang Nr. 4 gedruckten Text „Die Novemberrevolte".
[217] Siehe hierzu den im Anhang Nr. 4 gedruckten Text „Geistige Zersetzung".

Charakteristische Elemente des Geschichtsverständnisses Erdmanns, die schon in den „Pariser Dokumenten" und im Krupp-Aufsatz zu finden sind, erscheinen auch im Schulbuch. Hierzu gehören die Kategorien Volk, Führer, Ständestaat und soldatische Lebensweise, die Ablehnung des „schrankenlosen Parteiregiments" (V, 117), die Ablehnung des „marxistischen Sozialismus'", des Bolschewismus' und des internationalen Kapitalismus' sowie der Grundbegriff der Rasse. „Arbeit (ist) Dienst am Volk, ebenso ehrenhaft wie Dienst an der Waffe" (V, 139). Die Volksgemeinschaft steht über dem einzelnen Menschen, der Staat, nunmehr repräsentiert durch den Führer, verkörpert die Einheit des Ganzen. Die staatliche Ordnung vollzieht sich ohne Parteien, denn diese sind an partikulare Interessen gebunden, die Identität von Volk und Staat wird gewährleistet durch die Konstruktion eines einheitlichen Volkswillens. Wie in Erdmanns früheren Texten ist auch hier die Bedeutung des soldatischen Einsatzes besonders unterstrichen. Im Erleben des Krieges habe es ein „echtes wahrhaft deutsches Volk gegeben, beseelt vom Opferwillen für Deutschland" (V, 92). Diese Ideen eines antiwestlichen Kriegs-„Sozialismus" waren ein durchgängiges Kampfmittel der Neokonservativen gegen die Weimarer Republik.

Ein auf wenige Punkte beschränkter Vergleich dieses Schulgeschichtsbuchs mit einem anderen, weitverbreiteten Lehrbuch für dieselbe Klasse[218] läßt bei weitgehender Übereinstimmung doch charakteristische Unterschiede erkennen.[219] Die ideologisch aufbereiteten geschichtlichen Fakten erhalten in Frankes Lehrbuch einen breiteren Raum. So wird die „Erfüllungspolitik Stresemanns" in einem längeren Abschnitt gewürdigt, der eine Beschreibung Stresemanns als „Kompromißpolitiker" einschließt, während sich der Verfasser vom 5. Band des „Erbes der Ahnen" auf eine äußerst knappe Darstellung beschränkt. Ebenso verhält es sich mit den jeweiligen Abschnitten über „Die Weimarer Verfassung". Während bei Franke die Weimarer Republik in einem eigenen Kapitel behandelt wird, beginnt im „Erbe der Ahnen" nach dem Weltkrieg das „Dritte Reich". Die Karte von „Kleindeutschland" bezeichnet abgesehen von der weiträumigen Markierung im Osten die Niederlande, die flämischen Gebietsteile Belgiens, Luxemburg, Elsaß-Lothringen und große Teile der Schweiz als „deutschen Volksboden" (V, 4), Franke dokumentiert diesen Anspruch nicht.

Es liegt im Charakter der damaligen Schulbucharbeit, daß auch für den Erdmann zuzuschreibenden Text zutrifft, was Selmeier über die Geschichtslehrbücher der NS-Zeit im Vergleich zu ihren Vorgängern schreibt: „An die Stelle einer Bildungssprache war ein widerliches Gemisch von militanter Kampfsprache, biologisch-medizinisch-religiös eingefärbtem und moralisierendem Heilsstil, pathetischer Phraseologie und gekünsteltem Märchen- und Sagenstil getreten. Eine chronologische und detaillierte Zusammenstellung sämtlicher Auslassungen, Fehldeutungen, Halbwahrheiten und

[218] Dietrich Klagges (Hrsg.): Volk und Führer. Deutsche Geschichte für Schulen. Ausgabe für Oberschulen und Gymnasien. Klasse 5, Nun wieder Volk. Bearbeitet von Walter Franke. Frankfurt/Main 1939. Das Buch wurde auch an Kölner Schulen eingesetzt (Trapp, S. 155, Anm. 52).

[219] Eine methodisch durchdachte, breite Analyse von NS-Geschichtsbüchern bietet Selmeier, S. 169 f. und Kapitel IV. Einen Vergleich einiger Schulgeschichtsbücher der NS-Zeit unternimmt auch R. Riemenschneider: L'enseignement de l'histoire, en Allemagne, sous le „IIIe Reich", in: Francia 7 (1979)401-428.

Fälschungen wäre ein unfruchtbares, weil nicht endenwollendes Unterfangen."[220] Als Schulbuchautor fügte sich Erdmann dem gewandelten Geschichtsverständnis, dem es auf objektive historische Wahrheit nicht ankam, „sondern auf die Prägung der seinem Einfluß ausgesetzten Mentalitäten"[221]. Er wirkte an einem Text mit, der nicht einer dem Wahrheitsstreben verpflichteten Wissenschaft den Vorrang gab, sondern den politischen und ideologischen Ansprüchen des Regimes, er reihte sich damit in die Minderheit der damaligen Historiker ein, die chauvinistisch, rassisch-völkisch und antisemitisch argumentierten. Ihnen war gemeinsam die Frontstellung gegenüber bisherigen Auffassungen von der Geschichte, seien sie von der Aufklärung oder durch das Christentum bestimmt gewesen. Nicht die Darstellung und Erklärung der Vergangenheit, sondern die Legitimation der Gegenwart im Vergangenen leiteten dieses Geschichtsbild, das zwar von 1933 bis 1945 durchgehende Konstanten wie das Führer- und das Rasseprinzip aufwies, aber auch dem Wandel unterlag.

Auch wenn das Buch als opportunistische Arbeit eines jungen Historikers zu werten sein sollte, dessen Ziel die Universitätskarriere war, der hoffte, sich durch ein Geschichtsbuch als Dozent für eine Hochschule für Lehrerbildung zu empfehlen und der angesichts der bevorstehenden Entlassung aus dem Schuldienst seine Qualifikation und sein Einkommen zu verbessern suchte, zeigt es doch – selbst wenn man annimmt, daß da und dort das Verlgslektorat noch Hand angelegt haben könnte – in erschreckender Deutlichkeit Erdmanns Zeitverhaftung: Unabhängig davon, was der Autor wirklich dachte, ist der Text, angesichts der Diffamierung eines großen Teils des eigenen Volks und seiner Geschichte, der rassistischen Deutungen und des propagandistischen Engagements im Sinne der Legitimierung des Nationalsozialismus ein Dokument der Übereinstimmung mit der Politik des nationalsozialistisch geführten Deutschen Reichs.

Die Vorlage der acht Bände „Das Erbe der Ahnen" bei der „Parteiamtlichen Prüfungskommission zum Schutz des NS-Schrifttums", die für die ideologische Kontrolle auch der Schulbücher zuständig war, gibt die Gewißheit, daß die Autoren ihre Arbeiten als abgeschlossen betrachteten, was spätere einvernehmliche Korrekturen nicht ausschloß. 1935 übertrug Philipp Bouhler als „Chef der Kanzlei des Führers der NSDAP" und Vorsitzender der Prüfungskommission die Schulbuchprüfung der „Begutachtungsstelle" des „Hauptamts für Erzieher/Reichswaltung des NSLB" in Bayreuth.[222] Über diese Zuständigkeit kam es zu Konflikten Bouhlers erst innerhalb

---

[220] Selmeier, S. 150.

[221] M. Salewski: Geschichte als Waffe: Der nationalsozialistische Mißbrauch, in: Tel Aviver Jahrbuch für deutsche Geschichte 14 (1985), S. 293; hierzu Selmeier, S. 172 f., S. 295-98.

[222] Eilers, S. 114; zur Parteiamtlichen Prüfungskommission siehe J.-P. Barbian: Literaturpolitik im „Dritten Reich", S. 128-137 und D. Strothmann: Nationalsozialistische Literaturpolitik, S.42-47. Zu Bouhler siehe H.-W. Schmuhl: Philipp Bouhler – Ein Vorreiter des Massenmordes, in: R. Smelser/E. Syring/R. Zitelmann (Hrsg.): Die braune Elite II, S. 39-50 und J. Noakes: Philipp Bouhler und die Kanzlei des Führers der NSDAP, in: D. Rebentisch/K. Teppe (Hrsg.): Verwaltung contra Menschenführung im Staat Hitlers, S. 208-236; siehe zur Begutachtungstätigkeit des NSLB, aber ohne Berücksichtigung der Schulbuchprüfung, Barbian, S. 149-153.

der Partei mit Alfred Rosenberg,[223] dem „Beauftragten des Führers für die Überwachung der gesamten geistigen und weltanschaulichen Erziehung der NSDAP", und später mit dem Reichsminister für Wissenschaft, Erziehung und Volksbildung, Bernhard Rust.[224] In beiden Fällen setzte sich Bouhler durch, und die Lehrmittelkontrolle blieb in Händen der Parteiamtlichen Prüfungskommission unter Leitung des Hauptamtsleiters Karl Heinz Hederich.

Die Begutachtungsstelle des NSLB vergab die eingereichten Schulbücher an Lektoren im ganzen Reichsgebiet. Es ist anzunehmen, daß es sich bei diesen Prüfern um Fachlehrer handelte. Insgesamt sind über zehntausend Gutachten im Bundesarchiv erhalten,[225] ein bisher wenig benutzter Bestand, der für die Praxis der NS-Zensur sehr aussagekräftig ist. Dort fanden sich neun Vorgutachten zu den Bänden „Das Erbe der Ahnen", die als Unterlage für das Endgutachten dienten.[226] Die Prüfungen erfolgten auf der Basis eines zweiseitigen Fragebogens, sie sind von unterschiedlicher Ausführlichkeit. Im Gutachten zu Teil 1 für die 1. Klasse des Autors Menzel heißt es etwa: „Die ns. Geschichtsauffassung ist als Richtlinie voll eingehalten u[nd] immer sehr deutlich betont." Ungewöhnlich ausführlich (fünf Seiten) befaßte sich dagegen der Lektor Banniza mit dem 2. Teil, Autor war Studienassessor W. Lobach. Die Darstellung der Geschichte von Bonifatius sei von einem „katholischen Religionsbuch kaum zu unterscheiden" (S. 2). Weiter heißt es: „Alles, was so fein in den Schulungsbriefen der Partei in den letzten Jahren herausgearbeitet wurde, ist hier in den Wind geschlagen" (S. 3). Und an anderer Stelle: „Vielleicht wirkt beim Verfasser die eigene (wohl katholische) Konfession doch noch irgendwie hemmend, daß er hier die für unsere Verhältnisse

---

[223] P. Longerich: Hitlers Stellvertreter, S. 31; V. Dahm: Die nationalsozialistische Schrifttumspolitik nach dem 10. Mai 1933, in: U. Walberer (Hrsg.): 10. Mai 1933. Bücherverbrennung in Deutschland und die Folgen, S. 73-77.

[224] Eilers, 115. Der Streit Bouhlers mit Rust ist dokumentiert in den Akten des Reichsministeriums für Wissenschaft, Erziehung und Volksbildung im BAK, Bestand R 21, Bd. 95.

[225] J. Weiß: Nationalsozialistische Schulbuchgutachten im Bundesarchiv Koblenz, in: Internationale Schulbuchforschung 3 (1981)162-164. Es handelt sich um den Bestand NS 12 NS-Lehrerbund bzw. Hauptamt für Erzieher, der sich seit 1959 im Bundesarchiv befindet und durch ein „Vorläufiges Verzeichnis" erschlossen ist.

[226] Im einzelnen:
Lfd. Nr. 4725: Gutachter Alexander Schäfer/Erlangen Datum 4.6.1938 zu Erbe der Ahnen Teil 1 für die 1. Klasse: Geschichtserzählungen, Verfasser: Werner Menzel; Fundort: BAK, NS 12/219.
4197: Heinrich Banniza von Bazan/Berlin-Steglitz, 14.3.1938 zu Teil 2 für die 2. Klasse: Von der Urzeit bis zu den Wikingern, von Studienassessor W. Lobach; BAK, NS 12/217
4198: Engel/Rostock, 21.3.1938 zu Teil 3 für die 3. Klasse: Von der Gründung des Ersten Reiches bis 1648, von Paul Börger; BAK NS 12/217.
ebenfalls 4198: Rudolf Schrepfer/Augsburg, 29.3.1938 zu Teil 3 für die 3. Klasse: Von der Gründung des Ersten Reiches bis 1648, von Paul Börger; BAK, NS 12/217.
4593: Engel/Rostock, 8.5.1938 zu Teil 4 für die 4. Klasse [Anrich/Erdmann]; BAK, NS 12/218.
4627: Oberstudiendirektor Otto Haug/Ludwigsburg, 11.5.1938 zu Teil 5 für die 5. Klasse [Erdmann]; BAK, NS 12/218.
4838: A. Schäfer, 15.7.1938 zu Teil 6 für die 6. Klasse: Vorgeschichte – Ende der Stauferzeit von Radig, Schmitz und Leggewie; BAK, NS 12/220.
5183: Haug, 1.11.1938 zu Teil 7 für die 7. Klasse: [?] von Börger und Wachsmuth; BAK, NS 12/221.
5184: Haug, 24.10.1938 zu Teil 8 für die 8. Klasse: Von Bismarck bis zur Gegenwart von Börger; BAK, NS 12/221.

zureichende Form nicht findet." Im Gesamturteil empfahl er eine „nochmalige Durcharbeitung". In einem persönlichen Schreiben an den Leiter der Hauptabteilung Schrifttum, Paul Georg Herrmann, schrieb Banniza: „Ich habe sofort meine ganze freie Zeit in den Dienst dieser wichtigen Prüfungsarbeit gestellt und meine zahlreichen Bedenken eingehend begründet, damit nichts Unzureichendes auf unsere Jungen und Mädel losgelassen wird."[227] Der Mittelalterband (Teil 3 der Reihe), den der Gesamtherausgeber Börger geschrieben hatte, wurde in zwei kurzen Gutachten unter anderem wegen fachlicher Mängel ablehnend beurteilt.

Zum 4. Teil, der hauptsächlich von Anrich verfaßt worden ist, an dem aber auch Erdmann mitgearbeitet hat, wurde gesagt, die Gliederung sei übersichtlich, die Stoffauswahl gut getroffen, die Sprache „klar und verständlich, wenn auch reichlich trocken u[nd] nüchtern. Die Vorliebe für kurze Sätze geht reichlich weit. Die Sprache bekommt etwas Gehacktes." Der Prüfer kam zu dem Gesamturteil: „Das Buch ist im ganzen brauchbar. Wegen seiner Sorgfalt im Sachlichen ist es zu empfehlen, aus methodischen Gründen würden wir ein Anschaulicheres vorziehen!"

Im „Gesamturteil" des Gutachtens, das Erdmann als Autor nennt, finden sich die Wertungen „fachlich" und „methodisch gut", die der Verlag nach der Ablehnung des Buchprojekts in einem Schreiben an seine Autoren besonders hervorhob.[228] Die Geschichte der NSDAP sei gut und im ganzen richtig erzählt. Doch ging dem Lektor Haug die nationalsozialistische Ausrichtung des Buchs nicht weit genug. Das nationalsozialistische Programm in seinen Grundzügen sei überhaupt nicht behandelt. Der „Hitlerputsch" von 1923 sei falsch dargestellt, das Judentum sei „nur ganz verstreut" erwähnt, die Tätigkeit der Freimaurer vernachlässigt worden. Ausdrücklich hob er dagegen die „Vermeidung trockener Abstraktionen" und den flüssigen Stil hervor, der stoffliche Weitschweifigkeit vermeide: „Das für uns Wichtige und vom Lehrplan des Reichserziehungsministers besonders Hervorgehobene ist geschickt behandelt." Der Lektor führte weiter aus: „Das Heldische, Nationale und Soziale ist gebührend berücksichtigt. Das Konfessionelle wird abgelehnt, doch vielleicht nicht scharf genug gekennzeichnet in seiner politischen Gefährlichkeit." Haug kam zu folgenden Gesamturteil: „Das Buch ist fachlich, methodisch, in der Austattung gut, erfüllt jedoch nicht die Bedingungen, die man einem nationalsozialistischen Lehrbuch stellen muß. Die 'Wissenschaft' ist durch den politischen Spürsinn des Nationalsozialismus auf neue Fährten gelenkt worden. Forschung, die diese Spuren nicht verfolgt und die Ergebnisse nicht berücksichtigt, kann nicht als geschichtliche Wahrheit angesprochen werden."[229]

Es mag offenbleiben, welche Forschungsergebnisse Haug damit angesprochen hat. Der Autor hatte versucht, diese „geschichtliche Wahrheit" aufzuspüren ohne den Prüfer zu überzeugen. Betrachtet man einen Punkt der Beanstandung näher, nämlich den, daß die Erwähnung des Judentums nur ganz verstreut zu finden und „der Zusammenhang und Zusammenhalt dieses Übervolks der Mitesser und messianischen

---

[227] Banniza an Reichswaltung NSLB Personalabt., Abt. Sippenkunde und Begutachtungsstelle, Herrmann, 14.3.1938; Fundort:BAK, NS 12/217 bei lfd. Nr. 4197.

[228] Zu dem hier angeführten Schreiben siehe Anm. 232.

[229] Das Gutachten ist als Anhang Nr. 5 gedruckt.

Welteroberer“ nicht deutlich gemacht worden sei, so läßt sich dagegen aus dem Text des Buchs erkennen, daß der Verfasser den Rassegedanken als eine Grundlage des nationalsozialistischen Staats angenommen hat. In diese Richtung gingen auch schon Erdmanns Pariser Texte. Die Darlegungen im Schulbuch stellen sich vollends hinter die gesellschaftliche Ausgrenzung und Entrechtung der jüdischen Mitbürger, die Erdmann in seinem Kölner Umfeld alltäglich erlebte, da auch die Stadt Köln seit Hitlers „Machtergreifung“ einen harten antisemitischen Kurs eingeschlagen hatte. Und doch ist nicht auszuschließen, daß gerade die Ausführungen über die Rolle der Juden in der deutschen Geschichte in ihrer Radikalität eine verbale Anpassung an den Lehrplan darstellten.[230]

Drei weitere Beurteilungen betreffen die Teile 6 bis 8 von „Das Erbe der Ahnen“. Diese Bände boten einen zweiten Geschichtsdurchlauf für den Unterricht in den oberen Klassen. Die Lektoren urteilten insgesamt positiv. Der von Paul Börger verfaßte 8. Teil, umfaßte 216 Seiten war „in tadelloser Fraktur gedruckt“ und sollte 3,30 RM kosten. Er behandelte gleichfalls den von Erdmann behandelten Zeitraum von Bismarck bis zur Gegenwart (1938) und wurde ebenfalls vom Gutachter Haug bewertet. Dieser kritisierte dieselben Punkte (November 1923, Juden, Freimaurer), und schrieb u.a.: „Daß die Demokraten die Hampelmänner des Judentums sind, macht der Verf[asser] hier nicht genügend deutlich.“ Am Ende des Absatzes über die „Einstellung zu den Grundsätzen der Erziehung im Sinne des Nationalsozialismus“ schrieb Haug: „Die nat[ional]soz[ialistische] Einstellung ist im ganzen nicht anzuzweifeln, es fehlt nur im einzelnen am nötigen Fingerspitzengefühl.“ Das „Gesamturteil“ lautet: „Man kann sicher mit diesem Buch in Klasse VIII hervorragend arbeiten, es führt den Schüler, ist ihm – abgesehen von den vielen Fremdwörtern! – ein stilistisches Vorbild, es richtet den Lehrer aus und gibt ihm von Einzelheiten abgesehen Gelegenheit zu einer wahrhaft nationalsozialistischen Formung des Geschichtsbilds der Jugend. Kein Stoffbuch, aber ein Lesebuch, und als solches eine hervorragende Leistung.“

Die wiedergegebenen Beurteilungen stellten interne Vorgutachten dar. Sie dienten als Grundlage für die Endgutachten der Begutachtungstelle des NSLB, die Mitte der 30er Jahre fast alle von Hauptabteilungsleiter Herrmann unterzeichnet und den jeweiligen Verlagen zugesandt wurden. Das Endgutachten für die Börgersche Schulgeschichtsreihe ist nicht erhalten.[231].

---

[230] Den von Jäckel: Karl Dietrich Erdmann 1910-1990, S. 530 mitgeteilten „Protest [Erdmanns] gegen die Entlassung jüdischer Mitglieder der [Kölner oder Marburger] Universität“ hat es jedoch nicht gegeben.

[231] Im Bestand des Bundesarchivs NS 12 fehlen die laufenden Nummern 3001 bis 4800 und in BAK, NS 12/237 die Nummern 5181 bis 5202. Auch in den Aktenbänden, die die Endgutachten nach Verlagen zugeordnet enthalten, findet sich bei Quelle & Meyer (NS 12/159, 195, 196, 197) kein Vorgang über „Das Erbe der Ahnen“.

Über die Gründe für die Ablehnung gibt aber ein Brief der Verlagsbuchhandlung Quelle & Meyer, Leipzig, vom 11. April 1939 Auskunft, den Verlagsmitarbeiter Menzel an die Autoren schrieb. Er beruhte wohl auf dem Endgutachten, das dem Verlag zugegangen war.

„Ich stehe vor der bitteren Notwendigkeit, Ihnen eine tiefschmerzliche Mitteilung zu machen. Die Parteiamtliche Prüfungskommission hat beim Unterrichtsministerium Einspruch gegen die Einführung des Geschichtswerks 'Das Erbe der Ahnen' erhoben. Sie wirft dem Geschichtsbuch, insbesonders den Bänden 2 und 3 vor, daß das Verhältnis der Kirche zum deutschen Volk einseitig dargestellt sei. Wir hätten nur die günstige Wirkung der christlichen Kirche auf unser Volk hervorgehoben, aber den Bruch der Entwicklung nicht gewürdigt, den das Germanentum durch römisch, christliche Einflüsse bei der Missionierung erlitten hat. Ferner hätten wir nicht genügend betont das Unheil, die Gefahren und die Schäden, die unserem Volk erwuchsen aus dem politischen Katholizismus, dem Weltmachtstreben der Päpste, dem Jesuitentum, dem Universalismus und der Begünstigung fremder Völker gegen Deutschland.

Die Parteiamtliche Prüfungskommission hatte bereits bei der ersten Lesung die Absicht, das Werk abzulehnen. Sie hat aber auf den Wunsch des Ministeriums damals ihren Einspruch zurückgezogen, weil auch sie anerkennt, daß von diesem einen Punkt abgesehen, die methodischen und fachlichen Vorzüge des Börger'schen Geschichtsbuches sehr bedeutsam sind. Sie hatte erwartet, daß dieser Mangel bei der Umarbeitung beseitigt werden würde und zwar auf Grund der allgemeinen Richtlinien, die der Leiter der Parteiamtlichen Prüfungskommission, Herr Dr. Krüger, vor etwa einem halben Jahr auf einer Sitzung der Schulbuchverleger und der Herausgeber von Geschichtswerken in Berlin bekanntgab. Nach dem Urteil der Parteiamtlichen Prüfungskommission ist das nicht geschehen.

Wir haben kurz vor den Ostertagen [1939] alles versucht, um das Verhängnis abzuwenden, aber obgleich ich mich im Einverständnis mit dem Herausgeber bereit erklärte, alle Änderungen, die für nötig befunden würden, in kürzester Frist vorzunehmen, erklärte es Herr Dr. Krüger erstens für eine Ungerechtigkeit gegenüber den anderen Schulbuchverlegern, wenn wir noch eine Chance bekämen, und zweitens bezweifelte er, daß wir rechtzeitig mit der Abänderung zustande kommen könnten, da die Zulassung sowie die Festsetzung der Quoten für die einzelnen Geschichtsbücher in den allernächsten Tagen herauskommen sollen."[232]

Die „erste Lesung" für alle acht Bände hatte die Parteiamtliche Prüfungskommission am 1. November 1938 beendet (siehe Anm. 226). Aus dem Schreiben Menzels kann man entnehmen, daß Ende 1938 eine erfolglose Verbesserung, zu-

[232] Schreiben Werner Menzels für Quelle & Meyer an die Mitarbeiter des Geschichtsbuchs „Das Erbe der Ahnen" vom 11.4.1939; das Schreiben ist im Besitz Kurt Erdmanns. Menzel war Autor des 1. Teils des Schulbuchs (siehe Anm. 226). Der von ihm erwähnte Dr. Gerhard Krüger war Abteilungsleiter in der Parteiamtlichen Prüfungskomnmission. Nach Angaben des heute in Wiesbaden ansässigen Quelle & Meyer Verlags befinden sich in dessen nur lückenhaftem Vorkriegsarchiv keine Aufzeichnungen hierzu; Kurzmitteilung vom 6.7.1993. Auch der Bestand Quelle & Meyer, Verlagsbuchhandlung Leipzig, des Sächsischen Staatsarchivs in Leipzig enthält nichts zu „Das Erbe der Ahnen"; Mitteilung vom 23.6.1995.

mindest der besonders beanstandeten Bände, darunter möglicherweise auch Band 5, von den Autoren versucht worden war. Erst kurz vor Ostern 1939 erhielt der Verlag das Einverständnis des Herausgebers Börger für eine von ihm beabsichtigte eigenständige Redaktionsarbeit „in kürzester Frist". Die Datierung im Brief Menzels ist ein wichtiger Beleg dafür, daß das vorliegende Exemplar des Erdmannbandes, das zur „ersten Lesung" gehört hatte, weder von Erdmann noch vom Verlag überarbeitet wurde. Für diese Ansicht lassen sich zusammenfassend weitere Punkte anführen: Die Kürze der Zeit zwischen Abgabe des Manuskripts und dem Einreichen bei der Prüfungskommission; die außerordentliche Belastung des Verlags, der neben der Börgerschen Reihe ein zweites Geschichtsbuchprojekt betreute und nach Herausgabe der neuen Lehrpläne nicht allein auf dem Gebiet der Geschichte tätig war; die Praxis des Verlags, seinen Autoren die Korrektur zu überlassen, und Eingriffe eines Lektors nicht ohne Zustimmung des Autors vorzunehmen.

Menzel bat die Autoren, sich mit dem „schweren Schlag" abzufinden, „daß das Werk, in das wir alle so viel Mühe und Arbeit – von den großen Summen, die es bisher gekostet hat, ganz zu schweigen – hineingesteckt haben, vorläufig seinen Zweck nicht erfüllen kann". Er war aber für die Zukunft optimistisch, da die zugelassenen Unterrichtswerke das Feld nur für vier Jahre beherrschen würden: „Es erscheint mir auch nicht zweifelhaft, daß wir durch Vergleich mit den zugelassenen Unterrichtswerken ohne große Schwierigkeiten in der Lage sein werden, die weltanschauliche Ausrichtung in der Art vorzunehmen, wie sie die Parteiamtliche Prüfungskommission wünscht."[233]

Zu diesem Schreiben erwartete der Verlag eine Stellungnahme seiner Autoren. Spätestens zu diesem Zeitpunkt mußten diese also im Besitz ihrer gedruckten Beiträge, mindestens aber der zurückgegebenen Manuskripte gewesen sein. Wahrscheinlicher ist, daß die Autoren ihre Beiträge mit Fertigstellung jener Exemplare, die auch für die Parteiamtliche Prüfungskommission bestimmt waren, erhalten hatten – Erdmann also im Mai 1938.[234] Diese Überlegungen stehen bei der Einschätzung von Erdmanns Verhalten aber nicht im Vordergrund. Wie die Entstehung des Buches auch immer gewesen sein mag, der Autor hatte seiner Arbeit die Grundsätze der nationalsozialistischen Geschichtsauffassung zugrundegelegt.

---

[233] Aus den zitierten Unterlagen ergibt sich folgendes Zeitschema für „Das Erbe der Ahnen":

September 1937	Veröffentlichung des Lehrplanentwurfs
Herbst 1937	Beginn der Niederschrift von Band 5
29.1.1938	Erlaß des gegenüber dem Entwurf unveränderten Lehrplans
Ende April 1938	Fertigstellung des Manuskripts von Band 5 und Druck des Buches
11.5.1938	Gutachten der Parteiamtlichen Prüfungskommission für Band 5 (erste Lesung)
November 1938	Beginn der Umarbeitung einzelner Bände und erneute Vorlage bei der Parteiamtlichen Prüfungskommission, Gutachten nicht ermittelt
Ostern 1939	Quelle & Meyer verzichtet auf weitere Umarbeitungen und auf die Zulassung der Bände.

[234] Analoge Autorenverträge desselben Verlags sahen Freiexemplare vor, vgl. § 4 bzw. 5 der Verträge vom 23.1. bzw. 7.9.1933 mit Paul Börger betr. Religionslehrbücher; Fundort: Sächsisches Staatsarchiv Leipzig, Bestand Quelle & Meyer, Verlagsbuchhandlung Leipzig, Nr. 161.

Der hier geschilderte Ablauf der Ereignisse läßt die Möglichkeit offen, daß ein Verlagslektorat oder der Herausgeber punktuelle Änderungen an Erdmanns Manuskript vorgenommen haben. Es ist in der Tat Verlagspraxis, einzelne Stellen, nicht aber den Charakter des Textes zu ändern, und dabei auf nachträgliche Zustimmung des Verfassers zu vertrauen. Daher ist auch in der für Erdmann günstigsten Interpretation auszuschließen, daß solche Eingriffe, wenn sie überhaupt stattfanden, den Charakter des Textes fundamental verändert haben könnten. Die Tatsache, daß er, gewiß nicht naiv, den Auftrag für dieses Schulbuch überhaupt angenommen hat, führt auch bei Annahme einer partiellen Bearbeitung durch das Lektorat oder den Herausgeber zu dem Ergebnis, daß der vorliegende Text von „Das Erbe der Ahnen", Band 5, für das charakteristisch ist, was Erdmann tatsächlich geschrieben hat.

Ob vom Verlag in den folgenden Jahren der Versuch unternommen wurde, den Text nach den Wünschen der Prüfungsstelle zu ändern, ist nicht bekannt. Für ein anderes Schulgeschichtsbuch (Bernhard Kumsteller, Ulrich Haake, Benno Schneider: Geschichtsbuch für die deutsche Jugend. 8 Bde. Leipzig 1939-41) erhielt Quelle & Meyer jedoch eine Zulassung.

Insgesamt wurden zwischen Mai 1939 und April 1941 für die Höheren Schulen sieben Schulbuchreihen verschiedener Verlage zugelassen. In der Literatur findet sich kein Hinweis darauf, wieviele Projekte zur Begutachtung eingereicht und abgelehnt wurden. Weder die Schulbuchprüfung im Rahmen der Zulassung noch eine negative Begutachtung kann als etwas Außergewöhnliches betrachtet werden; dies gilt genauso unter den Vorzeichen der Diktatur. Auch war die Parteiamtliche Prüfungskommission nur eine, gleichwohl wichtige Vorinstanz, die letzte Entscheidung fiel im Unterrichtsministerium. Es war durchaus möglich, daß von Berlin nicht zugelassene Werke in Bayreuth empfohlen, genehmigte Bücher dort hingegen abgelehnt wurden. Für die Schulbuchverlage war die Zulassung ihrer Lehrbücher eine außerordentlich wichtige wirtschaftliche Frage, denn für jedes Werk war eine regionale und konkurrenzlose Monopolstellung festgelegt, was sicheren Gewinn versprach. Doch im Bereich der Lehrmittelproduktion war die Ablehnung alltägliches verlegerisches Risiko, so wurde eine gemeinschaftlich von den Verlagen R. Oldenbourg (München), Lindauer (Schöpping) sowie C.C. Buchner (Bamberg) herausgegebene Reihe nicht zugelassen. Dem „Geschichtlichen Unterrichtswerk für höhere Schulen" des Oldenbourg-Verlags entzog man nachträglich die Genehmigung.[235] Nachdem 1939 die Bände 2 bis 5 bereits zugelassen worden waren, verlor diese Lehrbuchreihe durch eine negative Bewertung ihrer Oberstufenbände im folgenden Jahr die Gesamtzulassung. Sukzessive mußte Oldenbourg die bereits eingeführten Bücher zurückziehen. Das Unterrichtsministerium begründete seinen Schritt mit der reinen Stoffbezogenheit der drei Bände 6 bis 8, in ihnen seien weder eine „großlinige Zusammenschau unter leitenden Gesichtspunkten" noch eine „entschiedene Umwertung und einheitliche Neugestaltung des geschichtlichen Gesamtbildes" gelungen. Besonders hervorgehoben wurde eine fehlende „eindeutige welt-

[235] Selmeier, S. 134-139, S. 142f., S. 149 mit Anm. 129; vgl. Gies, S. 65 und Weiß, S. 116.

anschaulich-politische Haltung", die sich in der Darstellung der Reformation (Bd. 7) niederschlage und zeige, „daß die konfessionelle Geschichtsbetrachtung von dem Verfasser noch nicht überwunden ist".[236]

In seinem Lebenslauf von 1945 hatte Erdmann angegeben, die „Ablehnung eines von mir verfaßten Schulbuches für den Geschichtsunterricht durch die Parteiamtliche Prüfungskommission wegen zu positiver Beurteilung des deutschen Volkes in seinem Verhältnis zum Christentum" habe zu seinem Berufswechsel beigetragen. Diese Darstellung ist in zweierlei Hinsicht unzutreffend. Im Oktober 1938 hatte er seine Stellung an der Schule aufgegeben, zu dieser Zeit war noch nicht für alle Bände von „Das Erbe der Ahnen" die „erste Lesung" beendet, und der Verlag trug sich noch mit Umarbeitungsabsichten. Weiter findet sich in den hier Erdmann zugeschriebenen Teilen des Schulbuchs keine Stelle, die eine positive Beurteilung des deutschen Volks zum Christentum thematisiert. Nur marginal wird die Haltung der katholischen Kirche dargestellt, und zwar immer negativ (IV, 187 und V, 15-17). Die Gründe für die Ablehnung der ganzen Schulbuchreihe mit ihren verschiedenen Autoren übertrug Erdmann in unzulässiger Weise allein auf seinen Beitrag. Richtig ist die Aussage Erdmanns, es sei „vor meiner Entfernung aus dem Schuldienst 1938 ein von mir verfaßtes Schulbuch dem Einspruch der nationalsozialistischen Prüfungsbehörde zum Opfer gefallen", sie findet sich in dem 1989 verfaßten Aufsatz „Erinnerung an die Anfänge der GWU".[237] Erdmann bezog sich hier nicht auf ein eingereichtes Manuskript, sondern identifizierte sich mit dem fertigen Buch, das der Prüfungskommission vorgelegen hatte und ließ keinen Zweifel daran, daß er der Autor war. Es überrascht, daß er diese Argumentation seiner Lebensläufe von 1945 beibehalten und veröffentlicht hat. Seine Leser waren 1989 in der Lage nachzuprüfen, wie sich ein Schulbuchautor, der 1937 einen Verlagsauftrag angenommen hatte und Erfolg haben wollte, verhalten haben mußte. Die amtlichen Lehrpläne sind in den Bibliotheken zugänglich und es ist leicht herauszufinden, daß ein damals verfaßtes Lehrbuch nur nationalsozialistisch ausgerichtet sein konnte. Diese Überlegung hätte, auch ohne Kenntnis des Textes, gegen Erdmanns Darstellung skeptisch machen müssen. Es wäre sinnlos gewesen, einen solchen Auftrag ohne die Bereitschaft anzunehmen, die Vorgaben des Lehrplans zu erfüllen.

Das Schulbuch blieb noch Jahre später Anknüpfungspunkt verschiedener Kontakte zwischen Börger, Erdmann und Quelle & Meyer. Im Dezember 1948 teilte Erdmanns ehemaliger Direktor Börger, nunmehr Pfarrer der evangelischen Johanneskirchengemeinde in Düsseldorf mit, er sei entnazifiziert und werde in Köln als Studienrat wieder angestellt. Für Quelle & Meyer habe er ein Religionsbuch für Schulen „neu bearbeitet". Er forderte Erdmann zur Mitarbeit an einem Schulgeschichtsbuch auf, das Gerhard Aengeneyndt herausbringen wolle. Dieser hatte als Redaktionsleiter im Leipziger Teubner-Verlag die von Mommsen herausgegebene Geschichtslehrer-Zeitschrift „Vergangenheit und Gegenwart" betreut. Nun war er im Lehrmittelverlag Offenburg tätig, und dort sollte ein Schulbuch für Geschichte

---

[236] Schreiben des Reichs- und Preußischen Ministeriums für Wissenschaft, Erziehung und Volksbildung 12.6.1940; zit. n. Selmeier, S. 137.

[237] Erdmann: Erinnerung an die Anfänge der GWU, S. 728.

erscheinen. Börger schrieb, „Quelle & Meyer gibt dafür unser altes Geschichtsbuch als Material für das neue frei. Ich wäre nicht abgeneigt, wenn Sie mittun würden." Als Erdmann nicht antwortete, drängte ihn im Januar Menzel, der Mitautor am „Erbe der Ahnen" und Mitarbeiter bei Quelle & Meyer: „Es ist mehr als unwahrscheinlich, daß Sie unter seiner [Aengeneyndts] Betreuung nochmals vergeblich arbeiten. Das wäre also ein starkes Plus gegenüber Ihrem früheren Schulbuchvertrag." Er führte aus, daß „Das Erbe der Ahnen" „natürlich umgearbeitet werden müßte". Börger und Menzel gingen in ihren Schreiben davon aus, daß die Bände verfügbar seien. Sollte Erdmann damals ein Exemplar seines Buches nicht zur Hand gehabt haben, wußte er nun, wo er es finden konnte. Erstaunlich ist, daß Börger und Menzel glaubten, ein nationalsozialistisches Schulbuch ließe sich als Grundlage für ein Geschichtsbuch verwenden, das den Anforderungen nach 1945 genügen könnte.

Erdmann lehnte jedoch eine Mitarbeit ab, so weist es eine handschriftliche Notiz aus.[238] Im Lehrmittelverlag Offenburg aber gab er seit 1950 gemeinsam mit Felix Messerschmidt die Zeitschrift „Geschichte in Wissenschaft und Unterricht" als neue „Zeitschrift des Verbandes der Geschichtslehrer Deutschlands" heraus; sie erschien vom dritten Jahrgang an im Ernst Klett Verlag Stuttgart, wo Aengeneyndt eine dauerhafte Anstellung fand.[239] Damit hatte Erdmann ein

[238] Börger an Erdmann 27.12.1948, hier die erwähnte hschr. Notiz Erdmanns vom 13.1.1949, Menzel an Erdmann 12.1.1949; Fundort jeweils: BAK, Nl 393, Bd. 100. Siehe hierzu die etwas abweichende Darstellung Erdmanns in: Erdmann: Erinnerung an die Anfänge der GWU, S. 728.

[239] W. Schulze, S. 108, Anm. 48; A. Dieckmann: Geschichtsinteresse der Öffentlichkeit im Spiegel der Verlagsproduktionen, in: Ernst Schulin (Hrsg.): Deutsche Geschichtswissenschaft nach dem Zweiten Weltkrieg, S. 60 f. Auf die Mitteilung Erdmanns, er werde einer der Herausgeber einer neuen Zeitschrift für Geschichtslehrer sein, und die Bitte, hierin einen Beitrag zu schreiben (Erdmann an Mommsen 21.12.1949; Fundort: Nachlaß Wilhelm Mommsen), brachte Mommsen seine Enttäuschung darüber zum Ausdruck, nicht in das Herausgebergremium aufgenommen worden zu sein: „In einige Verlegenheit bringt mich Ihre Frage wegen eines Aufsatzes für die fragliche Zeitschrift. Wie Sie wissen, habe ich einst Vergangenheit und Gegenwart herausgegeben und bin von Walter Frank herausbefördert worden. Mein Ehrgeiz war und ist es keineswegs eine ähnliche Zeitschrift jetzt herauszugeben, zumal ich persönlich die Auffassung habe, daß sich eine Zeitschrift allein für den Geschichtsunterricht wohl schwerlich tragen kann. Natürlich sind von den verschiedensten Seiten entsprechende Wünsche an mich herangetragen worden. Ich bin darauf an Herrn Dr. Aengeneyndt herangetreten. Er ist mir ausgewichen und hat auch alle Gespräche über die Zeitschriftenfrage in München vermieden, obwohl auf der Tagung der Geschichtslehrer ja schon alles fertig war. Daß [man] meinen Rat und meine Erfahrung in derartigen Dingen nicht braucht, kann ich verschmerzen, aber Sie werden verstehen, daß ich unter diesen Umständen nicht gerade sehr große Neigung zur Mitarbeit habe. Ich habe kein allzugroßes Vertrauen zu dem neuen Verlag des Herrn Dr. A[engeneyndt] – das bitte unter uns – und der „richtungsweisende" Vortrag, den Herr Wilmanns in München hielt, hat mir und vielen anderen auch nicht gerade Mut zu dem ganzen Unternehmen gemacht. Ich muß also zunächst Richtung und Haltung der neuen Zeitschrift kennen, ehe ich mitarbeite, zumal ja in diesem Falle nun doch einmal die Dinge so liegen, daß ich als Herausgeber von Vergangenheit und Gegenwart in Geschichtslehrerkreisen sehr bekannt bin und man eine Mitarbeit auch so deuten könnte, als ob ich in allem zustimmte. Bei allem Vertrauen in Ihre Person werden Sie verstehen, daß Sie allein mir als Garantie nicht ausreichen können. Dazu weiß ich aus eigener Erfahrung allzusehr, daß es nicht ganz einfach ist, einer solchen Zeitschrift den Stempel aufzudrücken. Sollte Ihnen das gelingen, so würde ich mich freuen." Mommsen an Erdmann 30.12.1949; Fundort: Nachlaß Wilhelm Mommsen. Der Vortrag, den der Wuppertaler Oberstudiendirektor

wichtiges Publikationsorgan in der Hand, das er 40 Jahre lang herausgab, und das „ganz zu Erdmanns Zeitschrift geworden“[240] ist.

Im Oktober 1955 erinnerte Quelle & Meyer wieder an „unsere frühere Zusammenarbeit“: „Wenn ich mit Herrn Oberstudiendirektor Dr. Börger – Köln zusammenkomme, werden Sie immer wieder erwähnt. Ich glaube sogar, daß wir nach dem Krieg, als Sie noch in Köln tätig waren, auch miteinander korrespondiert haben.“[241] Wenig später erhielt Erdmann ein Exemplar der bei Quelle & Meyer erschienenen „Weltgeschichte in Anekdoten“ von Paul Börger.[242] Ende 1958, als er sich bei Menzel für die Publikation der Arbeiten zweier Doktoranden einsetzte, wurde Erdmann erneut an Vergangenes erinnert: „Ich denke gern an unsere Verhandlungen vor dem Krieg zurück“, schrieb ihm ein Verlagsmitarbeiter, „und freue mich, daß auch Sie sie anscheinend nicht vergessen haben.“[243] In seiner Antwort ging Erdmann auf die frühere Zusammenarbeit nicht ein.[244] Die Verbindung zu Börger, der seit 1948 wieder in Köln arbeitete, blieb weiter freundschaftlich. Erdmann stellte auf dessen Einladung 1952 einen Vortrag in seiner Schule in Mülheim in Aussicht.[245]

Ernst Wilmanns auf der Gründungsversammlung des Verbands der Geschichtslehrer Deutschlands am 15.9.1949 gehalten hatte, erschien im ersten Heft der neuen Zeitschrift; siehe E. Wilmanns: Geschichtsunterricht, Weltanschauung, Christentum, in: GWU 1 (1950)65-80.

[240] H. Boockmann: Zu diesem Heft, in: GWU 40 (1989), S. 722. „Wie konnte eine Zeitschrift so sehr das Werk eines Einzelnen werden? Auch in unserem Falle waren Kontingenz und Glück im Spiel – also frühes Beginnen und das Geschenk eines langen unermüdeten Lebens. Aber damit allein wäre es nicht getan gewesen. Was kam hinzu? Wissenschaftlicher Rang selbstverständlich. Erdmann wäre es nicht gelungen, die Besten seiner Generation für diese Zeitschrift zu gewinnen, hätte er nicht selbst zu diesen gehört – und verfügte er nicht zudem über die Gabe, Menschen tatsächlich zu gewinnen, über Liberalität und Offenheit, die sich, wie sein Beispiel lehrt, mit Durchsetzungswillen und Durchsetzungskraft gut vertragen können.“ (ebd.).

[241] Schmeil (Quelle & Meyer) an Erdmann 24.10.1955; Fundort: BAK, Nl 393, Bd. 104.

[242] Schmeil an Erdmann 28.11.1955; Fundort: BAK, Nl 393, Bd. 104.

[243] Erdmann an Menzel 20.11.1958, Schmeil an Erdmann 22.1.1959; Fundort: BAK, Nl 393, Bd. 105.

[244] Erdmann an Schmeil 1.4.1959; Fundort: BAK, Nl 393, Bd. 105.

[245] Erdmann an Börger 11.1.1952; Fundort: BAK, Nl 393, Bd. 101.

Der Soldat

Im August 1939 meldete sich Erdmann, der in den drei vorangegangenen Jahren mehrere Wehrübungen mitgemacht hatte, freiwillig als Offiziersanwärter zur Wehrmacht. Zunächst nahm er an einem Lehrgang teil, nach Kriegsausbruch befand er sich in Polen, am 1. Juni 1940 wurde er Leutnant. Während Jäckel eine Zeit der inneren Emigration andeutet, weisen die Quellen in eine andere Richtung. Zunächst begann die Rückorientierung in den Staatsdienst. Ein Abstammungsbescheid der Reichsstelle für Sippenforschung hatte inzwischen (21. August 1939) festgestellt, daß seine Frau „deutschen oder artverwandten Blutes ist“[246] Am 1. Oktober 1940 wurde er „auf Antrag wieder in die Liste der Studienassessoren aufgenommen und dem staatl[ichen] Dreikönigsgymnasium, Köln, zugewiesen“.[247] Seit etwa Mai 1942 forcierte er das Bemühen, als Studienrat Beamter auf Lebenszeit zu werden. Vom 18. Mai datiert eine Anfrage des Kölner Schulamts an die Abteilung für höheres Schulwesen beim Oberpräsidenten der Rheinprovinz, ob gegen die Anstellung Erdmanns als Studienrat an der Oberschule für Jungen in Köln-Deutz Bedenken beständen.[248] Die Koblenzer Behörde machte keine Bedenken geltend: „Dr. Erdmann ist ein tüchtiger Lehrer, der beide Prüfungen ‘mit Auszeichnung’ bestanden hat.“ Auch die Parteikanzlei der NSDAP erhob „in politischer Hinsicht keine Einwendungen“.[249] Die nötigen Unterlagen reichte er, inzwischen zum Oberleutnant befördert, mit dem Lebenslauf am 27. August 1942 ein. Ende Oktober erfuhr er, daß die Verbeamtung zum 1. Januar 1943 erfolgen werde.[250] Das Schreiben der Parteikanzlei und die problemlose Aufnahme in das Beamtenverhältnis sind Zeichen dafür, daß es weder bei der NSDAP noch bei der Schulbehörde gegen Erdmann politisch-ideologische Vorbehalte gegeben hat. Er kehrte in den nationalsozialistisch ausgerichteten Lehrerberuf zurück, wenn er auch wußte, daß er für die Dauer des Krieges Soldat bleiben würde.

---

[246] Verfügung III Nr. 3305 des Oberpräsidenten der Rheinprovinz – Abteilung für höheres Schulwesen vom 29.5.1942; Fundort: Schulverwaltungsakte.

[247] Handschriftlicher Lebenslauf Erdmanns vom 27.8.1942; Fundort: Schulverwaltungsakte.

[248] Fundort: Schulverwaltungsakte.

[249] Verfügungen III Nr. 3305 und Nr. 4699 des Oberpräsidenten der Rheinprovinz – Abteilung für höheres Schulwesen vom 29.5. bzw. 20.8.1942; Fundort: Schulverwaltungsakte. Die zweite Verfügung enthält die Abschrift eines Schreibens der NSDAP Parteikanzlei vom 11.8.1942, Führerbau III P-Lh.-2191/E 553.

[250] Handschriftlicher Brief Erdmanns an Klein (Städtisches Schulamt Köln) vom 20.10.1942 und mschr. Notiz Kleins über ein Antwortschreiben vom 30.10.1942; Ernennungsurkunde zum Beamten auf Lebenszeit und Studienrat vom 1.1.1943 und Verfügung III Nr. 7082 des Oberpräsidenten der Rheinprovinz – Abteilung für höheres Schulwesen vom 31.12.1942; Fundort: Schulverwaltungsakte.

Erdmann hatte am Westfeldzug teilgenommen und gehörte zur Besatzungstruppe in Frankreich, wo er in Paris stationiert war. Über die Kriegsjahre bis 1943 geben die Briefwechsel zwischen Meistermann[251] und Erdmann sowie zwischen Meistermann und dem Solinger Studienrat Eugen Dörken Aufschluß.

Georg Meistermann war der Sohn eines Solinger Schuhmachers,[252] der in der Bevölkerung hohes Ansehen genoß. Das verschaffte dem angehenden Maler einen gewissen Freiraum, nachdem die Nationalsozialisten 1933 den Abbruch seiner Studien an der Kunstakademie in Düsseldorf erzwungen hatten. Er mußte sich als freischaffender Künstler durchschlagen, bis er von 1941 bis 1943 vertretungsweise eine Anstellung als Zeichenlehrer bekam, unterbrochen von einem dreimonatigen Einsatz als Marineartillerist. Er hatte kein Malverbot, konnte ins Ausland reisen und ausstellen,[253] wurde aber schikaniert wegen seiner „entarteten" Bilder und seiner Gesinnung, die jedwede Ideologie, vor allem aber den Nationalsozialismus, verabscheute.

Ausgangspunkt der Freundschaft zwischen dem Protestanten Erdmann und dem Katholiken Meistermann, den Erdmann vermutlich durch Mombauer kennenlernte und die wohl 1937 begann, war die Diskussion religiöser Fragen, die beide zeitlebens beschäftigte. Die Briefe Meistermanns an Dörken, der ebenfalls zur Wehrmacht eingezogen war, informieren über die damalige Beziehung der Freunde. Man erfährt auch, daß Erdmann Dörken im November 1939 in Thorn getroffen hatte.[254]

An Dörken schrieb Meistermann im Juni 1940: „Erdmann ist begeistert, Paris als deutscher Soldat bewohnen zu können. Seine Frau etwas erlöster. Sie hatte bange Wochen. Er überlegt, Soldat zu bleiben. Ich fände das furchtbar und käme mir auch verraten vor. Wir brauchen doch auch noch anderes als Soldaten, und in Zukunft mehr als je."[255] Am 19. Februar 1941 teilte Meistermann Dörken unter anderem mit: „Erdmann war auch auf Urlaub, aber wir haben uns nicht gesehen. Ich war gerade krank und würde es auch sonst vermieden haben, ihn zu treffen. Er steht nicht mehr über, sondern mitten in der Sache und da er als Soldat mehr aufs Spiel setzt als ich, gestand ich mir nicht das Recht zu, ihm Dinge zu sagen, die er jetzt einfach nicht sehen kann, umso mehr, als ich glaube, daß er für England eingesetzt wird. Daß es

---

[251] Einen Eindruck von seiner Beziehung zu Meistermann gibt ein Brief Erdmanns, in dem es u.a. heißt: „Sie haben mir eine große Freude gemacht durch Ihre Grüße zum Christfest und durch das schöne Blatt. Ich war umso froher, als ich seit unserer so lange schon zurückliegenden Wanderung gar nicht mehr wußte, wie es um Sie steht. Ich hatte gehofft, Sie würden einmal nach Köln kommen. Waren Sie nicht inzwischen in Frankreich?" (Erdmann an Meistermann 5.1.1938; Fundort: Nachlaß Meistermann). Zu Meistermann (1911-1990) siehe K. Ruhrberg/W. Schäfke (Hrsg.): Georg Meistermann; D. Siebenborn: Georg Meistermann, in: Die Heimat, Heft 8, S. 83-90, ders.: „Durchschlagen mußt Du Dich selbst...", in: Rheinisch-Bergischer Kalender 1993, S. 84-98; Georg Meistermann. [Ausstellungskatalog] hrsg. v. J.M. Calleen.

[252] Georg Arthur Meistermann (1884-1975) war bis 1933 Reichsinnungsmeister und preußischer Landtagsabgeordneter. Biographische Angaben in J.M. Calleen: Georg Meistermann und St. Gereon zu Köln. Diss. Köln 1993, S. 198-222.

[253] Ausstellungen: Solingen 1935, Remscheid 1937, Gemeinschaftsausstellung der feldgrauen Künstler, Solingen 1941.

[254] Die Verfasser danken Frau Maria Dörken, Brühl, für abschriftliche Auszüge aus Briefen Meistermanns an ihren 1943 gefallenen Mann.

[255] Meistermann an Dörken im Juni 1940; zum Fundort siehe Anm. 254.

unter diesem Aspekt besser sein mußte, ihn nicht zu sehen, bevor dieser grausige Teil Geschichte geworden sein wird, ist entsetzlich, aber er hätte vielleicht eine Entfremdung fühlen müssen, die bei ruhigerer Einsicht nicht nötig ist. Sylvia schreibt, daß er Vorträge hält vor seinem Trupp, z.B. über den Krieg in Afrika! Mir scheint fast, Karl steht vor dem Stadium einer Krise, die bei mir vor zehn Wochen begann. Ich bin sehr traurig darüber, von seiner früheren Größe fühle ich jetzt nicht viel."[256] Meistermann ging einem Treffen mit Erdmann bewußt aus dem Weg, wie er auch später Gespräche politischen Inhalts vermied. Weiteren Aufschluß über sein gestörtes Verhältnis zu Erdmann gibt ein Brief an Dörken aus Langeoog, wo Meistermann als Soldat stationiert war: „An Karl Erdmann hatte ich noch von Solingen aus einen Abschiedsbrief geschrieben, da mir die Vorstellung seiner soldatischen Rangstellung viel Schwierigkeiten macht, unbefangen an ihn zu denken. Es ergeht mir mit Dir völlig anders. Zu Deiner Beförderung gratuliere ich Dir von Herzen und Dein Soldatendienst ist ähnlich wie meiner ein Opfer eher als eine Erfüllung, wie sie es für Karl doch zu einem Teil seines Wesens ist. Seit ich Soldat bin, seit erst acht Tagen, habe ich keinerlei Begeisterung aufbringen können."[257] Auch 1942 kam es zu weiteren Besuchen Erdmanns bei Meistermann: „Erdmann war einen Tag und eine Nacht hier mit Sylvia. Er ist Oberleutnant mit EK I und Sturmabzeichen und Bataillonsadjutant. Südlich Ladoga-See haben sie schwere Kämpfe in der Art der Stellungskriege des Ersten Weltkriegs. Die Fronten liegen z.T. 50m auseinander. Er sah aber glänzend aus und hat seinen alten Optimismus. Da ich den meinen auch behalten habe, vermieden wir diesbezügliche Gespräche."[258] Am 7. Oktober 1942 schrieb Meistermann über Erdmann: „Er strahlt Optimismus aus und bewährt seine Spielart eines Charakters jeweils das Nächstliegende zu tun." Die letzte Erwähnung Erdmanns in Meistermanns Briefen lautet im Mai 1943: „Vorige Tage war Karl Erdmann hier. Er sieht sehr düster. Wenigstens liegt er jetzt am Wolchow oder besser: mitten drin, da das Tauwetter kilometerweit alle Stellungen überschwemmt hat. Der Abend mit ihm und Sylvia war schnell um."[259]

Die zunehmend distanzierte Haltung Meistermanns gegenüber Erdmann ist nicht überraschend, wenn man dessen Briefe an den befreundeten Künstler betrachtet.

Am 13. November 1940 sandte Erdmann ihm als Anlage zu einem Brief einen Aufsatz, den er zur Veröffentlichung auch an die Wochenzeitung „Das Reich" geschickt hatte, ohne von dort eine Antwort erhalten zu haben.[260] Diesen Vorgang kommentierte er wie folgt: „Wahrscheinlich geht es damit genauso, wie mit dem Vortrag über Preußentum. Mir fehlt das Talent, meine Sachen an den Mann zu

[256] Meistermann an Dörken 19.2.1941; zum Fundort siehe Anm. 254.

[257] Meistermann an Dörken 21.9.1941; zum Fundort siehe Anm. 254.

[258] Meistermann an Dörken 1.9., 7.10.1942; zum Fundort siehe Anm. 254.

[259] Meistermann an Dörken 13.5.1943; zum Fundort siehe Anm. 254.

[260] Erdmann an Meistermann 13.11.1940; Fundort: Nachlaß Meistermann. „Das Reich" war am 26. Mai 1940 erstmals erschienen, ihr Feuilletonchef war bis Oktober 1940 Karl Korn (N. Frei/J. Schmitz: Journalismus im Dritten Reich, S. 108-120; Korn, S. 260-275), an den sich Erdmann aus seiner Pariser Studienzeit erinnert haben mag.

bringen. Das Auf-Vorrat-Arbeiten ist ein wenig entmutigend. Die wissenschaftliche wie die künstlerische Arbeit muß im lebendigen Raum leben. Sie braucht ein Echo. Vielleicht hat das Wort noch mehr nötig gehört, als das Bildwerk gesehen zu werden." Außer den angeführten Arbeiten kann Erdmann nur die Ablehnung des Schulbuchs gemeint haben. Ein von ihm geschriebener Artikel für „Das Reich" war nicht zu ermitteln. Die Reaktion Meistermanns ist nur indirekt zu erschließen: „Aber Dein Nichtbegreifen", schrieb Erdmann in einem Brief am 11. Januar 1941, „bezieht sich ja nicht auf seine literarische Eigenschaft, sondern auf seinen Gehalt. Und der entspricht so sehr mir selbst, meiner Existenz im Kriege, daß es nur um diese geht."[261]

In seinem Brief vom November ging Erdmann auch ausführlich auf das künftige deutsch-französische Verhältnis ein: „Politisch sind wir bei dem entscheidenden Schritt der umfassenden Formung des uns erreichbaren Raumes der Erdkugel. ta meta ta physika ist für uns nicht mehr räumlich. Eine Kategorie, die nur durch Negation bezeichnet werden kann: nicht räumlich, nicht zeitlich, nicht sterblich. Daher die religiöse Ausweglosigkeit der Zeit. Wo ist Gott? Wie tritt der beherrschte Raum mit dem Hintergründigen in Kontakt, um eine wirklich dem Kosmos entsprechende Ordnung entstehen lassen zu können? Wo heute noch Worte fehlen, sind Symbole schon transparent und lassen die große Einheit ahnen. Hast Du aufmerksam die Berichte über die Begegnung Hitler-Pétain gelesen? Nachdem, was Jahrhunderte hindurch zwischen beiden Völkern sich abspielte und in dieser Situation ein absolut einmaliger Akt. Das ist nicht Höflichkeit für die Person des Marschalls und nicht Zweckberechnung im Hinblick auf eine Beeinflussung der Haltung Frankreichs. Gewiß, es ist beides auch. Aber darin geht die Geste nicht auf. Sie ist ein Symbol, Transparent und Teilhaberin einer höheren Ordnung, die sich auf die Gestaltung dieses Erdraumes auswirken will. Herr Gott, was ist vorher – laß' mich nur einmal politisch reden – nicht alles an stümperhaften und halben Versuchen zwischen Frankreich und Deutschland unternommen worden! Rapprochement der Intellektuellen, Wirtschaftsverhandlungen, Frontkämpferbesuche. Und nun nach diesem Schlag diese Chance! In einer französischen Zeitung las ich: il faut déclarer la guerre à l'Angleterre! Praktisch ist er in Afrika schon im Gange. Aber ohne Zweifel geht die Masse des französischen Volkes noch nicht mit. Man muß Verständnis haben für die Schwierigkeit der inneren Umstellung. Aber ob sie vollzogen wird, davon hängt das Schicksal Frankreichs ab. Wenn das Volk jetzt nicht begreifen wird, dann wird es falsch sein, Mitleid mit ihm zu haben. Frankreich geht einem schweren Winter entgegen. Die Lebensmittelfrage wird ernst. In Franz[ösisch] Afrika liegen die Stapel, die auf die Überfahrt warten. Frankreich hat eine Flotte. Es wird sich holen, was es nötig hat. Der Winter wird uns ein gut Stück weiter bringen. Die Großräume formen sich und Amerika wird nicht verhindern können, daß die anderen werden, was es selber ist."[262] An anderer Stelle (11. Januar 1941) hieß es: „Heute ist die Politik in dasselbe Stadium getreten, das für die Medizin im vorigen Jahrhundert begann. Unter bewußter Abkehr von transzendenten Begriffen ist sie zur angewandten Wissenschaft

---

[261] Erdmann an Meistermann 11.1.1941; Fundort: Nachlaß Meistermann.

[262] Erdmann an Meistermann 13.11.1940; Fundort: Nachlaß Meistermann.

von den materiellen Existenzbedingungen des menschlichen Gemeinwesens geworden. Es gibt Experimente, die mißglücken. Das liegt im Wesen des Experiments. Aber aufs Ganze gesehen, ist der Erfolg in dem vorgenommenen Rahmen unbestreitbar. Wohin mag uns der Weg der Erkenntnis im Zuge der begonnenen Entwicklung führen? Ist es unbegründet zu hoffen, daß auch sie zur Ganzheit führen wird. Formeln helfen da freilich nichts, sondern nur Wissen und Gesetz. Und doch zeichnen sich schon jetzt in dem Augenblick, wo der alte Universalgedanke niedergerungen wird zum ersten Mal die Umrisse einer wirklichen Weltordnung."[263] Am 17. Juni 1941 fuhr er hierzu fort: „Der Krieg gewinnt unheimliche Ausmaße. Aber es sind wohl viele Opfer nötig, damit Europa sich findet. Ich nehme Abschied von Frankreich zuversichtlicher, als ich es vor einem Jahr betrat. Die Soldaten Pétain, Darlan, Weygand, Dentz und Huntziger geben England keine Chance mehr. Sie bekennen sich: nunmehr aktiv mit den Waffen für den europäisch-afrikanischen Großraum. Es ist psychologisch schwer für das französische Volk seiner Führung zu folgen. Aber jeder entlassene französische Gefangene, jeder aus dem Reich nach Frankreich zurückkehrende Arbeiter hilft eine gerechtere Vorstellung von Deutschland im französischen Volk herbeizuführen. Die Rolle, die Frankreich im kommenden Europa spielen wird, hängt ab von dem Maß seines soldatischen Einsatzes. Ich hoffe, daß dieser groß sein wird. Wir haben Frankreichs Stimme nötig, nötiger als zuvor."

Erdmanns Auffassung von der Rolle Frankreichs im neu zu organisierenden Europa unterscheidet sich nicht wesentlich von den Zielen Hitlers nach dem Treffen mit Pétain.[264] Die Kontinuität mit den „Pariser Dokumenten" ist nicht zu übersehen, ebensowenig die Parallele zu anderen Historikern, die die deutschen Kriegserfolge öffentlich als Neuordnung Europas und als Herausbildung einer einheitlichen, großräumigen Ordnung kommentierten. Das erstrebte Zusammengehen mit dem besiegten Frankreich sollte eine europäische Funktion haben und die Dominanz des Reichs auf dem Kontinent befestigen. Diesen expansionistischen Neugestaltungsanspruch variierten seit dem Sommer 1940 zahlreiche Autoren, so der Geschichtswissenschaftler Heinrich von Srbik am 9. Juni in „Das Reich" und dessen Redakteur Karl Korn am 25. August 1940.[265] Erdmann war wie viele seiner Zeitgenossen der Überzeugung, das alte Europa habe sich überlebt. Er glaubte zu erkennen, daß

[263] Erdmann an Meistermann 11.1.1941; Fundort: Nachlaß Meistermann.

[264] Zum Treffen Hitlers mit Pétain am 24.10.1940 in Montoire siehe die Aufzeichnung Schmidts vom selben Tag und zum Verhältnis zu Frankreich die Führerweisung Nr. 18 vom 12.11.1940; Fundorte: ADAP, Serie D, Bd. XI,1, Dokumente Nr. 227 und 323; siehe auch Jäckel: Frankreich in Hitlers Europa. Zu den vom Auswärtigen Amt unterstützten Bestrebungen, die französischen Kriegsgefangenen durch Propaganda in nationalsozialistischem Sinn zu beeinflussen siehe B. Unteutsch: Dr. Friedrich Bran – Mittler in Abetz' Schatten, in: H.M. Bock/R. Meyer-Kalkus/M. Trebisch (Hrsg.): Entre Locarno et Vichy, Bd. 1, S. 87-105.

[265] Schönwälder, S. 176, 179, 208 f.; Facsimile Querschnitt durch „Das Reich", S. 15. Zu den Europakonzeptionen nationalsozialistischer Prägung siehe H.W. Neulen: Europa und das 3. Reich, S. 25-37 u. 46-56.

sich neben dem Großraum Amerika andere Imperien herausformten, von denen das europäische unter der Führung des Reichs als „Teilhaberin einer höheren Ordnung, die sich auf die Gestaltung dieses Erdraumes auswirken will" zum ersten Mal eine „wirkliche Weltordnung" herstellen werde. Diese Idee fand Erdmann auch beim österreichischen Reiseschriftsteller Colin Roß (1885-1945), von dem er im Brief vom 11. Januar 1941 schrieb, er lese „mit Leidenschaft alle möglichen Bücher" dieses Autors, was ihm eine Bestätigung sei. Roß popularisierte in mehreren Büchern die geopolitischen Vorstellungen seines Freundes Karl Haushofer, daß sich die Welt in Lebensräume und Machtsphären ordnen und sich nach dem Vorbild der amerikanischen, westlichen, eine europäisch-afrikanische, östliche Hemisphäre bilden werde.[266]

Solche Europakonzepte und Vorstellungen einer geopolitischen Neuordnung aus dem nationalsozialistischen Umfeld waren nur scheinbar modern und zwangsläufig, tatsächlich aber Ausdruck einer auf germanischen Mythen beruhenden imperialistischen und antihumanistischen Weltanschauung.[267] Sie zielten ab auf die Beseitigung der Unabhängigkeit der Staaten, oktroyierten ihnen die NS-Ideologie und beabsichtigten die physische Vernichtung von Teilen ihrer Bevölkerung.[268] Die „umfassende Formung des uns erreichbaren Raumes der Erdkugel" beinhaltete letztlich die Unterstützung einer Politik der Vernichtung und führte folgerichtig „zum moralischen und politischen Bankrott".[269]

Im Nachlaß Erdmanns fanden sich keine Briefe Meistermanns aus der Zeit vor 1945. Die Beziehung riß endgültig nach der Trennung Meistermanns von seiner ersten Frau Mitte der 50er Jahre ab, mit der die Erdmanns weiter freundschaftlich verkehrten. Sehr viel später charakterisierte Meistermann in einem privaten Gespräch Erdmann als Nazi-Mitläufer.[270]

Seit Oktober 1941 stand Erdmann mit dem Grenadier-Regiment 366 an der Ostfront in der Nähe des Ladoga-Sees.[271] Er wurde am 1. Januar 1943 Hauptmann, am 3. März Bataillonskommandeur. Am 15. Dezember, nach einem Reitunfall, wurde er „vorzugsweise" zum Major befördert und zum Grenadier Ersatz-Bataillon 366 nach Bonn versetzt.[272] Diese schnelle Karriere beruhte auf sehr guten militärischen Leistungen und Führungseigenschaften.[273] Ein Freund Erdmanns, der sich in einem

[266] Siehe vor allem Colin Roß: Das Neue Asien. 3. Auflage Leipzig 1940. Zur Beziehung Roß' zu Haushofer siehe H.-A. Jacobsen: Karl Haushofer, Bd. 2, S. 266. Siehe auch die Aufzeichnung Walter Hewels vom 12.3.1940 über eine „Unterredung des Führers mit Herrn Colin Roß" am selben Tag: ADAP, Serie D, Bd. VIII, Dok. Nr. 671.

[267] J. Elvert: Der Faktor „Europa" in der nationalsozialistischen Weltanschauung, in: Bericht über die 39. Versammlung deutscher Historiker in Hannover. Stuttgart u.a. 1994, S. 221.

[268] L. Gruchmann: Nationalsozialistische Großraumordnung.

[269] Erdmann: Die Zeit der Weltkriege (1959), S. 336.

[270] Angabe Calleens im Gespräch am 27.10.1993.

[271] P. Carell: Verbrannte Erde, S. 192 f., 205 f., 216 f. und C. Frhr. v.Bönninghausen: Kampf und Ende rheinisch-westfälischer Infanteriedivisionen an der Ostfront 1941-1945.

[272] Meldung des Oberstudiendirektor Meyer vom 21.2.1944; Fundort: Schulverwaltungsakte, hier ist die Bemerkung unrichtig, Erdmann habe den Hauptmannsrang nicht bekleidet.

[273] Gespräch mit Grünberg am 22.10.1993. Der Mitschüler Erdmanns gab an, dieser habe den Wehrmachtsorden Deutsches Kreuz in Gold erhalten.

Brief aus dem Jahr 1950 einen „eingefleischten Pazifisten“ nennt, kennzeichnet dessen „kriegerische Laufbahn“, die nach Meistermann „ein Teil seines Wesens“ gewesen sei, als „Tüchtigkeit am falschen Ort“.[274]

Aus der Zeit nach dem Scheitern der letzten Großoffensive der Wehrmacht an der Ostfront, als es nur noch um die Verteidigung der „Festung Europa“ ging, sind zwei Briefe an Mommsen erhalten. Im ersten Schreiben antwortete Erdmann auf Mommsens Frage nach seinen Interessensgebieten: „Durch diesen Krieg ist die Gesamtheit der Deutschen, ja der europäischen Geschichte in ihrer Geschlossenheit wieder ins Blickfeld gerückt. Die moderne und mittelalterliche Geschichte sind näher aneinandergerückt, wie auch die Arbeit Ganzers über ‘Das Reich als europäische Ordnungsmacht’[275] zeigt. Der politische Zentralbegriff, das Reich, ist die Leitidee, auch der historischen Forschung. Als Soldat beschäftigen mich dabei besonders Probleme der militärischen und politischen Kriegführung. Ohne mich schon festlegen zu wollen, könnte ich mir denken, daß hier meine Arbeit ansetzen wird. Der Krieg ist wohl der gewaltigste Stoff, der für den Historiker der Bearbeitung harrt.“ Er sei in die Führerreserve des OKH versetzt und zur schulischen Verwendung vorgesehen. Das gebe ihm die Möglichkeit sich „wieder intensiver mit der Historie zu befassen“.[276]

Im zweiten Brief teilte Erdmann mit, daß er an der Schule IX für Fahnenjunker der Infanterie (Hagenau/Elsaß) die Verantwortung für die Ausbildung von 150 Offiziersanwärtern trage. Diese Tätigkeit sei „sehr schön“ und „die lohnenste für einen Soldaten“, der sich „in der Heimat“ befinde. Weiter heißt es: „Der Historie bin ich nun auch wieder näher gerückt. Die Behandlung der geschichtlichen Fragen nimmt einen breiten Raum ein. Freude machte mir ein Vortrag über den 30-jährigen Krieg, den ich in der vergangenen Woche vor dem Offizierskorps der Schule halten durfte. Wenn keine unvorhergesehenen Umstände eintreten, wird meine Tätigkeit hier wohl noch ein gutes Jahr dauern. Gerade hier in der Kriegsschule empfinde ich in beglückender Weise die innere Einheit unserer Wissenschaft mit den großen soldatischen Aufgaben, die sich heute nicht mehr auf das rein Militärische beschränken, sondern die Aufgabe der politischen Waffenführung bewußt mitumfassen.“[277]

Nach Wiederherstellung seiner Einsatzfähigkeit war Erdmann vom April 1944 bis April 1945 Erzieher des Führernachwuchses an Schulen für Fahnenjunker der Infanterie, seit 1. März 1945 an der Schule III in Potsdam in führender Stellung als Lehrgruppenkommandeur und Taktiklehrer. Die Erziehung des Offizierskorps diente

---

[274] Sch. an Erdmann 15.4.1950; Fundort: BAK, Nl 393, Bd. 100.

[275] K.R. Ganzer: Das Reich als europäische Ordnungsmacht. Hamburg 1941. Ganzer, geb. 1909 in Gunzenhausen, studierte in München, er trat 1929 in die NSDAP ein und promovierte bei Karl Alexander von Müller. 1941 wurde er Franks Nachfolger als Direktor des Reichsinstituts für Geschichte des neuen Deutschlands. Siehe dazu Heiber: Walter Frank und sein Reichsinstitut, S. 378 und Schönwälder, S. 221: „‘Reich’ bedeutete übernationale Zusammenfassung und deutsche Hegemonie. Nur vordergründig wurde ein europäisches Interesse an einer solchen Ordnung behauptet, nur zu real immer wieder der deutsche Hegemonieanspruch gestellt.“ Vgl. Schreiner, S. 176, 190, 192-195.

[276] Erdmann an Mommsen 24.3.1944; Fundort: Nachlaß Wilhelm Mommsen.

[277] Erdmann an Mommsen 2.7.1944; Fundort: Nachlaß Wilhelm Mommsen.

vor allem der bedingungslosen politisch-weltanschaulichen Zuverlässigkeit. Der Offizier sollte seine nationalsozialistische Haltung und den Glauben an die Idee des Führers auf die ihm anvertrauten Männer übertragen.[278] Das zeigt auch ein Blick auf die „Richtlinien für die Erziehung und Ausbildung der Offiziersbewerber (OB) des Zwischenjahrgangs 1944 im Ersatzheer". Neben der militärisch-fachlichen Ausbildung „stand 'gleichwertig' die nationalsozialistische Führung und Erziehung der Offiziersbewerber".[279] Generell kann gesagt werden, daß vor allem die Offiziersanwärter zu Weltanschauungskämpfern erzogen werden sollten. Inwieweit sich Erdmann diesen Anforderungen entziehen wollte oder konnte, läßt sich nicht nachprüfen. Folgt man seinen Angaben, hielt er Distanz zu den NS-Offizieren, er weigerte sich Nationalsozialistischer Führungsoffizier (NSFO) zu werden.

Unklar ist, ob er unter dem Zwiespalt zwischen soldatischer Pflichterfüllung und verbrecherischer Kriegsführung gelitten hat. Es waren seine persönlichen Erfahrungen, die er später im „Gebhardt" folgendermaßen beschrieb: „Um die Situation der Widerstandskräfte im Offizierkorps in ihren großen Schwierigkeiten zu würdigen, ist zu bedenken, daß jede Rebellion gegen das Staatsoberhaupt der Tradition des Offiziers widersprach, so sehr sich die älteren unter ihnen auch des unüberbrückbaren Gegensatzes zwischen ihrer Ehrauffassung und dem Nationalsozialismus bewußt waren. Das jüngere Offizierkorps aber, das zum Teil stärker vom Nationalsozialismus ergriffen worden war, wäre mit geringen Ausnahmen für den Gedanken eines Staatsstreiches nicht zu gewinnen gewesen. Dazu kam, nachdem Deutschland nun einmal in einem Kampf auf Leben und Tod stand, der unauflösbare Pflichtenkonflikt, auch für denjenigen, der von Hause aus ein Gegner des Regimes war."[280]

Nach Kriegsende wollte Erdmann seine Planstelle als Lehrer in Deutz antreten. Doch alle Lehrerdienstverhältnisse waren von der amerikanischen Militärregierung schon zum 31. März 1945 gekündigt worden. Das Entnazifizierungsverfahren sah bis Ende 1945 vor, daß Lehrer, die wieder in ihrem Beruf tätig sein wollten, einen schriftlichen Einspruch erheben mußten, der beim städtischen Schulamt geprüft wurde. Die britische Militärregierung, die Amerikaner hatten Köln verlassen, lud die einzelnen Lehrer vor und ein Erziehungsoffizier entschied über die Zulassung.[281] Erdmann reagierte mit einem geschickt formulierten Lebenslauf, in dem er sich am 24. Juli 1945 über die zurückliegenden Jahre äußerte. Der Langemarck-Aufsatz aus dem Jahr 1932 wird als ein gegen den nationalsozialistischen Mythos gerichtetes Dokument und als Beispiel aktiver Arbeit gegen den Nationalsozialismus „im Rahmen der philosophischen Fachschaft der Marburger Studentenschaft" interpretiert. Er schreibt von sich, in Verhalten und Äußerungen eine „unnationalsozialistische Gesinnung" gezeigt zu haben, die ihm die berufliche Perspektive genommen habe. Er spricht die Schwierigkeiten bei der Heirat an sowie eine Verfolgung durch die NSDAP bei der IG-Farben. Die Rückkehr in den Schuldienst sei „wegen der damit verbundenen Versorgungsansprüche für meine Frau" erfolgt: „meine politische

---

[278] M. Messerschmidt: Die Wehrmacht im NS-Staat, S. 246 und 438 f.
[279] Messerschmidt, S. 428.
[280] Erdmann: Die Zeit der Weltkriege (1959), S. 313.
[281] Trapp, S. 146; I. Hege-Wilmschen: Die Entwicklung des Schulwesens in Köln, S. 180.

Einstellung wurde dadurch nicht berührt". Daß sich dabei keine Schwierigkeiten ergaben, erklärt er mit dem nun vorliegenden Abstammungsbescheid für seine Frau und den Beförderungen in der Armee. Großes Gewicht legt er auf seine Soldatenzeit, da er das Motiv seiner Suspendierung in der schnellen militärischen Karriere erblickt. Politische Erwägungen hätten bei seinen Beförderungen keine Rolle gespielt, bis zu einer Verletzung im Dezember 1943 sei er als Frontsoldat bestrebt gewesen, seine Pflicht zu tun.

Probleme mit Funktionären des NS-Systems während seines Dienstes als Lehroffizier schildert Erdmann in seinen beiden 1945 verfaßten Lebensläufen. So soll es während eines Lehrgangs im September 1944 in Wien[282] zu einer Auseinandersetzung mit dem Leiter der weltanschaulichen Schulung der HJ, Gottfried Griesmayr gekommen sein.[283] Als dieser gegen die christliche Tradition des deutschen Volkes argumentierte, habe er ihm öffentlich widersprochen und damit Anlaß zu „tumultuarischen Szenen" gegeben. Danach habe die „Abteilung NSFO"[284] seine Absetzung betrieben: „Es wurde mir vorgeworfen, daß ich die nationalsozialistische Erziehung sabotiere und daß ich konfessionell gebunden sei. Man ließ mich bespitzeln. Wenige Tage, nachdem ich wegen Besuch eines Abendmahlgottesdienstes zur Rechenschaft gezogen wurde, erhielt ich den erwarteten Versetzungsbefehl. Ich wurde aus der Erziehung des Führernachwuchses entfernt und zur erneuten Frontverwendung abgestellt." Diesen Vorgang beschreibt Erdmann folgendermaßen: „Am 8.4.1945 wurde ich aus dem Dienstbereich des Generalinspekteurs für den Führernachwuchs entlassen und der Führerreserve OKH zur erneuten Feldverwendung zur Verfügung gestellt, nachdem ich mich geweigert hatte, das Amt eines NSFO zu übernehmen, nachdem ich es ablehnte, Fahnenjunkern meiner Lehrgruppe auf Grund ihres Pfarrerberufes die Qualifikation zum Offizier

---

282 Weder im Militärgeschichtlichen Forschungsamt, Potsdam (Mitteilung vom 26.7.1995), noch im Bundesarchiv – Militärarchiv, Freiburg (Mitteilung vom 20.7.1995), ließen sich Unterlagen zu diesem Lehrgang ermitteln.

283 Griesmayr, geboren am 18.3.1912 in Dorf an der Praun in Oberösterreich, trat am 1. 12.1932 in Wien der NSDAP bei. Am 1.12.1935 ließ er sich im Deutschen Reich nieder. Seit dem 21.9.1936 arbeitete er als Angestellter der Reichsleitung der NSDAP, zunächst als Hilfsreferent, später als Referent in der Parteiamtlichen Prüfungskommission zum Schutz des NS-Schrifttums. Hier bearbeitete er die Reden und Schriften Hitlers für die Drucklegung, eine wie er schreibt „überherrliche Aufgabe". Vom 25.9.1939 bis 18.10.1940 war er Soldat. Mit Wirkung vom 1.4.1941 wurde er hauptamtlich von der Reichsjugendführung übernommen, arbeitete bis zu seinem völligen Ausscheiden am 28.2.1942 aber weiter in der Prüfungskommission. Etwa ab Juni 1942 übernahm er das Amt für weltanschauliche Schulung der HJ. Griesmayr war von der Notwendigkeit der Begründung einer deutschen Religion überzeugt: „Der politische Nationalsozialismus muß mit den religiösen Werten gekrönt werden, zum politischen Nationalsozialismus muß organisch die deutsche Religion gefügt werden!!!! Das ist die Lebensaufgabe unserer Generation". Sein Vorgesetzter Hederich hielt ihn für einen „Schwärmer". Griesmayr veröffentlichte u.a die Titel: „Die deutsche Religionsfrage", „Weltanschauliche Grundwahrheiten des Nationalsozialismus" (beide 1941). Die Informationen über Griesmayr beruhen auf den Unterlagen im Berlin Document Center; Mitteilungen des BDC vom 21.6.1993.

284 Dokumentation. Zur Geschichte des Nationalsozialistischen Führungsoffiziers (NSFO), in: VfZG 9 (1961)76-116.

abzusprechen,[285] nachdem ich mich weiterhin vor meinem Vorgesetzten wegen Besuch des Gottesdienstes in der Garnisonkirche zu verantworten hatte, und nachdem ich überhaupt einen Weg zur Erziehung der Fahnenjunker einschlug, der mit den Zielen der NSFO beim Generalinspekteur nicht übereinstimmte."

Aus den angeführten Schilderungen Erdmanns über seine Tätigkeit als Lehroffizier ist zu entnehmen, daß seine Arbeit sich nicht im politikfreien Raum abspielte. Er wertet die Abkommandierung jedoch als Benachteiligung und spitzt für die britische Militärregierung seine Verfolgung durch das NS-Regime in dem Satz zu: „Ich habe somit dreimal [als Lehrer, Kaufmann und Offizier] meine voneinander völlig verschiedenen Tätigkeiten aufgeben müssen wegen einer Haltung und Gesinnung, die mit dem Nationalsozialismus nicht übereinstimmte." Diese Darstellung kann mit der Aussage in seinem auf 1945 datierten Lebenslauf nicht in Übereinstimmung gebracht werden: „Bei Kriegsende war ich Teilnehmer an einem Regimentsführerlehrgang." In dem einen Lebenslauf teilt Erdmann mit, eine „erneute Frontverwendung" habe seine Renitenz als Lehroffizier maßregeln sollen. Im anderen Lebenslauf gab er an, zur Beförderung vorgesehen zu sein. Offensichtlich waren seine Vorgesetzten von seinen Leistungen als Offizier wie stets positiv beeindruckt. Auch kann die Versetzung kurz vor der Einnahme Potsdams durch sowjetische Verbände am 27. April und der Kapitulation am 8. Mai angesichts der Kriegslage ihn nicht allein betroffen haben. Er wurde nach Süddeutschland beordert.[286]

Erdmann bat die Militärregierung, ihm eine Stelle an der Kölner Universität zu genehmigen, „die es mir ermöglicht, wissenschaftlich zu arbeiten".[287] Als Referenzpersonen nannte er neben einem Deutzer Lehrerkollegen[288] und zwei britischen Adressen in erster Linie Georg Meistermann, der vom April bis Oktober 1945 Fachreferent für kulturelle Angelegenheiten in Solingen war, und den Kölner Pfarrer Hans Encke (Erdmann schreibt: Enke). Meistermann kenne er aus einem „Freundeskreis, der sich regelmäßig in dessen Atelier zusammenfand, um in Vortrag und Aussprache den Kontakt mit den politischen, philosophischen und künstlerischen Problemen des 20. Jahrhunderts aufrechtzuerhalten, zu denen uns der Nationalsozialismus offiziell den Weg versperrte". Erdmann wollte durch diese Formulierung den Eindruck erwecken, hier habe sich ein Kreis von Systemgegnern getroffen. Das war nicht der Fall. Bis 1939 fanden bei Meistermann in Solingen in privatem Rahmen Diskussionsabende und Lichtbildervorträge statt. Bei diesen Zusammenkünften standen künstlerische Themen im Vordergrund, politische Fragen

---

[285] Erdmann greift sein eigenes Erleben in: Die Zeit der Weltkriege (1959), S. 317 auf, wenn er schreibt, es „[...] sollten jetzt in der Endphase auf den Führernachwuchsschulen des Heeres junge Theologen und Christen, wie sehr sie sich an der Front bewährt haben mochten, nicht mehr zum Offizier befördert werden, weil man sich für die Zukunft 'kein Kuckucksei' ins Nest legen wollte".

[286] Munzinger-Archiv (35/1990).

[287] Seit dem 12.9.1945 arbeitete er als Rektoratsassistent an der Universität. Datierung nach der Entnazifizierungsakte. Im „Arbeitsblatt" in der Akte heißt es, in der Sitzung am 22.8.1946 seien „keine Bedenken" gegen Erdmann erhoben worden.

[288] Der Studienrat Hermann Haferkamp war Lateinlehrer und nach dem Krieg als Nachfolger Börgers erster Schulleiter (1946-1953) der Deutzer Oberschule für Jungen.

wurden bewußt nicht berührt. Alle Teilnehmer kannten die politische Einstellung Meistermanns und zeigten durch ihre Anwesenheit ihre Verbundenheit zu ihm. Aber es waren auch NS-Sympathisanten nicht ausgeschlossen.[289]

Es gelang Erdmann, sich in den Augen der Militärregierung zu entlasten, er wurde am 12. September 1945 Assistent am Historischen Seminar der Universität zu Köln.[290] Als Dozent, er hatte sich 1947 habilitiert, blieb er in Köln, vertrat im Sommersemester 1953 Rothfels in Tübingen und wurde im November 1953 als Ordinarius nach Kiel berufen.

---

[289] Ruhrberg/Schäfke, S. 12. Maria Dörken berichtet (28.10.1993) z.B. über einen solchen Abend, an dem ein Kölner Experte über den Glasmaler Johan Thorn-Prikker (1870-1932) referierte. Anna Elisabeth Meistermann, Solingen, erinnert sich nicht an einen besonderen Freundeskreis, der sich im Atelier ihres Bruders getroffen haben soll; es seien aber immer zahlreiche Abiturienten und Schüler dort gewesen (Gespräch am 14.11.1993).

[290] Das Datum 12.9.1945 findet sich in einer Aufstellung der Dienstverhältnisse in der Entnazifizierungsakte. Siehe Jäckel: Karl Dietrich Erdmann 1910-1990, S. 531: „Schon Ende Mai 1945 war er wieder in Köln und wurde noch im selben Jahr Assistent an der dortigen Universität. Nun erst konnte er seinen ursprünglich angestrebten Beruf ergreifen. Die Umstände oder vielmehr sein Gewissen und seine Unbeugsamkeit hatten ihn auf Umwege geführt. Doch er gab ihnen allen einen Sinn. Reiner Gelehrter mochte er nun nicht mehr werden, wenn er es je gewollt hatte. Der Wechsel zwischen vita activa und vita contemplativa, erst auferlegt, war ihm, wie er gelegentlich sagte, zur Lebensnotwendigkeit geworden."

Die christliche Bindung

Erdmanns christlicher Glaube ist für sein historisch-politisches Bewußtsein von ausschlaggebender Bedeutung. Dies hat Jäckel richtig erkannt, indem er schreibt: „Der christliche Glaube, das lutherische Gewissen prägte nicht nur sein Werk, sondern sein ganzes Leben.“[291] Man darf sagen, daß Erdmanns Vertrauen in die historische Kontinuität auch sein praktisches Verhalten bestimmte: nichts ist endgültig, aber das Reich Gottes ist immer das letzte Ziel. Sein Bild der Universalgeschichte hat er in einem Aufsatz über Toynbee offengelegt: „Spengler hat recht. Die Geschichte der Kulturen endet, soweit wir sehen, immer wieder im Untergang. Aber es ist die Schuld der Erbsünde, die hier waltet, nicht das Verhängnis einer Determination. Und Wells hat recht. Der Weg des Lebens ist ein Weg nach oben. Aber er ist es nicht als natürlicher Prozeß, sondern als Weg der Verwandlung. Welche Geschichtsschreibung könnte in der heutigen kritischen Weltstunde faszinierender sein als eine solche, die dem Menschen zeigt, wie er nicht trotz, sondern gerade in und durch und mit Hilfe seiner Zusammenbrüche und Untergänge voranschreitet zu dem ihm vorgesteckten Ziele?“[292] So ist wohl seine 1941 geschriebene Überlegung zu verstehen: „Ich kann aus der Situation nur heraus, indem ich sie vorwärts treiben helfe.“[293] Den Erfolg

---

[291] Jäckel: Karl Dietrich Erdmann 1910-1990, S. 529.

[292] Erdmann: Toynbee – eine Zwischenbilanz, in: ders.: Geschichte, Politik und Pädagogik, Bd. 1 (1970), S. 84 f. Siehe dazu die zu generalisierende Interpretation der deutschen Geschichtswissenschaft nach 1945 von W.J. Mommsen: „Auch für die Historiker war die idealistische Grundauffassung des Geschichtlichen, wie sie noch in Friedrich Meineckes großem Werk über die ‘Entstehung des Historismus’ in grandioser Weise zum Ausdruck gekommen war, nun nicht mehr nachvollziehbar. Von der einen Geschichte, die letzten Endes aus Gottes Hand fließe, konnte, nach dem Mißbrauch, der in der Vergangenheit mit jenem Theorem betrieben worden war, nicht mehr die Rede sein. Eine ‘Entmythologisierung’ des Historismus (Nipperdey) war das mindeste, was notwendig schien, um das heuristische Instrumentarium der Geschichtswissenschaft in die zweite Hälfte des 20. Jahrhunderts hinüberzuretten.“ W.J. Mommsen: [Statement.], in: E. Schulin (Hrsg.): Deutsche Geschichtswissenschaft nach dem Zweiten Weltkrieg, S. 289.

[293] Erdmann an Meistermann 11.1.1941; Fundort: Nachlaß Meistermann. Eine ähnliche Haltung ist bei Gerhard Ritter zu beobachten, wenn er Anfang 1943 an einen Schüler schreibt: „Dieses letzte Wort heißt nicht schmerzlicher Verzicht, sondern ist das lutherische Dennoch, entgegengeschleudert einer Welt chaotisch-dämonischer Gewalten, in denen der Satan nur allzu oft die Oberhand zu gewinnen scheint. Religiös gesprochen ist es das Dennoch des Psalmisten: ‘Dennoch bleibe ich stets an Dir’, indem man den Blick festgerichtet hält über das grauenvolle Dunkel der Zeit hinweg auf das unveränderlich strahlende lumen aeternitatis, das dereinst offenbar machen wird, was hier so chaotisch erscheint und als große Sinnlosigkeit den Menschen zu Boden drücken kann. Politisch gesprochen ist es das trotzige Dennoch des Mannes, der sich seiner Pflicht bewußt ist, dem großen Behemot, wie Luther sagt, zwischen die Zähne zu treten und dem Dämon trotz allem ein Stück vernünftiger Weltordnung abzuringen.“ Ritter an

Hitlers führte er im „Gebhardt" auch auf die Abkehr des deutschen Volkes vom Christentum zurück: „Nur einer zutiefst unpolitischen und aus religiösen Bindungen gelösten Denkweise war es möglich, sich einem solchen politischen Propheten als einem Heilsverkünder auszuliefern."[294] Hier zeigen sich Übereinstimmungen mit Gerhard Ritter. Auch dieser „sah im Nationalsozialismus die deutsche Variante des totalitären Staates, dessen letzte Ursache für ihn im säkularisierten Denken der Neuzeit mit dem Verlust der christlichen Ethik lag."[295] Erdmanns Standpunkt im Spektrum des Protestantismus veranschaulicht ferner die 1947 getroffene Aussage, daß die „liberale protestantische Theologie innerkirchlich ein direkter Weg zu den Deutschen Christen"[296] gewesen sei. Diese Ansicht war nach dem Kriegsende weit verbreitet, seit den Untersuchungen Klaus Scholders wird differenzierter geurteilt und die Auffassung vertreten, daß sich gerade die liberale Mitte der evangelischen Kirche der Faszination der NS-Bewegung verweigert habe.[297]

Für die völkische und nationale Tradition des deutschen Luthertums war die Abgrenzung der Kirche gegenüber dem Staat eine Fehlentwicklung der liberalen Weimarer Republik. So schrieb Paul Althaus 1934: „Mit dem Anspruch, die reine und volle biblische und bekenntnismäßige Wahrheit zu sein, macht sich hier [Barmer Erklärung] der liberale Begriff des bloßen Rechtsstaates geltend, den wir in den Schriften Karl Barths finden. [...] Die Kirche der Barmer Erklärung steht dem Staate gegenüber, nur gegenüber. Die Erklärung weiß nur von dem Unterschied und von der Trennung, des staatlichen und kirchlichen Auftrages, aber nichts von der Berührung und Verbindung von Staat und Kirche im Dienste an dem Volke zu sagen."[298] Erdmann mag das Mißtrauen der Lutheraner gegen alle reformierten, liberalen Ideen geteilt haben. Die damals herrschende Auffassung vom Verhältnis zwischen Kirche und Staat, hat Dibelius 1933 so zusammengefaßt: „Wir haben von Dr. Martin Luther gelernt, daß die Kirche der rechtmäßigen staatlichen Gewalt nicht in den Arm fallen darf, wenn sie tut, wozu sie berufen ist. Auch dann nicht, wenn sie hart und rücksichtslos schaltet. Wir kennen die furchtbaren Worte, mit denen Luther im Bauernkrieg die Obrigkeit aufgerufen hat, schonungslos vorzugehen, damit wieder Ordnung in Deutschland werde. Aber wir wissen auch, daß Luther mit demselben Ernst die christliche Obrigkeit aufgerufen hat, ihr gottgewolltes Amt nicht zu verfälschen durch Rachsucht und Dünkel, daß er Gerechtigkeit und Barmherzigkeit gefordert hat, sobald die Ordnung wiederhergestellt war."[299] Nur wenige Lutheraner gelangten während der nationalsozialistischen Herrschaft zu einem neuen Verständnis von Luthers Lehre über Staat

---

Gottfried Daiber 8.1.1943, in: K. Schwabe/R. Reichardt (Hrsg.): Gerhard Ritter. Ein politischer Historiker, Anm. 3 zu Dok. Nr. 115, S. 381.

294 Erdmann: Die Zeit der Weltkriege, 2. Teilband (1976), S. 347.

295 A. Blänsdorf: Gerhard Ritter, in: GWU 42 (1991), S. 6 f.

296 Erdmann: Erinnerung an die Anfänge der GWU, S. 726.

297 K. Scholder: Die Kirchen und das Dritte Reich, Bd. 2. Siehe auch K. Nowak: Protestantismus und Weimarer Republik, in: K.D. Bracher/M. Funke/H.-A. Jacobsen (Hrsg.): Die Weimarer Republik, S. 236.

298 P. Althaus: Bedenken zur „Theologischen Erklärung" der Barmer Bekenntnissynode, in: Lutherische Kirche 16 (1934) Heft 7 vom 1.7.1934, S. 120 f. zit. n. Scholder, Bd. 2, S. 211 f.

299 Predigt Otto Dibelius' 21.3.1933, zit. n. Hitlers Machtergreifung, Dok. Nr. 114, S. 157.

und Obrigkeit. Dazu gehörte, neben Dietrich Bonhoeffer, Gerhard Ritter mit dem Freiburger Kreis, der schon Ende 1938 ein christliches Widerstandsrecht durch Gehorsamsverweigerung gegen eine offensichtlich wider Gottes Gebote handelnde Obrigkeit postulierte.[300] Nach 1945 schrieb Erdmann, der Christ sei aufgerufen, zu prüfen, „ob die jeweils an ihn gerichteten Anforderungen der Obrigkeit in seinem an die Schrift gebundenen Gewissen verantwortet werden könnten".[301] Erdmann stellte 1979 rückblickend außerdem fest, es habe „in der Weimarer Republik eine 'systematisch überzeugende, allgemein-philosophische Begründung dafür, daß der Mensch darauf hin angelegt ist, in einer parlamentarischen Demokratie leben zu müssen, nicht gegeben'". Er führte weiter aus, es müsse dahingestellt bleiben, „ob eine solche Begründung überhaupt möglich sei und generell erarbeitet werden könne".[302]

Wie dargelegt hatte Erdmann als Student den Kirchenkampf zur Rechtfertigung des NS-Systems instrumentalisiert. Die anfänglich große Zustimmung, die die Kirchenpolitik der Deutschen Christen gefunden hatte, verlor sich noch vor Ende 1933, und es erwuchs eine innerkirchliche Opposition. Diese Wandlung hat auch Erdmanns Einstellung beeinflußt. Durch seinen Jugendfreund Krümpelmann, der bei Karl Barth studiert hatte, kam er in Berührung mit der Bekennenden Kirche. Beide nahmen 1934 an einem Vortrag Barths in Bonn teil.[303] Erdmann soll sich in einem Brief an seine zukünftige Frau über Barth beeindruckt geäußert haben. Während seiner Studienzeit in Marburg hatte er bereits eine Disputation zwischen Bultmann und Barth am 20. Januar 1930 miterlebt. Nach seinen späteren Ausführungen (1979) sei ihm, „im Kontrast zu dem philologisch und historisch rational argumentierenden Bultmann", Barth damals 'wie ein Visionär und Ekstatiker' erschienen, dessen 'erbarmungslose Fundamentalkritik am Kulturprotestantismus, an der liberalen Theologie und an der Tradition der idealistischen Philosophie' zugleich auch die Grundlagen der 'philosophischen Legitimierung der Demokratie als der notwendigen und zu bevorzugenden Staats- und Gesellschaftsordnung' und damit schließlich 'die ganze Existenz, in der wir uns damals als junge Studenten zu orientieren versuchten', in Zweifel gezogen habe. Mit veränderten Vorzeichen habe ihn Karl Barths Theologie und Staatseinstellung auch weiterhin beschäftigt und beeindruckt, so z. B. die in der

---

300 Denkschrift Kirche und Welt [Herbst 1938]. Eine notwendige Besinnung auf die Aufgaben des Christen und der Kirche in unserer Zeit, in: Schwabe/Reichardt (Hrsg.), S. 644.

301 Erdmann: Die Zerstörung und Wiederherstellung der Staatsidee in Deutschland, in: ders.: Geschichte, Politik und Pädagogik, Bd. 1 (1970), S. 204. Ein von Erdmann 1947 vorgeschlagener Habilitationsvortrag befaßte sich mit dem „Widerstandsrecht bei Luther", Erdmann: Erinnerung an die Anfänge der GWU, S. 724. An anderer Stelle hat er auch die Zeitgebundenheit Luthers deutlich charakterisiert (Erdmann: Luther über den gerechten und ungerechten Krieg, in: ders.: Geschichte, Politik und Pädagogik, Bd. 2 (1986), S. 311).

302 Erdmann/Schulze (Hrsg.): Weimar, S. 292.

303 Nach Meier hatte Karl Barth zu dieser Zeit den Nationalsozialismus als Herrschaftsordnung nicht von seinem geistlichen Protest betroffen gesehen (K. Meier: Kreuz und Hakenkreuz, S. 66). Erdmann kannte bereits Peter Barth, einen Bruder Karls, durch einen Aufenthalt im Pfarrhaus in Madiswil im Jahr 1931. Hier kam er mit dem Calvinismus in Berührung. Im Gästebuch der Familie findet sich folgende Eintragung: „Vom 14.8. bis 26.10. durfte ich hier lange und reiche Ferien machen. Karl Erdmann"; Mitteilung Sebastian Barth-Koenigs', Huttwil, 20.12.1994.

1933 veröffentlichten Schrift 'Christliche Existenz heute' [sic] entwickelte Position des Bekennenden Christen gegenüber dem nationalsozialistischen Staat [...]"[304]

Abgesehen davon, ob Erdmann damals Barth richtig verstanden und sich an den Verlauf der Diskussion richtig erinnert hat, gibt jedenfalls der vorausgehende Vortrag keinen Anlaß, das Urteil Erdmanns über Barth nachzuvollziehen. Dieser hatte vor der Marburger theologischen Fachschaft über „Theologische und philosophische Ethik" gesprochen, indem er seine These begründete, daß die Philosophie nicht die Magd der Theologie sei und daß zwischen diesen beiden Disziplinen keine Synthese in Frage komme.[305] Daß Barth in der Diskussion die demokratische Staatsform in Zweifel gezogen haben soll, wie Erdmann behauptet, kann nur auf einem Mißverständnis beruhen. Um gegen die Bedrohung der Demokratie ein Zeichen zu setzen, ist Barth am 1. Mai 1931 in die SPD eingetreten.[306] Weitere Kontakte Erdmanns zu Barth lassen sich nicht nachweisen.[307]

Über Krümpelmann, seit 1937 „illegaler" Hilfsprediger in der Bekennenden Gemeinde Köln-Nippes, hatte Erdmann auch den schwer kriegsbeschädigten Pfarrer Hans Encke[308], kennengelernt. In Erdmanns Lebenslauf vom 24. Juli 1945 befindet sich die Angabe, er sei „zeitweise" mit Encke in der evangelischen Jugendarbeit tätig gewesen.[309] Die Bekennende Kirche hatte sich am 5. Juni 1935 einem Abkommen des Reichsbischofs Ludwig Müller mit dem Reichsjugendführer, von Schirach, vom 19. Dezember 1933 angeschlossen, wonach die gesamte Jugendarbeit im Geist nationalsozialistischer Volksgemeinschaft vollzogen werden sollte.[310] Wie sich dies in Köln im Einzelnen auswirkte, ist nicht nachzuweisen. Fritz Schellenburg, der gleich-

---

304 Erdmann/Schulze (Hrsg.): Weimar, S. 287 f. Siehe Erdmann über Bultmann in: Erinnerung an die Anfänge der GWU, S. 728.

305 Abgedruckt in K. Barth: Vorträge und kleinere Arbeiten 1925-1930, S. 542-565. Barth schrieb am 26.1.1930 an Thurneysen über seine Marburger Eindrücke: „Ich war am letzten Montag in Marburg und redete (Hunderte mußten wegen gänzlicher Überfüllung des Lokals umkehren) über 'philosophische und theologische Ethik'. Was ich nachher in der Diskussion und noch mehr vorher und nachher im Privatgespräch mit Bultmann zu hören bekam, gefiel mir gar nicht." Die Ablehnung bezog sich vor allem auf Bultmanns „Theologie des gläubigen Daseins, die ihre Legitimation von einer entsprechenden Existenzialphilosophie hernimmt"; K. Barth, E. Thurneysen: Briefwechsel 1921-1930, S. 700.

306 Siehe hierzu E. Busch: Karl Barths Lebenslauf, S. 230; anders: A. Schwan in: Erdmann/Schulze (Hrsg.): Weimar, S. 264 u. 283.

307 Mitteilung des Karl-Barth-Archivs, Basel, vom 17.10.1994.

308 Hans Encke (1896-1976) war von 1925 bis 1966 Pfarrer in Köln-Riehl, das bis 1957 zur evangelischen Kirchengemeinde Köln-Nippes gehörte, 1934-46 war er Vertrauensmann der Kölner Bekenntnissynode und 1946-66 Superintendent. Hinweise auf sein gemeinsames Eintreten mit zwei Amtskollegen als Anhänger der Bekennenden Kirche gegen die kirchenpolitischen Ansprüche des NS-Regimes finden sich bei H. Prolingheuer: Musikdirektor Julio Goslar, S. 119, 123, 135 (Anm. 27). Nach 1945 sagte er von sich „früher politisch nicht aktiv gewesen" zu sein, „aber der Sozialdemokratie, den religiösen Sozialisten" nahegestanden zu haben. Er begründete die CDU im Rheinland mit, zog sich aber bald wieder aus der Parteipolitik zurück; siehe dazu H.G. Wieck: Die Entstehung der CDU, S. 56. Allgemein zu den verschiedenen Strömungen innerhalb der Bekennenden Kirche siehe H. Prolingheuer: Der Fall Karl Barth.

309 Nach Auskünften von Dipl. Ing. Klaus Encke, Köln (1.6.1993), und Marlene Encke, Frechen (22.9.1993), enthalten die hinterlassenen Unterlagen Hans Enckes hierfür keine Belege.

310 H. Prolingheuer: Der „Rote Pfarrer" von Köln, S. 117 f.; siehe Denzler/Fabricius, S. 52.

falls in Riehl Hilfsprediger war, kann sich nicht erinnern, daß Erdmann 1937 oder später in der Gemeindearbeit tätig gewesen wäre.[311]

Encke verbrachte im November 1937 einige Tage im Gefängnis,[312] weil er sich wie andere Pfarrer auch, über das Verbot des Reichskirchenministers Kerrl hinweggesetzt hatte und den von der Bekennenden Kirche aufgestellten Kollektenplan befolgte. Von diesen Vorfällen hatte Erdmann sicher Kenntnis. Im Religionsunterricht soll er auch als Lehrer für die Bekennende Kirche eingetreten sein.[313] Zur gleichen Zeit verfaßte er aber ein Geschichtsbuch, das unverhüllt ein kirchenfeindliches und antichristliches System unterstützte, und das, wie der Gutachter Haug bemerkte, „das Konfessionelle ablehnte".

Erdmanns Haltung wird verständlich, wenn man in Betracht zieht, daß die Mitglieder der Bekennenden Kirche bis auf wenige Ausnahmen staatsloyal eingestellt waren, den Kampf des Führers gegen den Bolschewismus größtenteils unterstützten und sich einer Zusammenarbeit mit dem NS-Staat nicht grundsätzlich versagten. Sie verstanden ihren Kampf gegen die Deutschen Christen als rein kirchlich, der mit Politik nichts zu tun haben sollte. „Für viele erreichte der Konflikt zwischen theologischer und politischer Loyalität einen solchen Spannungsgrad, daß sie im Schweigen Zuflucht suchten [...]. Zahlreiche Angehörige der 'Bekennenden Kirche' hielten an der Hoffnung fest, dieser Loyalitätskonflikt könne gelöst werden, und manche glaubten bis zum Ende, daß vaterländische Pflichterfüllung mit uneingeschränkter Opposition gegen die Irrtümer der 'Deutschen Christen' und gegen das 'Neuheidentum' vereinbar sei. Als Ganzes genommen, hatten die Angehörigen der 'Bekennenden Kirche' nie den Willen, zum Kristallisationskern eines politischen Widerstands gegen den NS-Staat zu werden [...]."[314]

Auch unter den Bedingungen der nationalsozialistischen Diktatur gab es eine Spannbreite verschiedenster individueller Verhaltensmöglichkeiten, was einen engen Widerstandsbegriff nicht sinnvoll erscheinen läßt. Der Widerstand gegen den Nationalsozialismus wird von der Geschichtswissenschaft nach wie vor kontrovers diskutiert. Antworten auf die Frage, was Widerstand gewesen sei und was nicht, schwanken zwischen Extremen. Nach Meier soll bereits die Abweisung des

---

[311] Die Verfasser danken dem Kölner Pfarrer i.R. Fritz Schellenburg, der seit Ostern 1937 in Köln-Riehl tätig war, für ein Gespräch und seine Aufzeichnung „Aus dem Leben eines illegalen Hilfspredigers in der Großgemeinde Köln-Nippes von 1937-1945".

[312] H. Prolingheuer: Der „Rote Pfarrer" von Köln, S. 131 f.

[313] Jäckel: Karl Dietrich Erdmann 1910-1990, S. 530.

[314] J.S. Conway: Der deutsche Kirchenkampf, in: VfZG 17 (1969)423-449 hier S. 435. Vgl. G. Besier: Ansätze zum politischen Widerstand in der Bekennenden Kirche, in: J. Schmädeke/P. Steinbach (Hrsg.): Der Widerstand gegen den Nationalsozialismus. Besier stellt fest, daß es sich bei der Bekennenden Kirche um eine begrifflich höchst unscharfe Zusammenfassung sehr heterogener Gruppierungen handele, „deren gemeinsamer Minimalkonsens in der Negation offenkundiger Häresien der 'Deutschen Christen' bestand" (S. 266). Die überwältigende Mehrheit der Bekennenden Kirche habe nach eigenem Selbstverständnis niemals politischen Widerstand gegen das Nazi-Regime leisten wollen (S. 267). Siehe hierzu auch H. Prolingheuer: Der Fall Karl Barth, S. 24 Anm. 61, der darauf hinweist, „daß Bekenner eben auch überzeugte Nazis sein konnten – und es auch recht zahlreich waren – [...]". Zur Problematik des kirchlichen Widerstands siehe auch die Arbeiten von Meier und Scholder sowie Denzler/Fabricius.

Totalitätsanspruchs des Staats durch Festhalten am christlichen Glauben „als Teilwiderstand ein durchaus wirksames Politikum“ gewesen sein,[315] wobei eine überzeugende Trennung zwischen dem kirchlichen und politischen Bereich nicht gezogen werden könne. Während hier bereits die bloße Existenz der Kirchen im „Dritten Reich“ als eine Form des Widerstands angesehen wird, definiert Prolingheuer den Begriff sehr viel enger, indem er die Intentionen der Handelnden zum Kriterium erhebt. Richtig bemerkt Erdmann im „Gebhardt“ zu diesem Problem: „Der Bereich des Widerstandes läßt sich nur schwer abgrenzen. Nicht alles, was der nationalsozialistischen Bewegung fernblieb, kann hierzu gerechnet werden, wie andererseits gerade aus dem Idealismus solcher, die die nationale Erhebung des Jahres 1933 mit Begeisterung begrüßt hatten, dem Widerstand wertvolle Kräfte zuströmten.“[316] Gerade auf kirchlichem Gebiet führen die in der Forschung angebotenen Ordnungs- und Stufenmodelle nicht weiter und die Gefahr ist groß, den Widerstandsbegriff aufzuweichen. Die Frage nach der Schuld verblaßt und stellt sich schließlich nicht mehr. Hilfreich sind die Überlegungen Ian Kershaws, der den Dissensbegriff in die Widerstandsdebatte eingeführt hat. Er geht davon aus, daß zwar die Aufregung über den nationalsozialistischen Angriff auf die Institutionen und Traditionen der Kirchen große Teile der Bevölkerung erfaßte, gleichzeitig aber die Existenz kirchlicher Freiräume außerhalb der Kontrolle des Herrschaftssystems dessen Funktionieren nicht beeinträchtigte. „Dissens und direkte Opposition gegen bestimmte kirchenpolitische Maßnahmen“, so Kershaw, „gingen einher mit der teilweise enthusiastischen Unterstützung zentraler Bereiche der NS-Politik, die die Kirchen nicht betrafen.“[317] In diese Widersprüchlichkeit von Affirmation und Dissens läßt sich auch Erdmann einordnen.

Eine Stellungnahme zu den nationalsozialistischen Eingriffen in den kirchlichen Bereich ist in Erdmanns Brief an Meistermann aus dem Juni 1941 zu finden: „In der Heimat hört man beunruhigende Dinge über Maßnahmen gegen die Kirche (Verbot der kirchlichen Presse, Beschränkung der Verlagsmöglichkeiten für theol[ogische] Bücher etc.). Die Erfüllung des Soldatenhandwerks wird nicht leichter dadurch. Aber verglichen mit den Schwierigkeiten, mit denen Du Dich alleine abzumühen hast, wird mir bewußt, welchen Schutz die strenge Zweckregelung unseres Lebens bedeutet. Die Wehrmacht ist eine Welt für sich, und wenn wir schon unter Gesetzen leben müssen, sind die des Soldaten die besten und die deutschesten. Vielleicht ist von ihnen noch einiges zu erhoffen.“[318] Bereits im Januar 1941 hatte er seine Position in einem Brief an Meistermann erklärt: „Wie ich als Christ einer säkularisierten Politik zustimmen kann? Weil niemand über seinen Schatten springt. Wer als Christ Naturwissenschaft betreibt, muß ebenso experimentieren wie die anderen. Hic et nunc. Ich kann aus der Situation nur heraus, indem ich sie vorwärts treiben helfe. Und das möchte ich schon. Jetzt, in meiner erzwungenen Muße (Du weißt, daß ich vom

---

[315] Meier, S. 231.
[316] Erdmann: Die Zeit der Weltkriege (1959), S. 309
[317] I. Kershaw: „Widerstand ohne Volk?“, in: Schmädeke/Steinbach, S. 791.
[318] Erdmann an Meistermann 17.6.1941, Nachsatz vom 18.6.; Fundort: Nachlaß Meistermann.

Pferd gestürzt bin?), kommen die Pläne angeschwirrt. Ich habe nur den brennenden Wunsch, einmal arbeiten zu können."[319]

Nach 1945 hat Erdmann gegenüber verschiedenen Gesprächspartnern seine Schwierigkeiten mit dem Nationalsozialismus betont, ja sogar den Anschein erweckt, er habe aktiv gegen das NS-Regime gearbeitet. So teilt Hans Prolingheuer mit, Erdmann habe – ihm bis dahin persönlich unbekannt – bei einem zufälligen gemeinsamen Urlaub 1983 berichtet, daß er mit Encke in einer „verschworenen Gemeinschaft Widerstand gegen den Nationalsozialismus" geleistet habe. Als Prolingheuer aufgrund seiner eigenen Forschungen über den Kölner Pfarrer Georg Fritze Zweifel an dieser Darstellung vorbrachte, habe Erdmann einen Rückzieher gemacht, und erklärt, man habe gemeinsam gegen das Neuheidentum gekämpft.[320]

Das tat auch Börger, der der Bekennenden Kirche nahestand,[321] deren antiliberale und antimarxistische Einstellung auch ihm eine Barriere zu sein schien, um die Entkonfessionalisierung der Öffentlichkeit abzuwehren. Man darf deshalb annehmen, daß der Religionsunterricht am Realgymnasium in Köln-Deutz mit seinem Einverständnis im Sinne der Bekennenden Kirche erfolgte.

Zusammenfassend läßt sich sagen, daß Erdmanns geschilderte Übereinstimmung mit Zielen des NS-Staats sowie seine im Luthertum verwurzelte staatsloyale Haltung eine politische oppositionelle Einstellung, die dem Widerstand zuzurechnen wäre, ausschlossen. Wohl aber sind nach Erdmanns Aussage Differenzen vor allem im religiösen Bereich mit Exponenten des neuen „deutschen Glaubens" festzustellen, die für ihn nachteilige Auswirkungen hätten haben können. In den bereits geschilderten Vorkommnissen zeigte er den Mut, seine Überzeugung auch gegenüber Funktionären des NS-Systems auszudrücken und die Konsequenzen auf sich zu nehmen.

---

[319] Erdmann an Meistermann 11.1.1941; Fundort: Nachlaß Meistermann.

[320] H. Prolingheuer: Der „Rote Pfarrer" von Köln; Gespräch mit Prolingheuer am 11.10.1993 über einen gemeinsamen Aufenthalt mit dem Ehepaar Erdmann im Hotel Eckerlin, Badenweiler, vom 11.-14.11.1983.

[321] Aussage eines Sohnes; C. Dietmar: Der Major.

Vom „Erbe der Ahnen" zum „Gebhardt"

Erdmann war 1932 im Langemarck-Aufsatz für eine christlich-humanistische europäische Kulturgemeinschaft eingetreten und hatte einen „göttlichen Auftrag" der Deutschen, „der Welt Ordnung und Gesetz zu schaffen" solange ausgeschlossen, wie die Bürger gegeneinander kämpfen. Das verweist bereits auf das später in der Dissertation geäußerte Ziel „einer Überwindung der Gesellschaftsspaltung in Klassen durch Begründung einer modernen berufsständischen Ordnung mit politischer Funktion". Durch seine Studien in Frankreich glaubte er, einen Unterschied im Wesen der Deutschen und Franzosen erkennen zu können, und darin fand er bestätigt, daß „die Herdersche Lehre von der Gebundenheit der Volksindividualitäten in sich selbst richtig ist".[322] Er setzte die Mystik des „Volksbewußtseins" gegen das rationalistische Staatsdenken, das in der Französischen Revolution hervorgetreten war. Er lehnte die westeuropäisch-parlamentarisch-liberale Staatsauffassung ab und bewertete die Überwindung des Parteienstaats durch den autoritären Führerstaat positiv. Die Absage an die formale Demokratie und die Rückbesinnung auf „die tiefen natürlichen Quellgründe" des deutschen Volks „wie Blut und Boden" (V, 112) und „Blut und Rasse"[323] führten zu einem Demokratie-Begriff, der auf einem von ihm postulierten einheitlichen Volkswillen beruhte. Durch die Kriegserfolge sah er die Möglichkeit, zusammen mit Frankreich unter deutscher Führung einen europäisch-afrikanischen Großraum, und ein Amerika ebenbürtiges Machtzentrum zu schaffen.

Beim Übergang zum neu entstehenden Staat der Bundesrepublik wurde vielfach an das Parlamentarismusverständnis der Weimarer Zeit mit seiner Tendenz gegen den Parteienpluralismus angeknüpft. Bei Erdmann verblaßten die bisher vorherrschenden Ideen der politischen Romantik, die Rechtfertigung des Führerstaats als germanische Volksherrschaft wurde aufgegeben, es begann die Annäherung an die Ideale des Humanismus und Rationalismus. Dem neuen Zeitgeist entsprach seine christliche und antimarxistische Einstellung. Studienaufenthalte in England, u.a. in Wilton Park,[324] ermöglichten und beschleunigten den Prozeß der Veränderung seiner politischen Wertorientierung, der Revision des Geschichtsbilds und damit auch der Bejahung der in westeuropäischen Traditionen wurzelnden demokratischen Staatsform. In einem Kapitel des „Gebhardt" über „Demokratisches und antidemokratisches Denken in der Weimarer Republik" ging Erdmann auch auf die Ideen der „Konservativen

---

[322] Zitat aus den von Erdmann verfaßten Teilen der Broschüre aus dem Jahr 1934 „Frankreich, wie es sich selber sieht", S. 13; siehe dazu S. 32, Anm. 95.

[323] Ebd., S. 12.

[324] Siehe hierzu die Briefe Erdmanns an Rassow aus England vom 22.3., 4.4.1947, 20.2., 23.3., 24.5. und 18.12.1948; Fundorte: BAK, Nl 228, Bde. 89 und 91.

Revolution" ein. Indem er deren „geistige und politische Unbestimmtheit" hervorhob und sie den nationalistischen Gegnern der Demokratie zuordnete,[325] setzte er sich von seinen früheren Überzeugungen ab.

Dennoch sind Kontinuitätslinien erkennbar. Der Staat als „starke Zentralgewalt"[326] und als moralische Institution behielt eine eigene permanente Identität im Sinne des traditionellen Staatsverständnisses. In seinem Vortrag „Die Zerstörung und Wiederherstellung der Staatsidee in Deutschland", den er 1961 im Norddeutschen Rundfunk hielt, ging er davon aus, „daß dem Menschen Staatlichkeit vorgegeben ist". Heute sei der Parteienstaat die einzig mögliche Form des parlamentarischen Rechtsstaats, aber die Parteien repräsentierten das Volk nur punktuell während der Wahl. Diese kurzzeitige „Existenz des Staatsbürgers im Bürger" genüge nicht, „um den Anspruch des Parteienstaats, ein demokratischer Staat zu sein, zu rechtfertigen". Die Fremdheit zwischen Staat und Staatsbürgern oder, wie Erdmann gleichsetzt, zwischen Obrigkeit und Untertanen zu überwinden, sei eine Aufgabe des Staates. Auffällig ist, daß die Begriffe Obrigkeit und Untertan verwandt werden, die der vergangenen Epoche des Ständestaats zugerechnet werden. Erdmann transponierte Wertvorstellungen der Vergangenheit, die zu Recht ihre Geltung verloren haben oder die sich am Rand der Werteskala befinden, in die Gegenwart.[327]

Seit der Pariser Zeit hat sich Erdmann mit der Stellung Österreichs im Zusammenhang der deutschen Geschichte auseinandergesetzt und die Heimkehr Deutsch-Österreichs in das Großdeutsche Reich begrüßt. Was vordem „durch Natur und Geschichte zusammengehört" (V, 161) hatte, wurde durch den Ausgang des Krieges wieder getrennt. Nach 1945 sei die „großdeutsche Idee von der Geschichte überholt worden" und gehöre der Vergangenheit an. Geblieben sei aber ein gemeinsamer kultureller und historischer Zusammenhang, der als „Kulturnation" definiert werden könne.[328]

---

[325] Erdmann: Die Zeit der Weltkriege, 1. Teilband (1973), S. 293-296. Als Gegenpol nennt er hier die „intellektuellen Außenseiter der Linken" Kurt Tucholsky und Carl von Ossietzky. Am Schluß faßt er zusammen: „Diese Linksintellektuellen waren keine Kommunisten und die Konservativen Revolutionäre keine Nationalsozialisten. Zwischen ihnen ging der Kampf hin und her. Aber einig waren sie sich darin, daß diese Weimarer Republik, dieser Staat ohne Glanz, so wie er war, keine Lebensberechtigung habe" (S. 296). Erdmann erweckt den Eindruck, als seien beide Richtungen am Scheitern der Weimarer Republik gleichermaßen beteiligt gewesen.

[326] Erdmann an Rassow 24.5.1948; Fundort: BAK Nl 228, Bd. 91.

[327] Die Zerstörung und Wiederherstellung der Staatsidee in Deutschland, in: Erdmann: Geschichte, Politik und Pädagogik, Bd. 1 (1970), S. 202-215; der Vortrag ist unter dem Titel „Der Parteienstaat als Obrigkeit" abgedruckt in: Deutsche Zeitung 1./2.7.1961, S. 19 f. Vgl. B. Faulenbach: Historische Tradition und politische Neuorientierung, in: W.H. Pehle/ P. Sillem (Hrsg.): Wissenschaft im geteilten Deutschland, S. 200 f.: „Auch war unter meinungsführenden Historikern nach wie vor – und die Erfahrungen in der NS-Zeit schienen diese Haltung zu bestätigen – eine Skepsis gegenüber Massen, Massenhandeln und Massendemokratie, einem Zuviel an Egalität verbreitet. Die Historiker optierten zwar nicht mehr gegen die westliche Demokratie, verlangten jedoch – ähnlich wie in der Weimarer Zeit die Anhänger der konstitutionellen Demokratie oder semiautoritärer Modelle – Sicherungen und Begrenzungen der Demokratie, insbesondere mit dem Ziel der Domestizierung und Kanalisierung des Mehrheitswillens."

[328] Erdmann: Die Spur Österreichs in der deutschen Geschichte, S. 17, 34 (Kulturnation), 43 (Zitat). Die hier von Erdmann nicht zum ersten Mal vertretene These führte zu einer kontro-

Auch das „Problem einer politischen Gestaltwerdung Europas“ wird von Erdmann neu durchdacht. Der europäisch-afrikanische Großraum sollte nun nicht mehr durch die Dominanz des Reichs geordnet werden. Als Ziel werden der „übernationale Europagedanke“ und die „Herstellung eines Bundes der europäischen Völker“ herausgestellt.[329]

Diese Kontinuitätslinien behinderten Erdmanns Neuorientierung nach 1945 nicht. Seine starke Anteilnahme an der politischen Entwicklung der Bundesrepublik sowie seine leidenschaftlichen Bemühungen, durch Einwirkung auf Lehre und Forschung den Staat zu festigen,[330] verdienen hervorgehoben zu werden. Erdmanns erfolgreiche wissenschaftliche Karriere und charismatische Persönlichkeit hat Jäckel in dem bereits mehrfach zitierten Nachruf eindrucksvoll beschrieben.[331] Jüngst bezeichnete ihn Hans-Peter Schwarz als „Doyen der westdeutschen Geschichtswissenschaft“.[332] Als Professor in Kiel, Gründungsherausgeber von „Geschichte in Wissenschaft und Unterricht“, Handbuchautor (Gebhardt, Bd. 4), Editor (Riezler-Tagebücher; Akten der Reichskanzlei) sowie in zahlreichen nationalen und internationalen Gremien prägte er das Bild der deutschen Geschichtswissenschaft in der Nachkriegszeit maßgeblich mit.[333] Er war Generalsekretär der deutschen UNESCO-Kommission (1950 bis 1952) und Mitglied der Historischen Kommission der Bayerischen Akademie der Wissenschaften sowie Vorsitzender des Deutschen Bildungsrats. Von 1962 bis 1967 stand er dem Verband der Historiker Deutschlands vor, 1975-80 war er der bislang einzige deutsche Präsident des Comité International des Sciences Historiques. 1987 erhielt er das Große Bundesverdienstkreuz mit Stern.

Die Autoren haben die Forderung Erdmanns aufgenommen, sich mit der NS-Vergangenheit „in der offenen Weise auseinanderzusetzen“ und „keine Hexenjagd“ zu veranstalten.[334] Erdmann selbst befaßte sich immer wieder mit der NS-Zeit, was er

---

versen Diskussion unter österreichischen Historikern; siehe H. Ritter: Austria and the Struggle for German Identity, in: German Studies Review. Special Issue, Winter 1992, S. 111-129, M. Gradner/G. Heiss/O. Rathkolb: Österreich und seine deutsche Identität, in: German Studies Review 16 (1993)515-520 und H. Ritter: On Austria's German Identity, in: ebd. S. 521-523.

329 Erdmann: Nationale oder übernationale Ordnung als Problem europäischer Politik, in: ders.: Geschichte, Politik und Pädagogik, Bd. 1 (1970), S. 309-324; ders.: Wozu sind wir als Deutsche da? Ebd.: S. 372-383, hier S. 379.

330 In diesem Sinne verstand er wohl u.a. seine positive Stellungnahme zum umstrittenen „Radikalenerlaß“: [Karl] Dietrich Erdmann: Die Pflicht zur Treue, in: Deutsches Allgemeines Sonntagsblatt 14.12.1975, S. 13 f.

331 Jäckel: Karl Dietrich Erdmann 1910-1990, S. 537 beschreibt seinen Lehrer als „großartigen Menschen“, der „ohne falsches Gehabe, ohne Kleinmut, voll fröhlicher Schaffensfreude, im wahren Sinne des Wortes imponierend“ gewesen sei. Im Laufe der Recherchen zu diesem Buch waren aber auch gegenteilige Ansichten zu hören.

332 H.-P. Schwarz: Les historiens de la République Fédérale d'Allemagne et la réunification, in: Relations internationales 70 (1992), hier: S. 109, eine gekürzte deutsche Fassung unter dem Titel „Mit gestopften Trompeten“ in: GWU 44 (1993), hier S. 683.

333 Siehe hierzu den Nachruf von M. Salewski in Historische Mitteilungen 3 (1990)139-41: „Weit über den Kreis der Fachgelehrten hinaus prägte seine Sicht der deutschen Dinge das historische Bewußtsein unserer Nation.“ (S. 139).

334 In dem Beitrag Erdmanns „Professoren unter Hitler“ (FAZ v. 16.6.1965) heißt es: „Darf eine solche Betrachtung im Anonymen verharren? Sie würde ihren Zweck verfehlen. Wir wollen keine Hexenjagd veranstalten, und die Histoire scandaleuse bringt wissenschaftlich nichts ein.

mit folgenden Sätzen rechtfertigte: „Manche von uns sind es müde geworden, ständig an das Dritte Reich erinnert zu werden. Aber selbst wenn es möglich wäre, nicht erst im Reiche der Schatten, sondern schon hier in den Fluß der Vergessenheit einzutauchen, so können wir dies nicht tun, wenn anders wir uns nicht selbst verlieren wollen."[335] Von den zahlreichen Textstellen, die einen Bezug auf seine eigene Vergangenheit erkennen lassen, sei auf die Besprechung von zwei Arbeiten Friedrich Meineckes verwiesen. Hier schrieb Erdmann, es hätten ganz gewiß keine verbrecherischen Motive jenen großen Teil auch opferfähiger junger Menschen geleitet, durch welche die NS-Bewegung erst ihre Dynamik erhalten habe. Es sei „viel eher ein schmählich mißbrauchter Idealismus" gewesen. Ihnen sei die NS-Weltanschauung als religiös-politische Heilslehre, als ein säkularisierter Messianismus erschienen, der Nationalismus und Sozialismus in sich vereinte.[336]

Erdmann hat sehr oft über sein Verhältnis zum NS-Regime, unter anderem auch mit seinen Schülern, gesprochen und sich als Gegner und Opfer des Nationalsozialismus charakterisiert. Dies mag der Situation nach Kriegsende angemessen gewesen sein, nicht gerechtfertigt ist, daß er später dazu beigetragen hat, daß ein Teil seines Lebens umgedeutet wurde. Er ist sicher nicht der „NS-Garde jüngerer Historiker"[337] zuzurechnen, die vom Nationalsozialismus überzeugt waren. Er hat sich aber den dominierenden Tendenzen der Zeit angepaßt, wobei er zur NSDAP und ihren Organisationen lediglich den Kontakt hielt, der ihm für seinen Berufsweg notwendig erschien. Er glaubte, im Dienste des Staates, dessen verbrecherischen Charakter er wohl nicht erkannte, Aufgaben übernehmen zu können, die er für die Partei abgelehnt hätte. Da die staatliche Macht in den Händen der Nationalsozialisten lag, ergab sich aus dieser Differenzierung, die nicht den wirklichen Gegebenheiten entsprach, seine Nähe zur NS-Programmatik und -Politik. Diese Nähe läßt sich in drei Punkten zusammenfassen.

1. In Paris war er als erfolgreicher Vermittler der Intentionen des Austauschdiensts aus eigenem Antrieb tätig und hat sich selbst als Nationalsozialist bezeichnet. An Mommsen schrieb er, daß seine „Revolutionsstudien durch mannigfaltige politische Betätigung etwas zu kurz gekommen" seien.[338] Als Propagandist des

---

Wir sind es aber dem intellektuellen Rang und der persönlichen Integrität einiger der für das damalige Profil der Kieler Universität charakteristischen akademischen Lehrer schuldig, daß wir uns mit ihnen, den toten und den lebenden, in der offenen Weise auseinandersetzen, wie es sich für eine akademische Vorlesung ziemt. Es besteht im übrigen für niemanden, der jene Zeit in Deutschland lebend überstanden hat, Anlaß, dies von einem erhöhten Podest aus zu tun." (S. 15, Sp. 1; auch Erdmann: Geschichte, Politik und Pädagogik, Bd. 1 (1970), S. 326) An anderer Stelle heißt es: „Ich sehe nicht ein, welchen Sinn es haben könnte, den Historikern der Bundesrepublik die Aufgabe zuzuweisen, sich als Geschichtsbildlieferanten zu betätigen. Die Geschichte der Historiographie erweist unsere Wissenschaft als Bilderstürmerin. Sie hat manches Standbild zertrümmert." (Erdmann: Die Frage nach dem 'Geschichtsbild', in: GWU 28 (1977), S. 159).

335 Erdmann: Das Dritte Reich im Zusammenhang, S. 418.

336 Erdmann: Anmerkungen zu Friedrich Meinecke: „Irrwege in unserer Geschichte?" und „Die deutsche Katastrophe", in: GWU 2 (1951), S. 90.

337 Erdmann: Die Ökumene der Historiker, S. 236.

338 Erdmann an Mommsen 27.12.1933; Fundort: Nachlaß Wilhelm Mommsen.

Führerprinzips und des Rassengedankens mag er sich auch als Verteidiger des Vaterlands gegen die Angriffe der Emigranten gefühlt haben.

2. Seinen Entschluß, ein staatlich reglementiertes Schulbuch über die Geschichte der jüngsten Vergangenheit zu schreiben, dessen nationalsozialistische Ausrichtung, wie er wußte, von vornherein festgelegt war, kann mit seiner beruflichen Situation begründet werden. Indem er diese Arbeit übernahm und als Autor die nationalsozialistischen Lehrplanrichtlinien akzeptierte, identifizierte er sich mit dem „Dritten Reich“ und forderte die jungen Leser auf, sich den Argumenten des Autors anzuschließen.

3. Seine Überlegungen, die die Gestaltung eines europäisch-afrikanischen Großraums unter Führung des deutschen Reichs betrafen, können auf seine Begeisterung für das Kriegshandwerk und für die großen weltpolitischen Perspektiven, die sich durch die anscheinend bevorstehende Neuordnung Europas und der Welt andeuteten, zurückgeführt werden. Aber nur ein im Krieg siegreicher nationalsozialistischer Staat konnte diese Zukunftsvisionen verwirklichen.

Diese Zusammenstellung zeigt eine bisher unbekannte Seite Erdmanns. Nicht übersehen werden darf, daß Erdmann auch Schwierigkeiten mit der NSDAP hatte.

Erdmanns Verhalten im „Dritten Reich“ wäre nicht weiter bemerkenswert und könnte wie das der anderen Schulbuchautoren vergessen werden, erhielte es nicht vor dem Hintergrund seiner späteren Darstellungen und seiner Karriere in der Bundesrepublik eine moralische Komponente. Im Wissen um seine eigene Verirrung hat er anderen – wie er selbst urteilte – nicht entschuldbare „politische Urteilsblindheit“ vorgeworfen und den „Einbruch der politischen Ideologie in die Wissenschaft“ als „gelungene Verführung“ angeprangert sowie auf das Fehlverhalten von Lehrstuhlinhabern in der NS-Zeit mit moralisch wertenden Formulierungen wie „Charakterlosigkeit und Opportunismus“ hingewiesen.[339] Im „Gebhardt“ schrieb er 1959: „Freilich gab es auch unter den Vertretern der Wissenschaft das beschämende Schauspiel des sacrificium intellectus oder der beflissenenen Anbiederung an das Regime. Es gab Professoren, die Bücherverbrennungen der sogen[annten] artfremden Literatur ideologisch verklärten; es gab andere, die in ihren akademischen Reden und Schriften dem Führer und der Bewegung mehr als eine nur taktisch verständliche captatio benevolentiae entgegenbrachten. Die Universität hat sich nicht gewehrt gegen die Zerschlagung der akademischen Selbstverwaltung, und in dem Verhältnis zu politisch in Ungnade gefallenen oder emigrierten Kollegen zeigte sich mancherorts ein durch nichts zu rechtfertigender Mangel an Würde und Charakter wie im Falle des emigrierten Thomas Mann, dem seine Bonner Ehrendoktorwürde entzogen wurde. Man mag also mit Recht, wie es in der Literatur geschehen ist, auf ein solches menschliches Versagen hinweisen.“[340] Auch in seinem Buch „Die Ökumene der

---

339 Siehe Erdmann: Professoren unter Hitler, S. 15, Sp. 4 f., wo diese Begriffe auf Philipp Lenard, Hans Naumann, Ernst Bertram, Carl Schmitt und Martin Heidegger zielen (vgl. Erdmann: Geschichte, Politik und Pädagogik, Bd. 1 (1970), S. 331). In der 9. Auflage des „Gebhardt“: Die Zeit der Weltkriege, 2. Teilband (1976), S. 429 setzt Erdmann auch Ernst Rudolf Huber hinzu. Vgl. ebd., S. 347 („entschuldigt nicht die [...] Blindheit“).

340 Erdmann: Die Zeit der Weltkriege (1959), S. 216. Vgl. Erdmann: Die Zeit der Weltkriege, 2. Teilband (1976), S. 429: „Viele Professoren bekundeten im Stile der Zeit durch Beteiligung an

Historiker“ beschäftigte sich Erdmann 1987 mit der Haltung deutscher Historiker in der NS-Zeit. Auffallend ist hier die undifferenzierte Einordnung Mommsens[341] und des Göttinger Lehrstuhlinhabers Karl Brandi,[342] den er in einen pointierten Gegensatz zur jungen „ideologisch zuverlässigen Historikergeneration, die hinter der Fahne von Walter Frank hermarschierte“[343] brachte. Diese „irreführende“[344] Darstellung übersieht die „Ambivalenz in der Haltung Karl Brandis gegenüber dem Dritten Reich“.[345] Dessen Verhalten blieb vermittelnd „zwischen den jungen Heißspornen unter den deutschen Historikern, die Walter Franks Ideal vom leidenschaftlichen Historiker nahekamen, und der respektablen internationalen Gemeinschaft von Historikern mit ihren Idealen objektiver Wissenschaftlichkeit“.[346]

Mit dem Erkenntnisvorteil, Zeitgenosse gewesen zu sein, und mit den Erfahrungen, die er im „Dritten Reich“ gemacht hatte, charakterisiert Erdmann das schuldhafte Verhalten von Hochschullehrern in der Diktatur mit Maßstäben, die auch für ihn gelten müssen. Aber nur ganz allgemein in Erinnerung an das „Dritte Reich“ bekannte er selbst sich zu dem, „was dem Menschen, was uns Deutschen“ möglich gewesen ist, nämlich „einem Manne zu verfailen, der das Gewissen für eine jüdische Erfindung hielt und darum die Freiheit des Wissens und Denkens nicht dulden konnte.“[347] Im „Gebhardt“ heißt es am Schluß eines Kapitels über „Hitler und sein Programm“: „Das Griechische gibt hierfür den prägnanten Begriff mit dem Worte ‘diaballein’ = verwirren, irreführen. Die welthistorische Größe Hitlers, der das Denken verwirrte, um nach kurzen Jahren eines steilen Anstiegs seiner Macht die Welt in Flammen zu setzen und mit seinem eigenen Sturz sein Volk mit hinabzurreißen, ist diabolisch.“[348]

Wie in diesen Textstellen stellte Erdmann das Verwirren, Verfallen und Verführen häufig in den Vordergrund, um die deutsche Katastrophe zu erklären. Damit blieb auch er im Rahmen einer „dämonologischen Betrachtung“ des Nationalsozialismus und erfüllte seinen eigenen Anspruch nicht, „die Vorgänge auf ihre greifbaren Ursachen hin zu analysieren, auf ihre sichtbaren psychologischen Zusammenhänge“.[349]

Unterschriftensammlungen ihren Konformismus, 300 in einem Wahlaufruf zur Märzwahl 1933, mehr als 700 in einem ‘Bekenntnis der Professoren an den deutschen Universitäten und Hochschulen zu Adolf Hitler und dem nationalsozialistischen Staat’ im November 1933. Wenn man von den Fällen des sacrificium intellectus der oben geschilderten Art absieht und wenn man menschliche Schwäche und politische Urteilsblindheit als Korrelat zu fachlich-spezialisierter Tüchtigkeit und einen pragmatisch-äußerlichen Konformismus aus Selbsterhaltungstrieb in Rechnung stellt, so bleibt doch die Frage, wie es zu erklären ist, daß die Wissenschaft als ganze vor der Aufgabe versagt hat, Recht und Unrecht beim Namen zu nennen.“

341 1966 lehnte Erdmann die Bitte ab, einen Nachruf auf Mommsen für die HZ zu verfassen.

342 Brandi (1868-1946) war 1932-1937 Vorsitzender des Verbands der Historiker Deutschlands.

343 Erdmann: Die Ökumene der Historiker, S. 234.

344 Schönwälder, S. 317, Anm. 147.

345 R.P. Ericksen: Kontinuitäten konservativer Geschichtsschreibung, in: H. Becker/ H.-J. Dahms/C. Wegeler (Hrsg.): Die Universität Göttingen unter dem Nationalsozialismus, S. 220.

346 Ebd. S. 231.

347 Erdmann: Das Dritte Reich im Zusammenhang, S. 418.

348 Erdmann: Die Zeit der Weltkriege (1959), S. 188; Erdmann: Die Zeit der Weltkriege, 2. Teilband (1976), S. 341.

349 Erdmann an Rassow 24.5.1948; Fundort: BAK, Nl 228, Bd. 91.

Wie viele seiner Zeitgenossen sah er sich und das deutsche Volk vorwiegend in einer Opferrolle. Es scheint ihm unmöglich gewesen zu sein, eigene Fehler oder gar Schuld zuzugeben. Für die politische Kultur der Bundesrepublik aber wäre ein Wort der Einsicht bedeutsam gewesen, daß auch er „dem Führer und der Bewegung mehr als eine nur taktisch verständliche captatio benevolentiae" entgegengebracht hat. Stattdessen bekräftigte er ein unzutreffendes Lebensbild, was man mit seinen Worten als „menschliches Versagen" kennzeichnen kann. Was er im „Gebhardt" über die Entnazifizierung ausführte, kann man auch auf ihn beziehen: er machte andere und schließlich sich selbst glauben, „daß er eigentlich nichts mit dem Nationalsozialismus zu tun gehabt habe".[350]

Das Jahr 1945 brachte keinen ernsthaften Bruch in Westdeutschlands Geschichtswissenschaft: „Von wenigen Ausnahmen abgesehen, verblieben die Historiker, die die geschichtswissenschaftlichen Bemühungen der Nazis unterstützt hatten, an den Universitäten oder kehrten bald wieder an sie zurück."[351] Mit ihrer persönlichen Geschichte gingen sie ganz verschiedenartig um. Vorherrschend waren die Mechanismen des Wegsehens und Beschönigens: „Als Raritäten erweisen sich daher kritische Selbstreflexionen und Versuche der Aufarbeitung eines Kapitels ganz persönlicher Geschichte."[352] Wissenschaftlern aus Erdmanns Generation gelang es, Teile ihrer Vergangenheit im Dunkeln zu halten. Veröffentlichungen in jüngster Zeit brachten Neues zu Tage. Das läßt nach Parallelen und Unterschieden fragen.

Naheliegend ist ein kurzer Blick auf die wissenschaftliche Tätigkeit Theodor Schieders (1908-1984) im „Dritten Reich".[353] Schieder stammte aus protestantischem Umfeld und hatte Verbindung zu einem akademisch geprägten Verband innerhalb der Jugendbewegung, der Deutsch-akademischen Gildenschaft. Er hatte zwar Einwände, aber wie Erdmann interpretierte er das Führerprinzip, die Ablehnung der Demokratie und des Liberalismus, das völkische Denken und auch den Antimarxismus als wesensverwandt, und empfand die Anfangserfolge des Nationalsozialismus mindestens partiell als Erfüllung seines Wunschs nach Erneuerung Deutschlands.[354] Auch er promovierte 1933, trat im Jahr darauf seine Referendarzeit an und bestand das Assessorexamen. Beide Historiker versuchten, sich für die akademische Laufbahn zu profilieren. Aber anders als Erdmann, der in der Schule eine berufliche Zwischenlösung fand, konnte Schieder seine Habilitation bald verwirklichen. Die Verbindung zu Albert Brackmann, einem „Mittelpunkt der deutschen Ostforschung",[355]

---

350 Erdmann: Die Zeit der Weltkriege (1959), S. 335. In dem Brief Erdmanns an Rassow vom 24.5.1948 (Fundort: BAK, Nl 228, Bd. 91) findet sich folgende Bemerkung über „die sogenannte Entnazifizierung – ich hasse das Wort und die Bürokratisierung einer verpaßten Revolution".

351 G.G. Iggers: Neue Geschichtswissenschaft, S. 106.

352 H.-E. Volkmann: Deutsche Historiker im Umgang mit Drittem Reich und Zweitem Weltkrieg 1939-1949, in: Ende des Dritten Reiches – Ende des Zweiten Weltkriegs, S. 882.

353 W. Conze: Die Königsberger Jahre, in: A. Hillgruber (Hrsg.): Vom Beruf des Historikers in einer Zeit beschleunigten Wandels, S. 23-31; Erdmann: Theodor Schieder in memoriam, in: GWU 35 (1984)815-818.

354 J. Rüsen: Kontinuität, Innovation und Reflexion im späten Historismus: Theodor Schieder, in: ders.: Konfigurationen des Historismus, S. 369 u. 374.

355 Heiber: Walter Frank und sein Reichsinstitut, S. 851; zu Brackmann siehe ebd. S. 851 ff.; W. Vogel: Der Kampf um das geistige Erbe, S. 70 ff.; M. Burleigh: Albert Brackmann, in: Jour-

eröffnete ihm schon während der NS-Zeit erste Karrieremöglichkeiten. Unter der Leitung Brackmanns und seines Stellvertreters Hermann Aubin war die Osteuropaforschung in der am 19. Dezember 1933 gegründeten „Nord- und ostdeutschen Forschungsgemeinschaft“ zusammengefaßt und „gleichgeschaltet“.[356] Brackmann verschaffte Schieder ein Stipendium für das Jahr 1934 und im Jahr darauf eine Anstellung in der Publikationsstelle des Geheimen Staatsarchivs Berlin-Dahlem, dessen Königsberger Landesstelle für Nachkriegsgeschichte Schieder seit April 1935 leitete.[357] Ihn hatte das Interesse für ostdeutsche Volkstumsfragen zu Hans Rothfels gebracht, dessen Annäherung an neokonservative Positionen sich verstärkten, als er in Königsberg lehrte.[358] 1939 habilitiert, lehrte Schieder zunächst als Diätendozent, seit 1942 als Professor, an der Universität in Königsberg. Seine damalige Geschichtsauffassung analysiert Schönwälder als „deutliches Bekenntnis zur Volksgeschichte“.[359] Er habe, so Oberkrome, die Absicht verfolgt, „Deutschlands Aufgabe als ‘Ordnungsmacht’ des Ostens historisch zu legitimieren“.[360] Wie Erdmann ging es ihm vor allem „um die Wahrung einer bürgerlichen kulturellen Hegemonie in der Politik und um die Legitimation eines nationalen Machtstaates“.[361] Für Schieders Tätigkeit befinden sich Belege im Politischen Archiv des Auswärtigen Amts. So übersandte Peter Heinz Seraphim, Leiter der Polenabteilung des Instituts für osteuropäische Wirtschaft der Königsberger Universität, Fritz von Twardowski, der das Referat Auslandsdeutschtum in der Kulturpolitischen Abteilung leitete, einen neunseitigen Bericht Schieders über eine Studienfahrt, die das Institut im Juli 1936 unter Führung seines Direktors, Theodor Oberländer, nach Finnland und Estland veranstaltet hatte. Schieder fielen im Badepublikum des Kurorts Narva-Jôesuu (Hungerburg) „die jüdischen Emigranten aus Deutschland unangenehm auf“, und er unterzog die „rassische Zusammensetzung der Bevölkerung“ der beiden Länder einer Bewertung.[362] Unlängst wurde ein bisher unbekannter Entwurf Schieders für eine

nal of Contemporary History 23 (1988)773-87, gekürzte deutsche Übersetzung in: Werkstatt Geschichte 3 (September 1994)68-75; G. Voigt: Rußland in der deutschen Geschichtsschreibung, S. 238-246.

356 C. Kleßmann: Osteuropaforschung und Lebensraumpolitik im Dritten Reich, in: Aus Politik und Zeitgeschichte, S. 39; M. Burleigh: Germany turns eastwards, S. 70-77; G. Camphausen: Die wissenschaftliche historische Rußlandforschung im Dritten Reich, S. 193-212; W. Oberkrome: Volksgeschichte, S. 172 f.; Voigt, S. 241-246.

357 Burleigh: Germany turns eastwards; Camphausen, S. 182-192; G. Aly/S. Heim: Vordenker der Vernichtung, S. 402; Voigt, S. 240-246.

358 H. Mommsen: Hans Rothfels, in: H.-U. Wehler (Hrsg.): Deutsche Historiker, Bd. 9, S. 134. Zu Rothfels siehe auch Oberkrome, der ausführt, Rothfels sei „durch die Erfahrung der ‘Frontgemeinschaft’ von 1914-1918 zum Anhänger bündischer Ideale und damit zum Rezipienten der volkstumstheoretischen Lehren Arthur Moeller van den Brucks, Freyers und Boehms geworden“ (S. 96). Rothfels war von 1958 bis 1962 Vorsitzender des Verbands der Historiker Deutschlands.

359 Schönwälder, S. 338 f. Anm. 46 sowie S. 205, 258.

360 Oberkrome, S. 166.

361 Rüsen, S. 370.

362 Seraphim an Twardowski 6. 7. [richtig August] 1936 mit Anlage „Bericht über die Studienfahrt nach Finnland und Estland vom 1.-12. Juli 1936“; Fundort: PA, R 60 276, Akten der Kulturabteilung, Deutschtum im Ausland 2: Forschungsgemeinschaften, westdeutsche, alpen-

siedlungspolitische Denkschrift vom Oktober 1939 veröffentlicht und in den Umständen seiner Entstehung geschildert, in dem die neuen Grenzen zu Polen beschrieben sowie „Bevölkerungsverschiebungen allergrößten Ausmaßes“ und die „Entjudung Restpolens“ projektiert wurden.[363]

Erwähnungen Werner Conzes (1910-1986) in neueren Veröffentlichungen lassen Parallelen mit den Lebensläufen Erdmanns und Schieders erwarten. Er war gleichfalls Protestant und in der Jugendbewegung aktiv. Sein Studium begann er in Marburg, er setzte es in Leipzig fort und promovierte 1934 in Königsberg bei Hans Rothfels. Seine wissenschaftliche Karriere setzte er als Habilitationsstipendiat der Dahlemer Publikationsstelle fort.[364] Seit dem 1. April 1937 war er außerplanmäßiger Assistent an der Albertus-Universität in Königsberg.[365] 1940 habilitierte er sich in Wien, 1943 wurde er an die Reichsuniversität Posen berufen. Er lehrte dort nicht, weil er von 1939 bis 1945 als Offizier im Krieg war. Als „Volkstumshistoriker“ verband er, wie Oberkrome formuliert, in „brisanter Bündelung rationale Analyseelemente [...] mit kruden antijüdischen, germanozentrischen Argumentationen“.[366] Während bei

---

ländische, südostdeutsche, nordostdeutsche, Forschungsgemeinschaft für Übersee (Volksdeutsche Forschungsgemeinschaft), Bd. 7. Der Bericht ist mschr. unterzeichnet mit „Dr. Schieder“.

[363] Burleigh: Germany turns eastwards, S. 165 f.; Götz Aly: „Endlösung“, S. 16 f. mit Anm. 12; A. Ebbinghaus/K.H. Roth: Vorläufer des „Generalplans Ost“, in: 1999, Heft 1/1992, S. 62-94. In dieser Dokumentation wird auf eine auf dem Entwurf Schieders basierende Endfassung geschlossen, ohne daß dieser Vermutung weiter nachgegangen wird. Eine Ausfertigung dieser Endfassung befindet sich im PA, R 104 208, Akten der Politischen Abteilung, Polen, Po 25 Deutschtum in Polen, Bd. 11. Sie ist gegenüber dem Schiederschen Entwurf um Zahlenangaben und eine Tabelle mit demographischen Daten ergänzt, die Einleitung ist durch Weglassen der ersten beiden Sätze umgestaltet, Absätze sind anders gesetzt, ohne inhaltlich etwas zu verändern, Zwischenüberschriften sind hinzugekommen; der Abschnitt „II. Mögliche Grenzlinien“ ist hschr. als „überholt“ ausgewiesen. Ebbinghaus und Roth beschränken sich in ihrer Einleitung darauf, Schieders Text in die wissenschaftliche Ostforschung einzuordnen, sie weisen zu Recht auf die Radikalisierung der Inhalte hin (S. 65), ohne auf die Tradition ethnographischer Grenzkonzepte in der deutschen Außenpolitik einzugehen. Hierzu sei auf einige zentrale Dokumente und Karten hingewiesen: Runderlaß Stresemanns vom 30.6.1925 (vor allem Punkt II der anliegenden Aufzeichnung und dazu die Karte „The German Bridge across the Polish Corridor“), ADAP Serie A, Bd. XIII, Dok. Nr. 177; Aufzeichnung Dirksens vom 29.12.1925 (besonders Punkt VII und die dazugehörende Karte), ADAP Serie B, Bd. II,1, Dok. Nr. 21, S. 72 f.; Karte „Der polnische ländliche Grundbesitz in den Provinzen Posen und Westpreußen“, ADAP Serie B, Bd. V, Dok. Nr. 263, Anlage C.

[364] Vgl. die Conze betreffende Anfrage des Gesandtschaftsrats an der deutschen Botschaft in Warschau Ewald Krümmer an den Referenten in der Kulturpolitischen Abteilung des Auswärtigen Amts, Ferdinand Goeken vom 30.7.1936 und dessen Antwortschreiben vom 25.8.1936; Fundort: PA, R 60 276.

[365] Vgl. die biographischen Angaben in einem Antrag Conzes auf Auslandsurlaub für eine Reise nach Polen an das Reichsministerium für Wissenschaft, Erziehung und Volksbildung vom 6.4.1937; Fundort einer Abschrift: PA, Akten der Botschaft Warschau, K III 5 c, Einsichtnahme in polnische Staatsarchive, Bd. 1.

[366] Oberkrome, S. 196. Zu Conze: Oberkrome, passim, bes. S. 135-140, 178, 196 f., 212; vgl. Aly/Heim, S. 102 f. sowie G. Aly: Erwiderung auf Dan Diner, in: VfZG 41 (1993)621-635, hier S. 626-630. Nach Aly wirkte Conze mit an der zwar theoretischen, aber handlungsorientierten „Verschränkung der ‘Überbevölkerungsfrage’ mit der ‘Judenfrage’ in der Weise, daß die ‘Lösung’ der einen ‘Frage’ die andere erheblich ‘lindert’“ (ebd., S. 628). 1946-51 lehrte Conze in Göttingen.

Erdmann und Schieder die Texte zumeist unbekannt waren, sind es bei Conze zahlreiche Publikationen, die er zwischen 1934 und 1941 veröffentlichte und die, zumindest innerhalb des Fachs, nicht unbeachtet geblieben sind. Hieraus resultierte wohl der Ende der 60er Jahre eingetretene Bruch mit Schülern, von dem Reinhart Kosellek in einem Nachruf berichtet.[367]

Generalisierend kann man Erdmanns, Schieders[368] und Conzes historische Arbeiten vor 1945 als regimekonform bezeichnen. Selbst wenn es bei Schieder und Conze nur verbale Anpassung an den Zeitgeist – „Einsprengsel zeitgenössischer Wendungen"[369] – gewesen sein mag: die rassistische und völkische Geschichtsdeutung sowie die Überhöhung des germanischen Deutschtums legitimierten Vorherrschaftsansprüche für das Deutsche Reich.

Wie bei Erdmann, so veränderten sich bei Schieder und Conze nach 1945 unter Beibehaltung konservativ-nationaler Elemente die historisch-politischen Wertmaßstäbe, und Schieders spätere „methodische Wegweisungen sind für die Entwicklung der Geschichtswissenschaft in der Bundesrepublik von fundamentaler Bedeutung gewesen".[370] Ausgangsort seines wissenschaftlichen Nachkriegserfolgs war wie bei Erdmann die Universität zu Köln, deren Lehrkörper beide sechs Jahre gemeinsam angehörten. Sie waren Autoren des „Gebhardt" und Herausgeber wichtiger historischer Fachzeitschriften: Erdmann bei „Geschichte in Wissenschaft und Unterricht", Schieder bei der „Historischen Zeitschrift", seit 1957 als Nachfolger Dehios. Auf Erdmann folgte Schieder als Vorsitzender des Verbands der Historiker Deutschlands (1967-1972), der dann von Conze abgelöst wurde (1972-1976). Die beiden Letztgenannten leisteten für die Nachkriegshistoriographie einen wichtigen Beitrag, den Winfried Schulze so zusammenfaßt: „Erst nach der Erfahrung des Nationalsozialismus war die 'Geschichte des Menschentums' – wie sie 1945 der greise Friedrich Meinecke eher vorausahnte denn einforderte – 'als große historische Zukunftsaufgabe' möglich geworden. Gewiß konnte diese Einsicht noch nicht unmittelbar umgesetzt werden. Sie wurde – wenn ich das richtig sehe – zuerst von Werner Conze und Theodor Schieder seit der Mitte der 50er Jahre reflektiert, wenn Conze die traditionelle Historik als der modernen Welt inadäquate Methode kritisierte, und wenn Schieder die Rolle des 'Menschen in der Geschichte' zu bestimmen versuchte. Hier wurde erstmalig eine auf den Menschen orientierte Geschichtswissenschaft theoretisch zu begründen versucht, die ihn in den von ihm selbst geschaffenenen 'sozialen Gebilden' fand und damit die unfruchtbare Alternative von Idealismus und Kollektivismus endlich überwand."[371]

Schieder und Conze vermieden es, ihre affirmative Haltung in der Zeit zwischen 1933 und 1945 später öffentlich zu erläutern. Hätte eine frühzeitige und vollständige

---

[367] R. Kosellek: Werner Conze, in: HZ 245 (1987), S. 540.

[368] Die Einschätzung Rüsens (S. 374), das historistische Geschichtskonzept Schieders habe vor 1945 nur „eine gewisse völkische Färbung angenommen", sei aber frei von Rassismus und Eroberungsideologie geblieben, ist im Licht der Dokumente nicht zu halten.

[369] Kosellek, S. 535.

[370] W.J. Mommsen: Vom Beruf des Historikers in einer Zeit beschleunigten Wandels, in: A. Hillgruber (Hrsg.): Vom Beruf des Historikers in einer Zeit beschleunigten Wandels, S. 45.

[371] W. Schulze, S. 305.

Klärung ihrer jeweiligen Verstrickung in das NS-System die Nachkriegskarriere der beiden Historiker behindert? Das Beispiel Hermann Aubins legt nahe, diese hypothetische Frage zu verneinen. Aubins Belastung durch seine „einseitige, ja chauvinistische Deutschtumsorientierung“[372] war bekannt, und doch bekam er 1946 einen Lehrstuhl in Hamburg und wurde nach Gerhard Ritter Vorsitzender des Verbands der Historiker Deutschlands (1953-58). Erdmanns damals unbekannte Verstrickung in die NS-Ideologie erscheint schwerwiegender. Stehen Schieder und Conze in einer Forschungskontinuität, die sich mit entradikalisierten Inhalten und gewandelter Sprache, aber personell kaum verändert, auch nach 1945 fortsetzte, so war die Zeit der Ideologie des Schulgeschichtsbuchs mit seiner Hitlerverherrlichung und der Zustimmung zum Nationalsozialismus abgelaufen. Wäre das Schulbuch „Geschichte des Zweiten und Dritten Reichs von 1871 bis zur Gegenwart“ öffentlich bekannt gewesen, hätte er wohl auf die Präsidentschaft des Comité International des Sciences Historiques verzichten müssen, möglicherweise wäre seine Universitätslaufbahn erschwert worden. Mommsen aber – und hier zeigt sich eine gewisse Parallele – wurde wegen seines gemeinsam mit dem Breslauer Oberschulrat Alfred Huhnhäuser zunächst als Schulbuch geplanten Werks „Politische Geschichte von Bismarck bis zur Gegenwart 1850-1933“ (Frankfurt/Main 1935) und dessen Neuauflage 1944 nach dem Krieg dienstenthoben. Sein Lehrstuhl wurde vor Abschluß des Entnazifizierungsverfahrens neu besetzt.[373]

Beispielhaft für den Wandel von Überzeugungen ist Hans Herzfelds wissenschaftliches Werk. Auch für seine Entwicklung war die Wandervogelbewegung von entscheidender Bedeutung. In den zwanziger Jahren stand er auf der Seite der deutschnationalen Gegner der Republik, obschon um 1930 auch vorsichtige Annäherungen an die Republik festzustellen sind.[374] Hallgarten bezeichnete ihn als „geistigen Schildknappen des Generals Ludendorff“.[375] Seine Haltung gegenüber dem Nationalsozialismus nach 1933 ist umstritten. Während Schönwälder eine „pronationalsozialistische Einstellung“ konstatiert, erkennt andererseits Gerhard A. Ritter in Herzfelds Briefen an Kaehler „eine erstaunlich offene Kritik am Nationalsozialismus“.[376] Wegen jüdischer Abstammung verlor er 1938 seine Professur in Halle, anschließend fand er ein Unterkommen an der Kriegsgeschichtlichen Forschungsanstalt des Heeres in Potsdam, wo er bis 1943 arbeitete und durch Aktenstudium sowie täglichen Umgang die „Ungeistigkeit, Dummheit und Beschränkt-

[372] Kleßmann, S. 44; zu Aubin auch Schönwälder, passim, bes. S. 100-102, 133, 138, 149, 151-153, 321 Anm. 60; Burleigh: Germany turns eastwards; Volkmann, S. 865, 881.

[373] W. Schulze, S. 126 f.; Heiber: Walter Frank und sein Reichsinstitut, S. 762 ff. In einem Brief vom 2.1.1948 an Erdmann schrieb Mommsen hierzu: „Von mir selbst ist wenig Erfreuliches zu berichten. Ich habe schon im März 47 vor der Spruchkammer verhandelt und nahm damals alles [!] an, daß Entlastendes herauskommen würde. Dann ließ man mich drei Monate auf die Spruchverkündung warten, die mich dann auf Grund von unrichtigen und mißverstandenen Dingen zum Minderbelasteten machte. Den Hintergrund bilden gewisse Verhältnisse an der Universität, über die ich nicht schreiben möchte.“ Fundort: BAK, Nl 393, Bd. 100.

[374] G.A. Ritter: Hans Herzfeld. In Memoriam Hans Herzfeld. Hrsg. v. Otto Büsch, S. 23, 33 f.

[375] G.W.F. Hallgarten: Schicksal, S. 98.

[376] Schönwälder, S. 289, Anm. 89, vgl. Schleier, S. 108 f.; Gerhard A. Ritter, S. 35.

heit"[377] der Militärs vor Augen geführt bekam,[378] die er früher „bewundert und geliebt hatte".[379] Nach Bußmanns Einschätzung gelangte er durch seine Inhaftierung wegen angeblicher Wehrkraftzersetzung (Februar/März 1943) „zu einer ganz neuen Auffassung von Politik und Geschichte".[380] Es waren aber seine Vorstudien für eine Geschichte des Ersten Weltkriegs, die er in Potsdam begonnen hatte und die er nach der Haft im Freiburger „friedlichen Arbeitsparadies" fortsetzte, die ihn zu neuen Einsichten führten.[381] So schrieb er Ende 1943: „Augenblicklich sehe ich mit Entsetzen, daß der Versuch, den Kriegsausbruch [1914] nicht als Zufälligkeit, sondern als Epochenkonsequenz zu fassen, mich immer weiter drängt. Ich fange an, neben der Wirtschaftsfrage das Demokratieproblem stärker von der inneren Geschichte der einzelnen Staaten her anzuschneiden und bin in meinen Mußestunden schon dabei, Geschichte der protestantischen Theologie zu lesen. Wie weit das alles gedeiht, läßt sich natürlich noch nicht sagen. Aber es ist für die Problemlage bezeichnend, sobald man einmal aufhört, sich mit der Selbstgenügsamkeit des Diplomatisch-Politischen zu begnügen."[382] Als Ordinarius an der Freien Universität Berlin hat er sich von seinem 1928 geschriebenen Buch „Die deutsche Sozialdemokratie und die Auflösung der nationalen Einheitsfront im Weltkriege" mit Bedauern über seine damalige Haltung distanziert. Gerhard A. Ritter erkennt „eine tiefgreifende Revision der ursprünglichen Geschichtsauffassung Herzfelds".[383]

Zu erinnern ist auch an den Marburger Historiker Ludwig Dehio, der in seinen Vorlesungen Rechenschaft über die jüngste Vergangenheit ablegte: „Die Klärung der Vergangenheit bedroht das Selbstgefühl mit quälenden Vorwürfen bezüglich des Gewesenen und zugleich mit quälenden Überlegungen bezüglich des Kommenden. Da ist dann die Flucht in das Schweigen und allenfalls in bequemes, gedankenloses Gerede unter Schicksalsgefährten ein nur allzu natürlicher Ausweg aus einer Lüge, die kein Ausländer so leicht mitzuempfinden und die kein Deutscher so leicht einzugestehen vermag."[384] Der Göttinger Osteuropa-Historiker Reinhard Wittram,

[377] Herzfeld im privaten Gespräch mit Hans Thimme; Fundort: Nachlaß H. Thimme (Privattagebücher).

[378] G.A. Ritter überzeichnet diese Zeit als eine „Periode des Schweigens und der Verfemung" (S. 42).

[379] H. Herzfeld: Aus den Lebenserinnerungen, S. 181.

[380] W. Bußmann: Rede zum 75. Geburtstag von Hans Herzfeld (22.6.1967), in: GWU 19 (1968), S. 115.

[381] Dazu äußerte Herzfeld rückblickend auf Gespräche mit einem Mithäftling, den er als radikalen pazifistischen Demokraten kennzeichnet: „Menschlich war es ein Erlebnis, das mir vielleicht am schärfsten die Wendung klarmachte, die in mir selbst durch die Entwicklung der letzten Jahre bewirkt worden war." Herzfeld, S. 181.

[382] Herzfeld an Hans Thimme 23.12.43; Fundort: Nachlaß H. Thimme.

[383] G.A. Ritter, S. 46.

[384] W. Schulze, S. 114. Auch Dehio begrüßte 1933 die Machtübernahme der Nationalsozialisten; so sagte er am 31. Mai zu seinem Freund und Archivkollegen Hans Thimme: „Deutschland glich in den letzten Jahren einem verwesenden Leichnam, die Nazis die letzte Möglichkeit, ihn mit rohen Mitteln noch einmal ins Leben zu bringen und in eine gewisse Form. Spengler die bedeutendste geistige Leistung der Nachkriegsjahre. Wissenschaft im alten Sinn ist tot, damit viel Kultur verloren." Siehe H. Thimme Privattagebücher. Dehio hatte als „Nichtarier" später allerdings

der sich während der NS-Zeit mit Bekenntnissen zum Führer exponiert hatte, gewann nach Hans-Ulrich Wehlers Meinung durch das öffentliche Eingestehen seiner Illusionen ein neues Anrecht, als akademischer Lehrer gehört zu werden.[385] Auch Siegfried A. Kaehler, der, wie Bußmann schreibt, „ein gerütteltes Maß an Verantwortung für die Ausbreitung des Antisemitismus in seinem Lebensbereich" trug, hat sich nach 1945 zu seinem Fehlverhalten bekannt.[386]

Von dem Göttinger Historiker Hermann Heimpel – in der NS-Zeit „sehr wohl ideologisch anfällig"[387] – ist bekannt, daß er das Lager kollegialer Diskretion verließ und sich auf der Höhe seines Ansehens zu seiner Vergangenheit bekannte: „Wer wie der Verfasser [Heimpel] in den Schicksalen seines Volkes und seiner Zeit geschont blieb, hat um so mehr die Pflicht, sich zu besinnen. Wagt er es zu mahnen und, auf den folgenden Blättern, zu erinnern an die Erschütterung von 1945 und an die uns in ihr gebotene Gelegenheit zu Einkehr und Neuanfang, an jene uns so leicht verlierbare Offenheit der Herzen an der Grenze der Ordnungen, so sei alle Kritik zuerst Selbstkritik, alle Mahnung Mahnung an sich selbst. Wälzt er die Frage um, warum der Historiker so leicht dem Erfolg sich verpflichtet, warum die Geisteswissenschaften so ungeschützt gegen Drohung und Lockung der Zeiten sind, so muß er sich und andere zuerst daran erinnern, daß auch er solches an sich geschehen ließ. Jeder mache das mit sich selbst aus – der Schreibende muß es aussprechen, um wahr zu sein. Jeder setze sich mit den geschichtlichen Entscheidungen auf seine Weise auseinander – der schreibende Mensch tut es mit der Sprache."[388]

Erdmann hat die Stimme seines Gewissens, die Heimpel so beunruhigte, nicht überhört. Sein Beitrag im „Gebhardt" ist sicher auch als eine Art von Distanzierung vom Schulbuch zu verstehen, ohne daß dies von der Öffentlichkeit wahrgenommen werden konnte. Allein ein Blick auf die angeführten Nachrufe läßt erkennen, daß sich eine Legende über seine „unnationalsozialistische Gesinnung" gebildet hatte. In vielen Texten wird die Behauptung variiert, Erdmann habe keine Kompromisse mit dem Nationalsozialismus gemacht. Der dargestellte Lebensabschnitt dokumentiert die ambivalente Haltung Erdmanns, einerseits eine Aufgeschlossenheit für nationalsozialistische Ideen und die Anforderungen des „Dritten Reichs", andererseits seine Distanz zum umfassenden Herrschaftsanspruch der NSDAP. Bisher wurde nur das Bild eines Mannes wahrgenommen, der sich höchst achtbar in furchtbarer Zeit durchbrachte, der andere Erdmann blieb verborgen. Diesen mit Verständnis für die Situation der Vergangenheit darzustellen und zu zeigen, wie Erdmann sich zu diesem

---

Schwierigkeiten mit dem Regime; zu Dehio siehe V.R. Berghahn: Ludwig Dehio, in: H.-U. Wehler (Hrsg.): Deutsche Historiker Bd. 4, S. 97-116.

385 H.-U. Wehler: Geschichtswissenschaft heute, in: J. Habermas (Hrsg.): Stichworte zur „Geistigen Situation der Zeit", Bd. 2, S. 718; Volkmann, S. 878 f., 883-885.

386 W. Bußmann/G. Grünthal (Hrsg.): Siegfried A. Kaehler, S. 71; Volkmann, S. 894-896.

387 Volkmann, S. 871; Heimpel war von 1941 bis 1944 Ordinarius an der „Reichsuniversität Straßburg", deren Gründung vom Historiker Ernst Anrich, einem Bruder Eduard Anrichs, unmittelbar nach der deutschen Besetzung vorbereitet worden war.

388 H. Heimpel: Der Mensch in seiner Gegenwart, S. 7 (im Oktober 1953 datiertes Vorwort). Für den Hinweis hierauf danken die Verfasser Dieter Schmidt-Sinns. Vgl. dazu Schönwälder, S. 280, Anm. 14, Schreiner, S. 196-198 sowie In memoriam Hermann Heimpel, S. 49 und H. Boockmann: Der Historiker Hermann Heimpel, S. 24 ff.

Lebensabschnitt nach 1945 stellte, war die Intention der Autoren. Sein späteres Verhalten ist schwer nachzuvollziehen, hatte er doch als Ordinarius für Geschichte eine besondere Verantwortung für den Umgang mit der Wahrheit. Das unterscheidet ihn von anderen Fällen, in denen Mitläufer einen ähnlichen Weg gewählt haben, um in der Nachkriegszeit wieder Fuß zu fassen.

Ein Mentalitätswandel, der die konservative und nationale Grundhaltung bewahrte, aber demokratische Werte akzeptierte und aufnahm, ist für die Mehrzahl der belasteten Historiker in der Nachkriegszeit zu belegen. Nicht allein die hier genannten Personen, sondern viele der Hochschullehrer, die zwischen 1933 und 1945 im Amt waren, sind bereit gewesen, sich an der Legitimierung des „Dritten Reichs“ zu beteiligen.[389] Sie gehörten danach weiter zur Elite der westdeutschen Geschichtswissenschaft, denn wesentliche Veränderungen in der Besetzung der historischen Lehrstühle gab es wie schon nach 1933 auch nach 1945 nicht. Das erschwerte eine größere Aufgeschlossenheit gegenüber neuen Fragestellungen und Interpretationsansätzen. Auch die Tatsache, daß nur wenige emigrierte Forscher geneigt waren, nach Deutschland zurückzukehren, trug dazu bei, daß Impulse von außen fehlten. Der Anschluß an die Forschung in Westeuropa und Amerika sowie an deren Wertorientierung in der westdeutschen Lehre und Forschung fand erst verspätet statt. Hierzu bemerkt Schulze: „Die Geschichtswissenschaft auf dem Gebiet der späteren Bundesrepublik Deutschland erlebte 1945 zwar eine starke moralische Besinnungsphase und eine eindeutige Abwendung von rassistischen und nationalistischen Positionen, keinesfalls aber einen radikalen Umbruch ihrer methodischen und inhaltlichen Grundorientierungen.“[390]

[389] Zu anderen Ergebnissen ist Udo Wengst gekommen, wenn er schreibt, daß „sich die Historikerschaft während des Dritten Reiches von nationalsozialistischen Eingriffen weitgehend freigehalten und sich eine originär nationalsozialistische Geschichtswissenschaft nicht durchgesetzt hat“ (U. Wengst: Geschichtswissenschaft und „Vergangenheitsbewältigung“, in: GWU 46 (1995), S. 192). Anders sieht dies Volkmann, der ausführt: „Erschreckend ist, wie viele Historiker sich den braunen Machthabern zur Verfügung stellten, ohne der Not der Umstände zu gehorchen, sondern aus unterschiedlichen Motiven und bei fragwürdigsten Einrichtungen, nicht zuletzt um der Karriere willen.“ (S. 880).

[390] W. Schulze, S. 304; hierzu auch D. Hein: Geschichtswissenschaft in den Westzonen und der Bundesrepublik 1945-1950, in: C. Cobet (Hrsg.): Einführung in Fragen an die Geschichtswissenschaft, S. 30-40.

Anhang

1.

Rundbrief der deutschen Austauschstudenten in Frankreich.
(Nr. 1)

Paris, im Dezember 1933

Kommilitonen und Kommilitoninnen!
Wenn wir das in Euren Briefen Berichtete durch unsere eigenen Erfahrungen hier in Paris ergänzen, so ergibt sich ein einheitliches Bild für die Art, in der sich unsere ersten Begegnungen mit Franzosen vollziehen. Die politischen Probleme bilden von Anfang an das Generalthema unserer Gespräche. Unsere französischen Kameraden drängt der Wunsch, einmal mit einem leibhaftigen Nationalsozialisten über Korridor, Anschluß und Abrüstung zu reden, immer wieder zur Diskussion dieser Probleme. Und wir selber sind daran gewöhnt, Frankreich in erster Linie unter dem Gesichtspunkt zu betrachten, daß es in all diesen Fragen das Gegenteil unserer Überzeugungen vertritt. So drängt sich die politische Diskussion in den Vordergrund. Darin liegt eine eigentümliche Gefahr beschlossen, aber auch die besondere Möglichkeit, zu den wesentlichen Grundfragen des Verhältnisses der deutschen und französischen Existenz in einer unserer Eigenart gemäßen Weise vorzudringen.

Überlegen wir uns: Wir sind in dieses Land gegangen, um eine lebendige Erfahrung von der Daseinsweise des französischen Menschen zu gewinnen, die sich wahrhaftig unabhängig von allen Korridor-, Anschluß- und Abrüstungsproblemen in ihrer eigentümlichen Form ausgeprägt hat. Der Ansatz ist für uns Einzelne nach dem uns je eigenen Wissenschaftsgebiet verschieden. Der Sinn ist uns gemeinsam; wir erhoffen uns als letzten Lohn unserer Arbeit einen reinen Blick, der uns fähig mache, die klarsten und seinem Genius eigentümlichsten Ausprägungen des französischen Geistes aus der Fülle unserer Erlebnisse herauszufinden, um durch solche Begegnung zu einem echteren Verstehen und einer verantwortlicheren Bejahung unseres eigenen Wesens zu gelangen. Es besteht nun die Gefahr, daß die politischen Diskussionen, die wir führen und, wenn wir dazu aufgefordert werden, mit Leiden[schaft und

Überlegung immer wieder zu führen be]reit[391] sind, unverbunden neben dieser unserer eigentlichen Arbeit stehen. Die Diskussion über die Abrüstungsfrage etwa kommt dann nicht hinaus über die Behauptung und Abstreitung deutscher Rüstungen, oder über die Entgegensetzung der Thesen von sécurité und Gleichberechtigung, oder das Rassenproblem bleibt stecken in einer Behandlung der Judenfrage. Die schematische Wiederholung des immergleichen Gesprächsgangs und die Gleichheit der hüben und drüben immer wieder vorgebrachten Argumente bewirkt schließlich für beide Teile Enttäuschung und Überdruß. Wenn es uns nicht gelingt, in der Diskussion der strittigen Einzelfragen das in ihnen jeweils eingeschlossene Existenzproblem herauszuheben, und andererseits unsere literaturgeschichtliche, kunstgeschichtliche, juristische und historische Arbeit bis auf ihr politisches Problem hin durchzuführen, d.h. so lange unsere Betätigung hier tatsächlich sich immer noch in der Trennung des Kulturellen und Politischen vorzieht [sic], so lange ist, um in der französischen Terminologie zu reden, der Zwiespalt von „homme" und „citoyen" in uns nicht aufgehoben, so lange werden wir den Forderungen, die wir uns stellen, nicht gerecht. Wenn sich ein Deutscher und ein Franzose über den Anschluß oder über den Korridor unterhalten, so ist das nicht nur der politischen Intensität nach etwas völlig anderes, als wenn sich etwa zwei gebildete Südamerika[ner] über den zwischen ihren Staaten strittigen Gran Chaco unterhalten. Denn große machtpolitische Fragen betreffen nur das äußere Dasein eines Volkes. Die zwischen Deutschland und Frankreich schwebenden Probleme sind darüber hinaus eine Angelegenheit der inneren Gültigkeit unserer politischen Lebensweise, d.h. für uns, das Wort Politik in seinem umfassenden Sinne genommen, unseres menschlichen Daseins schlechthin. Das gibt uns die Möglichkeit, aus dem Konkretpolitischen in das Grundsätzliche und Wesentliche vorzustoßen und unsere Gespräche bewußt nach dem Ideal einer totalen philosophisch-politischen Existenz zu formen. Der Sinn eines Gesprächs über Abrüstung etwa liegt ja garnicht darin, daß es gelingt, etwas zu „beweisen", so wichtig das auch ist. Was auf dem Spiele steht ist das Recht der soldatischen Lebensform, die als richtig oder falsch nicht bewiesen, sondern nur geglaubt werden kann. Diesem Glauben, der ein Wissen um den Gegensatz von Soldatentum und Militarismus in sich schließt, tritt bei unseren französischen Kameraden ein Bewußtsein entgegen, dem unsere Götter Götzen sind. Oder wenn man uns nach Deutsch-Österreich fragt, so geht es in der konkreten Anschlußfrage um mehr als um ein territoriales Problem. Es geht um unser volksstaatliches Bekenntnis, dem ein anderes Staats- und Nationalbewußtsein entgegentritt. Wir wollen nicht vorschnell darüber urteilen, welches diese Werte sind, die das Lebensgefühl der Franzosen bestimmen. Wir wollen einmal alle angelesene Weisheit über Bord werfen. Wir wollen darauf verzichten, uns in zwei, drei Formeln eine bequeme Schablone anzufertigen, in die sich dann das „nationalistische" Frankreich so leicht einfügt. Aber das eine wissen wir vom ersten Augenblick an, daß uns in dem französischen Selbstbewußtsein, wenn wir es auch noch nicht erkennen, ein ganz Fremdes, ein völlig Anderes entgegentritt. Unsere Aufgabe ist, dieses Fremde als solches zu

[391] Diese in den maschinenschriftlichen Vorlagen (siehe S. 31, Anm. 92) schwer lesbare Textstelle wurde durch den Vergleich beider Exemplare entziffert.

erkennen, dieses andere Lebensgefühl in unseren Gesprächen herauszuhören, unsere eigenen Worte und Begriffe darum so zu läutern, daß die unwiederholbaren Elemente unseres Volksbewußtseins rein hindurchklingen und das fremde Echo wachrufen. Wenn unsere Dialoge auf diese Ebene gelangt sind, in die keine Beweise und Argumente mehr hineinreichen, wo nur mehr hinnehmende Erkenntnis und Achtung möglich ist, wenn wir gerührt haben an die Irrationalität unseres und des französischen Glaubens, dann mögen wir erschrecken über den Abgrund zwischen den Geistern, über den keine Logik mehr eine Brücke schlagen kann.

Wenn wir diese Spannung als schicksalmäßige Gegebenheit anerkennen und auszuhalten vermögen, und dennoch unsere innere Freiheit und Unbefangenheit der fremden Umwelt gegenüber nicht verlieren, dann und nur dann dürfen wir uns würdig nennen, Gäste dieses Landes zu sein. Moeller van den Bruck sagt einmal, konservativ sein, heißt, Gegensätze ertragen können.

In einem Eurer Briefe war von dem Gefühl der Isoliertheit die Rede. Ich glaube, dies Gefühl wird uns hier alle einmal befallen, und wir sind ihm um so eher und unbedingter anheimgegeben, je leidenschaftlicher sich unsere Auseinandersetzung mit Frankreich vollzieht. Das Gefühl der Einsamkeit ist das Zeichen, daß wir das Fremde als wirklich Fremdes in seiner unwiderlegbaren Eigenmächtigkeit zu spüren beginnen. Zwischen bloßen Diskussionsgegnern gibt es höchstens Triumphgefühl oder Ärger, aber keine Einsamkeit. Sie ist Vorbedingung für ein feinfühligeres Eindringen in das Fremde und gewissenhaftere Rückbesinnung auf die eigenen Bindungen. Wir haben jeder diese ganze Arbeit allein zu vollbringen. Aber wir wollen dabei einander helfen, in dem wir von Erfahrungen und Beobachtungen, die allen wichtig sein können, uns gegenseitig im Rundbrief erzählen.

Die fruchtbarste Aussprache ist die unmittelbare, persönliche. Darum machen wir Pariser Austauschstudenten Euch folgenden Vorschlag, zu dem wir jeden Einzelnen von Euch bitten, sich bis zum 15. Januar 1934 zu äußern:

Am Ende unseres Aufenthaltes in Frankreich soll, wenn irgend möglich, auf einer Jugendburg am Rhein ein Treffen der deutschen und französischen Austauschstudenten stattfinden. Wir glauben, daß zwischen jungen Deutschen, die ein Jahr in Frankreich, und jungen Franzosen, die ein Jahr in Deutschland studiert haben, aus dem Wissen um unsere Verschiedenheit eine echte Begegnung möglich sein müßte, in der illusionslos in einer Atmosphäre gegenseitiger Aufrichtigkeit und Achtung Themen besprochen werden können, die das Verhältnis unserer Völker angehen. Eine solche Tagung bedürfte der einheitlichen Vorbereitung der Fragestellungen und Diskussionen. Das soll in unseren Rundbriefen geschehen, die wir in Zukunft auch den französischen Kommilitonen in Deutschland zuschicken wollen. Die Tagung wird wohl Anfang August stattfinden, nach Semesterschluß an den deutschen Hochschulen. Das ist auch uns in so fern nicht ungelegen, da wohl die meisten anschließend an das Semester hier den Juli noch zu Reisen und Wanderungen in Frankreich benutzen möchten. Äußert Euch vor allem darüber, wie Ihr Euch etwa die Themen und den Verlauf einer solchen Tagung vorstellen würdet.

Karl Erdmann

2.

Karl Erdmann
33, rue Linné
Paris V^e^

15. Mai 1934

An die
Deutsche Studentenschaft
Berlin

Am 14. März ds.Js. sprach ich auf Aufforderung hin in einer den Pariser Quäkern nahe stehenden Vereinigung (Cercle International de Jeunesse) vor etwa 200 meist studentischen Zuhörern über Nationalsozialismus. Es war dies, soweit ich sehe, das erste Mal, daß von einem französischen Kreise Nationalsozialisten ein ganzer Abend zur Darlegung ihrer Ideen gewidmet wurde. Ich teilte mich in die Aufgabe mit Dr. Jolles, der über die außenpolitische Idee des neuen Deutschland sprach, während ich selber von einer Erklärung des Begriffs „Nationalsozialismus" her den inneren Aufbau des Reiches in seiner Idee und seinen ersten praktischen Verwirklichungen zu verdeutlichen suchte. Die besondere Schwierigkeit solcher Vorträge liegt darin, daß man ein politisches Geschehen, das eigentlich nur von ganz bestimmten seelischen Voraussetzungen her erfaßt werden kann, Menschen verständlich machen soll, die völlig andere, ja entgegengesetzte psychologische Voraussetzungen mitbringen. Ich ging darum in meinen Darlegungen von den dem französischen Staatsdenken geläufigen Begriffen „citoyen" und „bourgeois" aus. Den Nationalsozialismus stellte ich dar als die Überwindung des Gegensatzes von Privatmann und Staatsbürger durch die Erhöhung der privaten Arbeit zu politischer Bedeutung. Insbesondere gab ich eine Analyse des Gesetzes zur Ordnung der nationalen Arbeit, wobei ich die Übertragung des politischen Ehrbegriffs auf das bisher private Gebiet der Arbeit hervorhob. Im übrigen versuchte ich, die dem französischen Denken am wenigsten zugänglichen Begriffe, nämlich das Führerprinzip und den Rassengedanken, dem Verständnis des Publikums näher zu bringen.

Nach den beiden Vorträgen entspann sich eine lebhafte Diskussion, wobei zunächst besonders bemerkenswert ist, daß man den zahlreich erschienenen Emigranten das Wort verbot. Es wurde von den verschiedensten politischen Anschauungen aus Kritik geübt. Für uns kam es immer wieder darauf an, den Unterschied des deutschen vom marxistischen Sozialismus klar zu machen. Fast jeder Redner spielte übrigens auf die Frankreich betreffenden Stellen in Hitlers Buch „Mein Kampf" an: Wenn, wie Minister Goebbels im Gespräch mit dem amerikanischen Reporter sagte, die Stellung des Nationalsozialismus zu Frankreich sich entwickelt habe, warum erkläre dann der Führer nicht in eindeutiger Weise seine in „Mein Kampf" enthaltene Beurteilung Frankreichs für überholt.

Mir wurde am Ende der Debatte Gelegenheit zu einem Schlußwort gegeben, in dem ich mich noch einmal mit den ~~verschiedenen~~ [Streichung in der Vorlage] wichtigsten Punkten der Kritik beschäftigen konnte. Der Gesamteindruck, den meine Kameraden und ich mit nach Hause nahmen, war, daß in einem immer stärkeren Maße, gerade in der französischen Jugend die Tendenz festzustellen ist, den Nationalsozialismus als Gegebenheit, mit der man zu rechnen hat, anzuerkennen. Darüber hinaus scheint es, daß das traditionelle Daseinsideal des „bourgeois" in weiten Kreisen der französischen Jugend an Kredit verliert.

Acht Tage später fand im selben Kreise ein den Emigranten zugestandener Abend statt, wobei aber diesmal uns Nationalsozialisten das Wort gestattet wurde. Der Mißerfolg der Emigranten war umso größer, als ihre Redner schlecht vorbereitet waren und die französische Sprache nur sehr unvollkommen beherrschten. So sahen sich mehrere Redner gezwungen, vor dem Protest des Publikums mitten in ihrer Rede abzubrechen.

Heil Hitler!

gez. Karl Erdmann

3.

Lehrplan für das Fach Geschichte für die „5. Klasse. Von 1871 bis zur Gegenwart", in: Erziehung und Unterricht in der Höheren Schule. Amtliche Ausgabe des Reichs- und Preußischen Ministeriums für Wissenschaft, Erziehung und Volksbildung. Berlin 1938, S. 85-89.

Wilhelm I., Bismarck, Moltke, Roon als Beispiele germanischer Gefolgschaftstreue und preußischen Soldatentums.

Bismarcks Vereinsamung, die Last seiner Verantwortung.

Völkisches Versagen des Hauses Habsburg, Preisgabe der Deutschen in der Donaumonarchie, ihr nationaler Verzweiflungskampf.

Aufbau der deutschen Industrie und Seefahrt. Die großen Unternehmer: Harkort, Krupp, Borsig, Siemens, Halske, Schichau, Woermann, die nationale Bedeutung ihres Werkes, ihr soziales Verantwortungsgefühl. Im Gegensatz zu ihnen die Ausbeutung durch gewissenlose, mit fremdem, vielfach jüdischem Leihkapital arbeitende Fabrikanten; Vernichtung zahlreicher Handwerksbetriebe. Folgen der Hardenbergschen Gesetzgebung für das Land: der Boden eine Ware, Bodenspekulation, Rückgang des Bauerntums, besonders im deutschen Osten, Zunahme des Großgrundbesitzes. Zerstörung der patriarchalischen Bindungen des Landarbeiterstandes, Landflucht. Entstehung eines wurzellosen Proletariats in den wachsenden Großstädten. Versagen des Staates und des in liberalistischen Gedankengängen befangenen Unternehmertums gegenüber der wirtschaftlichen und seelischen Not des deutschen Arbeiters, Scheitern von Schulze-Delitzsch. Der deutsche Arbeiter unter jüdischem Einfluß. Marx: die Arbeit eine Ware, Klassenkampf, Haß gegen Nation und Staat, gegen jede Gläubigkeit.

Der Gegensatz zum Nationalsozialismus ist schon hier deutlich zu machen.

Bismarcks Versuch, den Marxismus zu zerschlagen (Sozialistengesetz) und den deutschen Arbeiter bei Volk und Staat zu halten; die soziale Gesetzgebung, ihre Bedeutung und ihre Unzulänglichkeit.

Schutz des wirtschaftlichen Aufstiegs durch die Zollgesetzgebung. Fluch des parlamentarischen Parteigeistes; Verteidigung des Reiches gegen die Machtansprüche der römischen Kirche und der Demokraten.

Die Sicherung des Reiches durch Bismarcks Bündnissystem, in vereinfachter, möglichst anschaulicher Form (Zeichnung!). Aufteilung der Erde durch die Weltmächte, Cecil Rhodes. Gründung des deutschen Kolonialreichs: Lüderitz, Nachtigal, Karl Peters, seine kolonialpolitische Größe und Tragik; Hinweis auf die Wikinger, Verständnislosigkeit der Nation.

Bismarcks Sturz.

Wachsende Bevölkerungszahl, Raumnot, Möglichkeiten der Lösung; Ausfuhrsteigerung, Überindustrialisierung. Volksgesundheitliche und rassische Gefahren der Verstädterung. Die Bodenspekulation, Wohnungsnot, Entvölkerung des deutschen Ostens, Versagen der Siedlungspolitik, Einströmen der Polen; Übersteigerung des Kapitalismus: Aktiengesellschaft, anonymes, international verflochtenes Bank- und Börsenkapital, vorwiegend in jüdischen Händen. Spekulation. Politischer und kultureller Einfluß des jüdischen Kapitals (Presse, Theater, Buchverlag). Veräußerlichung der Lebensziele, Schein statt Sein, Steigerung des Eigennutzes, Mangel an Gemeinsinn. Zunehmendes Einströmen jüdischen Blutes in den deutschen Volkskörper, gefördert durch die Ausbreitung der Freimaurerlogen und die Stellung der Kirchen zur Judentaufe. Völkische und judengegnerische Strömungen und Vorkämpfer: Richard Wagner, Treitschke, Lagarde, Stöcker, Schönerer, Chamberlain. Der völkische Erneuerungswille der Jugendbewegung.

Die deutsche Außenpolitik von 1890 bis 1914 unter folgenden Gesichtspunkten: Widerlegung der Kriegsschuldlüge. Halbheit und Unentschlossenheit der Wilhelminischen im Gegensatz zur Bismarckschen Politik. Unzureichende deutsche und österreichische Wehrpolitik, Bedeutung des Flottenbaues, Tirpitz.

Die Tatsachen sind streng auszuwählen und nur die zu bringen, die zur Herausarbeitung der großen Linien und der obengenannten Gesichtspunkte notwendig sind.

Das Regierungssystem Wilhelms II., Vergleich mit Wilhelm I.

Der Weltkrieg.

Über Zusammenhang und Verlauf der Kriegshandlungen an verschiedenen Fronten sind klare zeitliche und räumliche Vorstellungen zu erarbeiten. Es darf aber das Gedächtnis der Schüler nicht mit einer überflüssigen Fülle von Einzelheiten belastet werden.

Leitende Gesichstpunkte für die Behandlung: Größe der Leistungen des deutschen Volkes in allen seinen Schichten an der Front, zur See, in den Kolonien und in der Heimat (u. a. Technik, Wirtschaft, Wissenschaft; die deutsche Frau im Kriege). Die Gestalt des Frontkämpfers in ihren Wandlungen von 1914 bis 1918, das Fronterlebnis der Volksgemeinschaft. Sittliche Höhe des deutschen Verhaltens während des Krieges. „Greuelpropaganda", Gefangenenbehandlung. Gegensatz von unechtem Führertum zu echten Führern, wie Hindenburg, Ludendorff, Tirpitz und den

Unterführern bis zum unbekannten Gruppenführer. Sittliche Zersetzung großer Teile von Etappe und Heimat: Kriegsgewinne, Schleichhandel; Anteil des Marxismus und des politischen Katholizismus (Erzberger); Freimaurer, Judentum, Pazifismus. Versagen der politischen Führung und der Parteien gegenüber diesen Erscheinungen, ihre Unfähigkeit, den Geist von 1914 lebendig zu erhalten. Der Verrat Kaiser Karls von Österreich, die Tragik der Deutsch-Österreicher. Der Zusammenbruch. Novemberverbrechen, Abdankung des Kaisers, Compiègne, Rückführung des Heeres, Versailles (Brockdorff), Weimar, Skapa Flow.

Das Diktat von Versailles, seine wirtschaftliche, politische, militärische, völkische und sittliche Bedeutung; Schicksal des Grenz- und Auslandsdeutschtums. Die verhängnisvolle Bedeutung von Versailles für Europa und die Welt (u.a. Balkanisierung Europas, Farbigenfrage). Das Weimarer System. Führerlosigkeit, fehlende Verantwortlichkeit. Erschütterung des Reichsgefüges.

Von der Weimarer Verfassung sind nur solche Bestimmungen zu behandeln, die ihren weltanschaulich-politischen Geist besonders kennzeichnen.

Die fortschreitende wirtschaftliche und gesellschaftliche Zerrüttung, Einströmen der Ostjuden, Zersetzung der völkischen Haltung und des Wehrwillens durch das Judentum, Genußsucht und Korruption, Sinken der Volkskraft, Schwinden des Staatsgefühls durch Überwiegen des Parteigeistes.

Kommunistische Aufstände (z.B. Bayern, Braunschweig, Sachsen, Ruhrgebiet), widerstandslose Erfüllungspolitik. Zielbewußte Fortführung der alten französischen Rheinbundpolitik bis 1922.

Fortleben und Wandlungen des Frontgeistes in den Freikorps. Kämpfe gegen den Bolschewismus, Grenzlandkämpfe (u.a. Sudetendeutschland, Kärnten, Baltikum, Posen, Schlesien).

Adolf Hitlers politischer Werdegang bis 1922.

Die rassischen, völkischen, sozialistischen Grundlagen des Nationalsozialismus sind an einigen Hauptbeispielen anschaulich und begrifflich klar herauszuarbeiten, insbesondere die Begriffe sozial, sozialistisch, national (im Sinne der alten Parteien), nationalsozialistisch.

Das Jahr 1923. Ruhrkampf und Separatismus, Anteil des politischen Katholizismus im Rheinland und in Bayern. Der 9. November. Das wirtschaftliche und politische Scheitern der Erfüllungspolitik von 1924 bis 1930 in großen Linien. Dawes-Plan, Locarno, Eintritt in den Völkerbund. Neuaufbau und gesteigerter Kampf der nationalsozialistischen Bewegung. Notverordnungspolitik Brünings, Ende des Weimarer Parlamentarismus. Abschluß der Reparationspolitik. Zusammenbruch der Wirtschaft (Arbeitslosigkeit, Bauernnot), Anschwellen der kommunistischen Gefahr.

Bei der Darstellung der deutschen Verhältnisse ist jeweils auch auf die Entwicklung in Österreich einzugehen.

Die Machtergreifung durch Adolf Hitler (30.1.1933, 21.3.1933). Der Aufbau des Dritten Reiches; Einheitsstaat, Führerstaat, Volksstaat, rassische Bevölkerungspolitik, sozialistische Volksgemeinschaft, völkische Kulturpolitik. Zerreißung des Versailler Diktats, Befreiung Deutschlands, Befriedung Europas.

Die weltpolitische Lage in großen Zügen. Innen- und außenpolitische Lebensfragen der angelsächsischen Staaten und Frankreichs, Ost- und Südosteuropas, der Kampf Italiens und Japans um Lebensraum. Deutschland als Vorkämpfer gegen die bolschewistische Weltgefahr.

[Es folgt eine Zeittafel vom Sozialistengesetz (1878) bis zur „Wehrhoheit am Rhein“ (März 1936).]

4.

Aus: Das Erbe der Ahnen. Geschichtsbuch für Oberschulen und Gymnasien herausgegeben von Oberstudiendirektor Dr. Paul Börger. Teil 5 für die 5. Klasse: Die Geschichte des Zweiten und Dritten Reiches von 1871 bis zur Gegenwart von Karl Erdmann, Studienassessor in Köln. Verlagsbuchhandlung von Quelle & Meyer in Leipzig, 1938.

[Hervorhebungen in Fettdruck entsprechen der Vorlage; unterstrichene Textstellen sind in der Vorlage gesperrt gesetzt; | bedeutet einen Seitenwechsel in der Vorlage; Einschübe in [ ] stammen von den Verfassern.]

[S. 21/22]

Marxismus und Nationalsozialismus. Das deutsche Volk weiß heute aus eigener bitterer Erfahrung, was es vom Marxismus zu halten hat. Seit 1917 zeigt das russische Beispiel täglich mit aller Deutlichkeit, wie die marxistische Gesellschaft in Wirklichkeit aussieht. Das deutsche Volk weiß seit 1933 aber auch, daß der Marxismus sich zu Unrecht den Ehrennamen „Sozialismus“ zugelegt hat. Denn Sozialismus ist nicht die vaterlands- und glaubenslose Masse organisiserter Proletarier, sondern die Volksgemeinschaft deutscher Arbeiter. Wohin haben doch die marxistischen Schlagworte in Rußland geführt!

1. Der Marxismus lehrt: Aufhebung des Privateigentums! In Rußland hat man getreu dieser Losung den Bauern enteignet. Die Folge: Die in Kollektivwirtschaften (Massenwirtschaften) arbeitenden Bauern vernachlässigen den Boden, der ihnen nicht mehr zu eigen ist. In dem Lande, das vor dem Weltkrieg die Kornkammer Europas war, wissen heute Bauern und Arbeiter nicht an das tägliche Brot zu kommen.

Der Nationalsozialismus lehrt: Nicht Aufhebung des Privateigentums, sondern Verantwortung des Eigentümers gegenüber der Volksgemeinschaft.

2. Der Marxismus lehrt: Klassenkampf! Getreu dieser Losung hat man in Rußland die Klasse der Bourgeoisie (gebildetes und besitzendes Bürgertum) ausgerottet. Die bolschewistische Revolution 1917 hat im Adel und im Bürgertum unter Ärzten, Kaufleuten, Architekten und Ingenieuren, Professoren und Lehrern ein furchtbares Blutbad angerichtet. Um die fehlenden Berufe notdürftig zu ersetzen, ist man in Rußland auch heute noch auf Ausländer angewiesen.

Der Nationalsozialismus lehrt: Kein Gegeneinander der Klassen, sondern ein Füreinander der Stände zum Wohle der Volksgemeinschaft.

3. Der Marxismus lehrt: Vernichtung der Staaten, Völker und Rassen! | Internationale Gesellschaft! Das Ergebnis: In Rußland sind die Russen aus der Herrschaft verdrängt. Juden führen das Regiment in Moskau. Mit der Losung der Weltrevolution schüren ihre Sendboten Aufruhr in allen Erdteilen. Der Bürgerkrieg in Spanien ist eine eindringliche Warnung an alle Völker der Ordnung.

Der Nationalsozialismus lehrt: Sozialistische Gemeinschaft gibt es nur als Volksgemeinschaft.

4. Der Marxismus lehrt: Kampf gegen die Religion! Auf dem Kremlplatz in Moskau leuchtet jeden Abend in grellen Buchstaben die Schrift auf: „Religion ist Opium für das Volk!" Kirchen werden in Kinos und Klubhäuser verwandelt. Der staatliche Gottlosenverband treibt unermüdlich Propaganda.

Der Nationalsozialismus lehrt: Wo man den Glauben an den Schöpfer zerstört, zerstört man die Treue zu seiner Schöpfung, die Treue zur Volksgemeinschaft.

Die Sozialdemokratie. Zur Zeit, als Bismarck das Reich gründete, wußte der deutsche Arbeiter noch nicht, wohin die marxistischen Lehren führen mußten. Marx verstand es, seinen Gedanken eine scheinbar wissenschaftliche Begründung zu geben. Hilflos der kapitalistischen Ausbeutung preisgegeben, vom deutschen Bürgertum im Stich gelassen, wurde der Arbeiter geblendet von dem Trugbild einer besseren Zukunft, das Karl Marx ihm vorspiegelte. 1875 wurde in Gotha die „Sozialdemokratische Arbeiterpartei Deutschlands" gegründet. In ihrem Programm hieß es: „Die sozialistische Arbeiterpartei Deutschlands ist sich des internationalen Charakters der Arbeiterbewegung bewußt und entschlossen, alle Pflichten, welche derselbe den Arbeitern auferlegt, zu erfüllen." Hiermit traten die deutschen Arbeiter in den Dienst der 1864 von Marx in London gegründeten „Internationalen Arbeiterassoziation" (Assoziation = Bund).

Gleich in den ersten Tagen des Reiches zeigte es sich, was diese internationale Bindung bedeutete. Schon 1871 hatte ein sächsischer Wahlkreis August Bebel, den eifrigsten Prediger des Marxismus in Deutschland, in den Reichstag entsandt. Er stimmte gegen die Rückgliederung Elsaß-Lothringens ans Reich!

[S. 37/38]

Materialistische Weltanschauung. Aber darum [die Abhängigkeit der deutschen Wirtschaft vom Ausland] sorgten sich wenige. Aller Augen waren geblendet von dem unheimlich schnellen Aufschwung der deutschen Wirtschaft. Das Geld rollte und schlug die Menschen in seinen Bann. Heimatlos war das internationale Kapital. Volksfremd waren die jüdischen Börsenkönige. Undeutsch wurde die Lebensart in den großen Städten. In den Schaufenstern der Buchläden wurde [1885] ein Werk angepriesen, das Käufer fand wie kaum ein zweites: „Kraft und Stoff" von [Ludwig] Büchner. Darin hieß es, daß es nur zwei wirkliche Dinge gäbe: die Kraft und den Stoff. Gott lebe nur in der Vorstellung des Menschen, und der Geist sei aus mechanischen Vorgängen im menschlichen Körper zu erklären. Viele Schriften, viele Redner verkündeten denselben Glauben an den Stoff, die „Materie". Die Bibel und die Werke der deutschen Propheten Schiller und Goethe standen vielleicht noch, protzig in Leder gebunden, daheim im Bücherschrank. Aber was sollte man z.B. noch anfangen mit Schillers „Worten des Glaubens“: Freiheit, Tugend, Gott? Wie bequem war es doch, darüber zu witzeln! Wie bequem, dem Glauben an die Materie entsprechend „materialistisch“ zu leben, das heißt ohne Verantwortung vor einem Höheren!

Vordringen der Juden. Zu dieser Zeit drang das Judentum weiter vor. Das Bank- und Börsenkapital gab ihnen die Waffen in die Hand. Mit seiner Hilfe beherrschten sie das Wirtschaftsleben. Mit seiner Hilfe unter-|warfen sie jetzt das geistige Leben in Deutschland ihrem Einfluß. Das wichtigste Mittel dazu war die Presse. Eine Reihe deutscher Zeitungen mit hohen Auflageziffern stand in jüdischem Besitz. Jüdische Zeitungsschreiber versuchten von hier aus, die öffentliche Meinung zu lenken. Im politischen Teil wurden die Parteien unterstützt, von denen man eine Förderung des Judentums erwartete. Es waren dies namentlich die liberalen Parteien und die Sozialdemokratie; denn so sehr sich Liberale und Sozialdemokraten auch bekämpften, in einem Punkte waren sie einig: Sie wollten Weltbürger sein. Unterschiede der Rassen und Völker galten ihnen nichts. Das Judentum sollte gleichberechtigt in die Gesellschaft aller Menschen aufgenommen werden. Daher saßen in diesen Parteien Juden in führenden Stellungen. Die jüdische Presse trieb eifrig Wahlpropaganda für sie.

Auch in Kunst und Wissenschaft begünstigten die jüdischen Zeitungen volksfremde Bestrebungen. Bücher und Theaterstücke, in denen die hemmungslose Freiheit des einzelnen gepriesen wurde, fanden ihren Beifall. Jüdische Verlagsbuchhandlungen übernahmen ihren Vertrieb.

Und im Anzeigenteil der Zeitung war dann schließlich die Reklame für das jüdische Warenhaus zu lesen. Ihrem Wettbewerb erlagen kleine Geschäftsleute.

Auch blutmäßig drang das Judentum in den deutschen Volkskörper ein. Die Zahl der Mischehen nahm zu. Das wurde erleichtert durch den Mißbrauch der Taufe; denn allgemein sah man damals im Judentum nicht das andere Volk und die andere Rasse, sondern die andere Religion. So konnte scheinbar durch den Wechsel der Religion aus einem Juden ein Deutscher werden. In Wirklichkeit aber werden die schöpfungsmäßigen Unterschiede der Rasse durch die Taufe nicht aufgehoben.

Erlahmen der Volkskraft. Durch diese ganze Entwicklung wurden allmählich die Bindungen des Menschen durch Familie, Volk und Religion in den Großstädten aufgelöst. Es galt als fortschrittlich, darüber zu spotten. In dem Maße, wie das Verantwortungsbewußtsein erlosch, erlosch auch der Wille und die Kraft zum Leben. Die Geburtenzahl nahm mit erschreckender Schnelligkeit ab. Es kam dahin, daß in den Großstädten Sterbefälle und Geburten sich die Waage hielten. Nur durch den Zustrom vom Lande wuchsen die Städte noch an. In den Großstädten wohnte ein sterbendes Volk.

Die aufreibende Arbeit an den Maschinen, schlechte Wohnungsverhältnisse der Arbeiter und ungesunde Lebensführung zermürbten die körperliche Leistungsfähigkeit der Stadtbevölkerung. Die Wehrkraft der Nation erlitt dadurch eine schwere Einbuße. Von den dienstpflichtigen Männern waren vor dem Weltkriege militärtauglich: In ganz Deutschland 53,55 %, in Ostpreußen 67,18 %, in Berlin aber nur 32 %. Von den Eltern der Tauglichen stammten vom Lande 74,97 %, aus den Großstädten 1,68 % (1910 lebten in den Großstädten mit mehr als 100 000 Einwohnern 21,3% der Gesamtbevölkerung Deutschlands).

[S. 89/90]

Die Novemberrevolte. Russisches und französisches Geld hatten eifrige Vorarbeit geleistet. Der galizische Jude Kurt Eisner – später Revolutionsminister in München – verausgabte 165 Millionen Mark, um die Revolte zu finanzieren. Der Jude [Oskar] Cohn brüstete sich später offen, er habe von [Adolf Abramowitsch] Joffe, dem ersten jüdischen Sowjetbotschafter in Berlin, Geld zur Vorbereitung der Revolte bekommen. Von Düsseldorf aus leitete ein französischer Generalstabsoffizier, Leutnant Desgranges, die Revolutionspropaganda. Deutsche Zeitungsschreiber standen in seinem Sold. Sie bezogen bis zu 4000 Mark im Monat. Die Propaganda hatte namentlich unter den Matrosen Erfolg. Durch die lange Untätigkeit der Flotte waren sie unzuverlässig geworden. Da beschloß die Marineleitung, in den ersten Novembertagen mit der Hochseeflotte in den Kanal vorzustoßen. Man wollte die deutsche Flandernfront von der Flanke her unterstützen. Ein militärischer Erfolg konnte in diesem Augenblick die Waffenstillstandsverhandlungen nur günstig beeinflussen. Doch die Sozialdemokratie gab eine andere Parole aus. Am 20. Oktober hieß es im „Vorwärts": „Deutschland soll – das ist unser fester Wille – seine Kriegsflagge für immer streichen, ohne sie das letztemal siegreich heimgebracht zu haben." Gehorsam dieser Losung folgend, rissen auf einigen deutschen Schiffen Heizer das Feuer unter den Kesseln weg, als der Befehl zur Ausfahrt kam. Die deutsche Kriegsflagge wurde eingeholt und rote Wimpel gehißt. Das war das Signal zum Aufruhr. Nach bolschewistischem Vorbild wurden am 4. November in Kiel Soldatenräte gebildet. Der Staat wagte nicht einzugreifen. Der Funke der Empörung sprang auf andere Städte über. Juden hatten überall die Führung. In München und Braunschweig wurden am 8. November die Throne gestürzt. Die Gefängnisse wurden gewaltsam geöffnet. In Köln sperrte das Gesindel die Lebensmittelzufuhr nach der Front. Am selben Tage überschritt Erzberger als Führer der deutschen Abordnung die feindlichen Linien, um aus der Hand [des alliierten Oberbefehlshebers in Frankreich, Marschall Ferdinand] Fochs die Waffenstillstandsbedingungen entgegenzunehmen.

Am 9. November erreichte die Revolte Berlin. Unter dem Druck der aufgepeitschten Massen verkündete der Kanzler [Prinz Max von Baden] eigenmächtig, Wilhelm II. habe abgedankt. Nachmittags rief der sozialdemokratische Abgeordnete [Philipp] Scheidemann von der Treppe des Reichstags die Republik aus. In der folgenden Nacht floh der Kaiser nach Holland. Ein „Rat der Volksbeauftragten", aus Sozialdemokraten und Unabhängigen zusammengesetzt, übernahm am 10. November die Regierung. Befriedigt konnte am gleichen Tage Leutnant Desgranges seinen Auftraggebern melden: „Die deutsche Revolution ist zu dem von uns festgesetzten Zeitpunkt ausgebrochen."

[S. 95-97]

Die Unterwerfung. Wild flammte die Empörung in den deutschen Landen auf, als man nun sah, was von Wilsons Punkten übriggeblieben war. Durch einen gemeinen

Betrug hatte man Deutschland das Schwert aus der Hand gewunden, um es nun zu versklaven. Protestkundgebungen fanden im ganzen Reiche statt. Vor dem Reichstagsgebäude versammelten sich 200 000 Menschn, um ihr Nein dem Diktat entgegenzuschleudern. Aber nicht in Berlin fiel die Entscheidung. Das deutsche Volk blickte nach Weimar. Im Januar hatte es Abgeordnete gewählt für eine Nationalversammlung. Hier, an ehrwürdiger Stätte, tagten sie, um über den Frieden zu entscheiden und um dem Reiche eine neue Verfassung zu geben. Durch den Namen Weimar war die Nationalversammlung auf eine große Vergangenheit verpflichtet. Über ein Jahrhundert hinweg rief ihr die Stimme des Dichters mahnend zu: „Nichtswürdig ist die Nation, die nicht | ihr Alles freudig setzt an ihre Ehre!" Es schien zuerst, als ob die Nationalversammlung den Weg der Ehre gehen wollte. Sie war sich mit der aus ihrer Mitte hervorgegangenen Reichsregierung darüber einig, daß das Diktat unannehmbar sei. Selbst Scheidemann rief aus, daß die Hand verdorren müßte, die sich zur Unterschrift hergäbe. Diese Haltung änderte sich zunächst auch nicht, als am 16. Juni die Feinde durch ein Ultimatum die Unterschrift erzwingen wollten. Sie setzten eine Frist bis zum 23. Juni. Wenn die verstrichen wäre, sollten die Heere in Deutschland einrücken und das Land bis zur Weser besetzen. Aber schon waren Kräfte am Werk, die deutsche Abwehrkraft zu unterhöhlen.

In der Tageszeitung der Berliner Unabhängigen, der „Freiheit", forderte der Jude Hilferding mit fetter Schlagzeile: „Wir müssen unterschreiben!" In der Nationalversammlung erklärte sich als erster der jüdische Abgeordnete Haase für die Unterzeichnung. Die marxistischen Parteien folgten ihm.

In demselben Sinne arbeitete Erzberger, der mittlerweile Minister geworden war. Er zog einen großen Teil des Zentrums mit sich. Erzberger unterhielt gute Beziehungen zu den Feindmächten. Er ließ französische Spitzel wissen, die Stimmung in der Nationalversammlung schlage allmählich um. Befriedigt konnten sie nach Paris telegraphieren: „Deutschland wird unterschreiben, bedingungslos. Nicht nachgeben."

| Der Dritte im Bunde war der Jude Georg Bernhard, Hauptschriftleiter der demokratischen „Vossischen Zeitung". Er schrieb, man dürfe „das Geschimpfe in der Schuldfrage nicht zu tragisch nehmen", und forderte die Unterschrift.

So kam das schwarz-rot-goldene Bündnis zustande zwischen politischem Katholizismus, Marxismus und liberalem Bürgertum. Offenbar zeigte sich jetzt, welch verhängnisvolle Rolle das Judentum spielte. Die alten Reichsfeinde, die Parteien der Friedensresolution vom Juli 1917, fanden sich zusammen, um Deutschland den Feinden auszuliefern. Mit 237 gegen 138 Stimmen beschloß die Nationalversammlung am 22. Juni, sich dem Diktat zu unterwerfen. Brockdorff-Rantzau trat zurück.

Am 28. Juni, genau fünf Jahre nach der Ermordung Franz Ferdinands, unterzeichneten im Spiegelsaal zu Versailles der Sozialdemokrat Müller und der Zentrumsmann Bell den Schmachfrieden. An derselben Stelle, wo einst Bismarck das Reich gegründet hatte, nahmen die Deutschen ihr Todesurteil an. Aber noch führte England den Krieg gegen Frauen und Kinder weiter. Erst am 12. Juli 1919 wurde die Blockade aufgehoben.

[S. 115/116]

[Schluß des Kapitels „**5. Adolf Hitler**“:]

Dann kam der 13. Oktober [1918] das schleichende Gift. Wochenlang versagten ihm [Hitler] die Sehnerven, gerade als der Schleier von seinen Augen zu weichen begann, erscholl die Nachricht von der schmählichen Novemberrevolution. Nun lag er im Lazarett, während draußen das Reich zusammenbrach, für das er geblutet. Der Haß gegen die Verbrecher, die das verschuldet, und die Liebe zum leidenden deutschen Volk drängten in jenen Tagen bei ihm alle Gedanken an den ersehnten Architektenberuf zurück. Er wußte, wie Deutschland geholfen werden konnte. Er glaubte gegen allen Augenschein, daß die guten Kräfte siegen müßten in einem Volk, dessen Söhne an der Front solchen Opfersinn bewiesen hatten. Er fühlte sich berufen, dem Volk den Weg zu weisen. Da beschloß der namenlose Gefreite des Weltkriegs, den Kampf aufzunehmen für ein neues Reich.

6. Die Gründung der Nationalsozialistischen Deutschen Arbeiterpartei

Ende 1918 wurde Hitler aus dem Lazarett entlassen. Er fuhr nach München zum Ersatzbataillon seines Regiments. Eine Zeitlang bekleidete er hier das Amt eines „Bildungsoffiziers“, das heißt, er wurde beauftragt, vor den Soldaten der Münchener Garnison politische Vorträge zu halten. Er lernte dabei gleichgesinnte Kameraden kennen und erwog mit ihnen, eine Partei zu gründen. Da kam er im Mai 1919 in Berührung mit einer kleinen Gruppe, die sich „Deutsche Arbeiterpartei“ nannte. Nur 6 Mitglieder zählte diese Partei. Ihr Programm war unklar, und der innere Parteibetrieb unterschied sich nicht viel von der Vereinsmeierei irgendeines bürgerlichen Klubs. Aber die Menschen waren vom besten Willen beseelt. Gerade weil die Partei so unfertig war, sah Hitler in ihr die Möglichkeit, sie mit seinem Geist zu durchdringen und zum Werkzeug seines Willens zu machen. Darum erklärte er seinen Eintritt und wurde als Mitglied Nr. 7 aufgenommen. Außerhalb des engsten Bekanntenkreises der sieben Mitglieder war die Partei nicht einmal dem Namen nach in München bekannt. Es schien sinnlos, von hier aus die Macht in Deutschland erobern zu wollen. Aber Hitler hatte in der Zucht des Heeres gelernt, daß es für einen zähen Willen kein Unmöglich gibt.

Als erstes stellte sich Hitler die Aufgabe, aus dem engen Kreise vorzustoßen in die Öffentlichkeit. Zuerst versuchte er es durch persönliche Einladungen zu den Parteiabenden. Vergebens. Dann legte man Geld zusammen für eine Anzeige in einer Münchener Zeitung. Man hatte über Erwarten großen Erfolg. 111 Personen erschienen. An diesem Abend hielt Hitler seine erste öffentliche Rede. Er schreibt darüber: „Nach 30 Minuten waren die Menschen in dem kleinen Raum elektrisiert, und die Begeisterung äußerte sich zunächst darin, daß mein Appell | an die Opferwilligkeit der Anwesenden zur Spende von 300 Mark führte. Damit war eine große Sorge von uns genommen.“ Jetzt konnte die Partei Flugblätter drucken lassen. Allmählich wuchs im Jahre 1919 die Besucherzahl der Versammlungen. Die Partei festigte sich innerlich.

Hitler gab ihr den Namen, in dem ihr Programm aufs kürzeste zusammengedrängt erscheint: Nationalsozialistische Deutsche Arbeiterpartei. Das Wort „Nationalsozialismus“ war nicht am Schreibtisch erklügelt worden. Es war aus den harten politischen Lehrjahren in Wien erwachsen und in vierjährigem Frontkrieg erlebt worden. Jetzt gab das Wort der jungen Bewegung Klarheit über ihr Wollen. Nach außen hin wirkte es revolutionierend, erschreckte die Menschen und zwang sie umzudenken. „National“ war man bisher nur in den bürgerlichen Parteien, in denen Besitz und Bildung herrschten. Die marxistischen Linksparteien waren stolz darauf, als „international“ zu gelten. Vom sozialistischen Gedanken konnte der Arbeiter nicht lassen, wenn er sich nicht selbst aufgeben wollte. Aber der Bürger bekreuzigte sich davor. Er wollte wohl „sozial“ sein und dem Arbeiter gewisse Wohltaten zukommen lassen. Aber ihm „sozialistische“ Rechte einräumen – nein! Eben das aber war ein Zeichen dafür, daß es ihm auch mit seiner nationalen Gesinnung nicht letzter bitterer Ernst war. Er war nur „national“, nicht „nationalistisch“. Der revolutionäre Ton der NSDAP mißfiel ihm. Er dachte mit Wehmut zurück an die Zeit Wilhelms II., wo man bei Kaiser-Geburtstagsreden national empfand und bei Wohltätigkeitskonzerten sozial und wo im übrigen das Geschäft blühte.

Für den 24. Februar 1920 rief Adolf Hitler zu einer ersten Massenversammlung im Münchener Hofbräuhaus. 2000 Menschen folgten dem Ruf. Unter ihnen viele rote Gegner. Kaum hatte Hitler zu reden begonnen, so kam es zu Zwischenrufen, Gebrüll und blutigen Zusammenstößen. Hitlers Kriegskameraden sorgten für Ordnung. Seine Stimme und die Gewalt seiner Rede bezwangen die Zwischenrufer. Immer lauter wurde der Beifall. Und als er zum Schluß in 25 Punkten sein Programm entwickelte, da kannte der Jubel der Massen keine Grenzen mehr. Der Nationalsozialismus hatte seinen Weg ins Volk gefunden.

Im nächsten Jahre folgte eine erste Versammlung im Zirkus Krone mit 6½ Tausend Personen. Jetzt versuchten die marxistischen Parteien, mit Gewalt der jungen Bewegung ein blutiges Ende zu bereiten. Am 4. November 1921 kam es zu einer Saalschlacht im Münchener Hofbräuhaus-Festsaal. Die kleine Ordnertruppe setzte sich gegen vielfache Übermacht durch. Der Nationalsozialismus war nicht mehr zu schlagen.

Über der marschierenden Bewegung flatterte die Hakenkreuzfahne. Die Farben schwarz-weiß-rot bezeugten, daß die Kämpfer für das neue Reich ehrfürchtig zurückblickten auf das Bismarckreich. Unter diesen Farben hatte die Front vier Jahre lang Deutschland verteidigt. Zugleich aber wies die Fahne in die Zukunft. Sie verkörperte die drei Grundgedanken des Nationalsozialismus: Rot ist die Farbe des Sozialismus, weiß die des Nationalismus; und im Hakenkreuz sieht die Bewegung ein Sinnbild für den Sieg des arischen Menschen. |

[S. 117/118]

7. Die Weimarer Verfassung

Inzwischen war über dem Reich die schwarz-rot-goldene Fahne aufgezogen worden. Die Weimarer Nationalversammlung hatte durch die Unterschrift unter das Versailler Diktat den äußeren Untergang des Bismarckreiches anerkannt. Auch in Deutschland selbst sollte nichts mehr an das alte Reich erinnern. Die Verräter sagten sich los vom Geiste Bismarcks und vom Heldentum der Frontkämpfer. Darum wählten sie die Farben der Revolution von 1848. Die Nationalversammlung erhob den Sozialdemokraten Friedrich Ebert zum Präsidenten des Reichs. Er unterzeichnete am 11. August 1919 eine neue Reichsverfassung, die ihm die Nationalversammlung vorlegte. Der erste Entwurf dazu stammte von dem Juden Hugo Preuß. Der einleitende Artikel lautet: „Das Deutsche Reich ist eine Republik. Die Staatsgewalt geht vom Volke aus." In Wirklichkeit wurde aber keine Volksherrschaft, sondern ein schrankenloses Parteiregiment errichtet. Alle politische Gewalt erhielt der Reichstag. Der Kanzler und die Regierung wurden abhängig vom schwankenden Vertrauen der Reichstagsmehrheit. Nicht weniger als 24 Regierungen hat die Parteienherrschaft in der Zeit von 1918 bis 1933 verbraucht.

Im Bismarckreich war der Kanzler getragen vom Vertrauen des über den Parteien stehenden Kaisers. An Stelle des Kaisers trat der Reichspräsident. Er wurde vom Volke auf sieben Jahre gewählt. Er vertrat nach außen hin das Reich, ohne im Innern wirkliche Machtbefugnisse zu besitzen.

Der alte Bundesrat erhielt den Namen „Reichsrat". Hatte er aber früher für die Gesetzgebung gleichberechtigt neben dem Reichstag gestanden, so konnte er in Zukunft Reichstagsbeschlüsse durch seinen Einspruch nur mehr aufschieben, aber nicht aufheben. Deutschland wurde also gemäß der Verfassung beherrscht durch den Reichstag. Der Reichstag aber wurde beherrscht durch die schwarz-rot-goldene Koalition, durch das Parteibündnis von Zentrum, Demokratie und Sozialdemokratie.

8. Deutschland unter der Herrschaft der Parteien

Ostjüdische Einwanderung. Wie im Reich, so war es in den deutschen Ländern, in den Provinzen und Städten. Die drei Parteien teilten sich in das Regiment. Mit ihnen hielt das Judentum seinen Einzug in die Behörden. Es gab jetzt jüdische Minister, Polizeipräsidenten und Bürgermeister. Alsbald riefen sie Zuzug aus dem Osten herbei. Weit wurden die Tore des Reiches geöffnet für eine hemmungslose Einwanderung der Ostjuden. Sie konnten ohne Schwierigkeit das deutsche Bürgerrecht erwerben. In Berlin allein wurden Jahr für Jahr einige Tausend Ostjuden eingebürgert. 1930 stieg die Zahl der Einbürgerungen auf über 4000. Das Leben in der Hauptstadt des Reichs erhielt ein mehr und mehr jüdisches Gepräge. Von 16 Vorstandsmitgliedern der Berliner Börse waren 11 Juden. Das amtliche Kursblatt der Börse wurde von 14 Juden und zwei Deutschen überwacht. Die Börsen- und Bankjuden arbeite-|ten Hand in Hand mit ihren Freunden in den Ministerien und in den Stadtverwaltungen. Deutschland hallte wider von Skandalprozessen, die in ununterbrochener Kette einander folgten.

Skandalprozesse. [...]

Geistige Zersetzung. In diesen Prozessen wurden aber nur besonders krasse Fälle [Gebrüder Sklarz, Gebrüder Barmat, Gebrüder Sklarek] gefaßt. Im übrigen konnte jüdischer Einfluß sich hemmungslos geltend machen. Da war z.B. der Mosse-Verlag mit 11 und gar der Ullstein-Verlag mit 21 Zeitungen und Zeitschriften, dazu ein Heer jüdischer Zeitungsschreiber. Film, Theater, Rundfunk gerieten in immer stärkere jüdische Abhängigkeit. Das deutsche Heer durfte ungestraft lächerlich gemacht werden. Eine unermüdliche Propaganda war bestrebt, jede Regung des deutschen Ehrgefühls und Freiheitswillens im Keime zu ersticken. Der Landesverrat wurde in der Presse verherrlicht. Im Reichstag verfuhr man entsprechend. Scheidemann warf der Heeresleitung offen Bruch des Versailler Vertrags vor. Die Franzosen haben sich noch lange dieser Rede bedient, um ihre eigene Aufrüstung zu begründen.

[S. 135/136]

II. Hitler führt das deutsche Volk

1. Die nationalsozialistische Revolution

Hitlers Berufung zum Reichskanzler. Am 30. Januar 1933 rief Hindenburg den Führer der Bewegung zu sich. Hitler verließ das Reichspräsidentenpalais als Kanzler des Deutschen Reiches. Nun endlich hatte er die Macht in Händen, deren er bedurfte, um Deutschland aus seiner tiefen Not wieder emporzuführen. 14 Jahre unerhörten Kampfes fanden nun ihren Lohn. Am Abend dieses Tages zog die Berliner SA und SS im Fackelschein durch das Brandenburger Tor und die Wilhelmstraße entlang an Hindenburg und Hitler vorbei. Zur selben Zeit marschierten allenthalben in deutschen Landen die Gliederungen der Partei, um dem Führer ihre Treue zu bekunden. 200 Kämpfer fehlten in ihren Reihen. Sie hatten ihr Leben dafür hingegeben, daß dieser Tag möglich wurde. Es war nicht das letzte Opfer, das das Schicksal der Bewegung abverlangte. Noch in derselben Nacht wurden auf dem Heimmarsch vom Fackelzug ein Berliner Sturmführer und ein Polizeibeamter ermordet.

Es war nicht ein bloßer Regierungswechsel, der sich am 30. Januar | vollzog. Mit einem ganzen System, das 14 Jahre lang Deutschland zugrunde gerichtet hatte, sollte aufgeräumt werden. Darum rief der Führer noch einmal das Volk auf, sich zu entscheiden und einen Reichstag zu wählen, der bereit war, der nationalsozialistischen Führung zu folgen. Am 5. März schickte das Volk 288 nationalsozialistische Abgeordnete in den Reichstag. Zusammen mit der „Kampffront schwarz-weiß-rot", in der andere nationale Parteien und Bünde vereinigt waren, verfügte jetzt Hitler über eine absolute Mehrheit im Reichstag.

[S. 138-140]

Der Tag der nationalen Arbeit. Die Befehlsgewalt des Staatsführers war durch das Ermächtigungsgesetz und das Reichsstatthaltergesetz auf eine unerschütterliche Grundlage gestellt worden. Millionen Kämpfer der Bewegung waren bereit, mit Gut und Blut dafür einzustehen, daß ihr Parteiführer ungestört sein Werk tun konnte. Aber nur dann konnte der Neubau des Reichs auf die Dauer gelingen, wenn sich hinter die nationalsozialistische Partei und hinter den nationalsozialistischen Staat ein nationalsozialistisches Volk stellte, wenn alle Deutschen den Parteiführer und Staatsführer als ihren Volksführer anerkannten.

Die marxistischen Parteien wurden zerschlagen. Die bürgerlichen Parteien lösten sich im Laufe des Sommers selber auf. Keine Zeitung, kein Redner, kein Film durften mehr den Klassenhaß predigen. Die Juden wurden aus allen öffentlichen Ämtern, aus Presse, Rundfunk und Film herausgedrängt. Dadurch wurde verhindert, daß immerwährend neues Gift in den kranken Volkskörper eingeimpft wurde. Die Heilung selbst war damit noch nicht erreicht. Sie begann an dem Tage, da Adolf Hitler zum deutschen Volk von Wert und Ehre der Arbeit sprach.

Am 1. Mai 1933 pilgerten anderthalb Millionen Berliner hinaus vor die Stadt auf das Tempelhofer Feld. Geschlossen rückten die Belegschaften der Betriebe an, Betriebsleiter, Angestellte und Arbeiter vereint unter einer Fahne. Das war ein ungewohntes Bild. Denn bisher wurde der 1. Mai begangen als Tag des Klassenkampfes. Dann hatten die marxistischen Redner Haß gepredigt, und selten ging der Tag vorüber ohne Blutvergießen. Etwas Neues war es für | die Menschen der verschiedenen Stände, gemeinsam zu marschieren. Mancher dachte zurück an den Weltkrieg. Da hatte er es schon einmal erlebt, daß Arbeiter und Gelehrte, Bürger und Bauern im gleichen grauen Rock Seite an Seite schritten. Aber damals war Krieg. Man war Soldat. Doch was sollte das gemeinsame Marschieren im Frieden? Galt nicht im Wirtschaftsleben das unerbittliche Gesetz des Klassenkampfes?

Da hallte die Stimme Adolf Hitlers über das weite Feld: „Ehret die Arbeit und achtet den Arbeiter! [...]“

Dann rief Hitler die Deutschen zum Kampf auf. Nicht zum Kampf gegeneinander, sondern zum gemeinsamen Kampf um die Freiheit Deutschlands. Und dieser Kampf hieß: Arbeit. Die Deutschen sollten begreifen lernen, daß Arbeit Dienst am Volk ist, ebenso ehrenvoll wie der Dienst mit der Waffe. Dann sprach er davon, daß im Arbeitsdienst jeder junge Deutsche in diesem Geist erzogen werden solle: „[...|...]“

Als zum Schluß der Feier die Lieder der Nation über dem Platz verklungen waren und die Massen auseinandergingen, da durften sie einen neuen Stolz mit nach Hause nehmen: den Stolz, deutsche Arbeiter zu sein.

5.

[Die Vorlage ist ein maschinenschriftlicher in eine gedruckte, zweiseitige Formularvorlage ergänzter Text; *kursiv* = in der Vorlage handschriftlich; Streichungen = in der Vorlage ebenfalls handschriftlich gestrichen oder handschriftlich durch das folgende überschrieben; Unterstreichungen und Fettdruck wie in der Vorlage; am Rand der Vorlage befinden sich hschr. Striche und die Zahlen 1-5.]

[Vorderseite]

Reichsleitung NSDAP.	Datum: 11. Mai 1938
Hauptamt für Erzieher	Name und Anschrift des Begutachters:
NS. Lehrerbund	Otto H a u g
Begutachtungsstelle	Oberstudiendirektor
	Ludwigsburg
	Adolf Hitlerstraße 2.

2152
Gutachten
Lb.
Zl. *4627/38PAPS1/II15*

Name des Lehrbuches (Angaben über Schultype und Jahresstufe):
Das Erbe der Ahnen; fünfter Teil für die 5. Klasse
Untertitel: Geschichtsbuch für Oberschulen und Gymnasien.

Name des Autors und Verlegers:
Herausgeber: Oberstudiendirektor Dr. Paul Börger
Verfasser des 5. Teils: Dr. Karl Erdmann Stud[ien]Ass[essor] in Köln
Verlag Quelle und Meyer L[ei]pz[i]g.

Angaben über Preis, Papier, Art der Druckbuchstaben, Qualität des Druckes, sonst[ige] techn[ische] Ausführung:
RM. 2.80. Papier und Druck – deutsche Druckbuchstaben ! – gut und deutlich, Format groß oktav, 173 Seiten, Bilder im allgemeinen gut gewählt, könnten z[um] T[eil] in der Ausführung deutlicher sein (z.B. S. 73).

Welche Aufgabe stellt sich der Autor im Buche und wie wird diese Aufgabe erfüllt?
Der Verfasser gibt eine Darstellung der Zeit von 1871 – zur Gegenwart in flüssigem Stil und unter Vermeidung trockener Abstraktionen.
Das für uns wichtige und vom Lehrplan des Reichserziehungsministers besonders Hervorgehobene ist geschickt behandelt, stoffliche Weitschweifigkeiten sind vermieden, die Geschichte Deutsch-Österreichs gebührend berücksichtigt, ebenso das Auslandsdeutschtum.

Die Geschichte der NSDAP und des Aufbaus ist gut und im ganzen richtig erzählt. Ein gänzlich falsches Bild gibt z.B. der Verf[asser] von Hitlers Rettungstat im Nov[ember] 1923, die er einen „Staatsstreich“ nennt. Wer den Staatsstreich machte, ist gar nicht gesagt, nämlich Kahr, indem er die Berliner Befehle nicht befolgte, die Truppen auf Bayern vereidigen läßt etc. Es ~~ist~~ *wird ferner* nicht gesagt, daß Kahr nur an Bayern, nicht ans Reich dachte! Weshalb schon die Verhinderung eine Rettungstat war! Schilderung der Bedeutung und Geschichte der SA auf S. 133, Behandlung des Programms S. 116 gänzlich unzureichend! Den 30.6.34 gänzlich zu übergehen, ist kein Grund.

Fachliche und sprachliche Eignung. (Richtige Stoffbeschränkung, geschlossener methodischer Aufbau, Berücksichtigung der Wechselbeziehungen zwischen den einzelnen Fächern): (Leseproben!)

Trotz dem Wert [sic] einer guten, flüssigen Darstellung darf doch der Gesichtspunkt nicht außer acht gelassen werden: das Lehrbuch muß dem Schüler die wichtigsten Tatsachen darbieten und zwar mit möglichster Vollständigkeit. Das ist z.B. bei der Schilderung der „neuen Kräfte“ S. 40-43 nicht genügend beachtet. Es entspricht der geschichtlichen Gerechtigkeit, daß man von heute aus gesehen Theodor Fritsch, die antisemitische Bewegung und Partei (Ahlwardt) und als Gegenstoß gegen den „neuen Kurs“ den Alldeutschen Verband (Claß) und den Bund der Landwirte wenigstens erwähnt. Auch die Wallfahrten nach Friedrichsruh sind der Ursprung und erste Ansatz völkischen politischen Denkens.

[Rückseite]

Besondere Vorzüge und Mängel: (Leseproben!)

S. 34: „Wilh[elm] II. übernahm von B[ismarck] ein schwer zu verwaltendes Erbe“ – da meint man, Bism[arck] sei der Schuldige, tatsächlich ist es Wilh[elm] II. In diesen Abschnitt gehört zur Verdeutlichung mindestens etwas aus der Kennzeichnung Wilh[elm]'s durch s[einen] Vater in Bism[arcks]'s 3. Band! Sonst versteht der Schüler die sprunghafte Politik der Folgezeit nicht. Die Leseproben, die der Verf[asser] gibt, aus Kriegsbriefen u.a., sind geschickt gewählt. Manche Kraftstellen aus Bism[arck]'s Reden, bes. aus der Zeit des „Kulturkampfes“ oder auch Briefe (z.B. an Senfft von Pilsach) wären angebracht und böten noch mehr Gelegenheit auf die Gegenwart und ihre seelische Lage vorzuverweisen. Warum wird das Attentat auf Bism[arcks] (Kullmann) nicht erwähnt?? Das erst kennzeichnet die Hitze der Leidenschaften und macht Geschichte wieder lebendig!

Einstellung zu den Grundsätzen der Erziehung im Sinne des Nationalsozialismus. (Erweckung und Stärkung des Volksbewußtseins, Förderung sozialen Denkens und Handelns, Beachtung rassischer Grundsätze, Pflege des heldischen Gedankens, Vermeidung einseitiger konfessioneller Einstellung):

Das Heldische, Nationale und Soziale ist gebührend berücksichtigt. Das Konfessionelle *wird* abgelehnt, doch vielleicht nicht scharf genug gekennzeichnet in seiner politischen Gefährlichkeit (s[iehe] o[ben] „Kulturkampf“!). Vom Standpunkt der nat[ional]soz[ialistischen] Weltanschauung aus muß ferner folgendes gerügt werden: 1. Eine Darstellung, die das nat[ional]soz[ialistische] Programm in seinen Grundzügen überhaupt nicht behandelt (S. 116), muß ungeschichtlich wirken, da sie nicht die Möglichkeit hat, den Aufbau als Erfüllung dieses Programms hinzustellen. ~~, was er ist.~~ 2. Die Erwähnungen des Judentums sind nur ganz verstreut, und es wird nie der Zusammenhang und Zusammenhalt dieses Übervolks der Mitesser und messianischen Welteroberer deutlich gemacht, ihr planmäßiger Kampf um Gleichberechtigung, die Eroberung von Vorrechten auf Schleichwegen, die Beeinflussung des letzten Kaisers, die Rolle Rathenaus etc., um nur einige Einzelheiten zu nennen. Die Rassengesetze sind S. 147 nur ganz beiläufig erwähnt !!! 3. Ganz unzulässig ist die~~se~~ Vernachlässigung der Behandlung der Freimaurerei, wie sie in dem Buch uns entgegentritt! Etwa 2mal ~~bin ich~~ *stößt man* auf ein~~ige~~ beiläufige Erwähnung ~~gestoßen~~ *derselben*! Serajewo ohne Kennzeichnung der Rolle der ~~FMM~~ *Freimaurer*, ebenso eine Schilderung der Einkreisung, der Kriegspolitik Bethmanns, des Novemberverbrechens, der Versailler Schuldlüge und Knechtung Deutschlands ohne Erwähnung der ~~Dreipunktebrüder~~ *Freimaurer* ist eine Unmöglichkeit in einem nat[ional]soz[ialistischen] Lehrbuch! Gerade auf diesem Gebiet hat das Lehrbuch dem Lehrer an die Hand zu gehen und ihn auszurichten!

Gesamturteil:

Insgesamt kann man sagen: Das Buch ist fachlich, methodisch, in der Austattung gut, erfüllt jedoch nicht die Bedingungen, die man ~~von~~ einem nationalsozialistischen Lehrbuch stellen muß. Die „Wissenschaft" ist durch den politischen Spürsinn des Nationalsozialismus auf neue Fährten gelenkt worden. Forschung, die diese Spuren nicht verfolgt und die Ergebnisse nicht berücksichtigt, kann nicht als geschichtliche Wahrheit angesprochen werden.

Haug
(Unterschrift des Begutachters)

6.

Der vorgesehene Abdruck von zwei Lebensläufen, die Erdmann 1945 nach Kriegsende verfaßte (siehe S. 47), muß wegen des Einspruchs seiner Erben unterbleiben. Die Möglichkeit des Einspruchs bietet das Urheberrecht. Diese Lebensläufe sind mit solcher schriftstellerischer Sorgfalt und Originalität formuliert, daß sie urheberrechtlich geschützt sein könnten. Ein weiterer Lebenslauf, der keine im Sinne des Urheberrechts schutzwürdige schriftstellerische Leistung enthält, soll deshalb als Ersatz dienen. Er ist durch den Inhalt eindeutig auf die Zeit Mitte des Jahres 1947 zu datieren. Die Abschrift befindet sich in den Akten der Deutschen UNESCO-Kommission [PA, Akten der Kulturabteilung, Bd. 319], zu deren erstem Generalsekretär Erdmann am 6. November 1950 gewählt wurde. Vorausgegangen war eine Kandidatensuche für diesen Posten. Im August hatten dem Exekutivkomitee des Deutschen Ausschusses für UNESCO-Arbeit sechs Bewerbungen vorgelegen, von denen aber keine in Erwägung gezogen wurde. Stattdessen sollte mit vier weiteren Kandidaten, darunter Erdmann, nähere Fühlung aufgenommen werden. Der Leiter der UNESCO-Kommission Walter Hallstein sagte zu, sich über ihn in Köln zu erkundigen. Im September sandte ein Mitarbeiter des UNESCO-Auschusses dem Bundeskanzleramt zur Vorbereitung einer Sitzung des Exekutivkomitees den im folgenden abgedruckten Lebenslauf. Wie er in den Besitz des Ausschusses gelangte, läßt sich nicht nachvollziehen. Erdmann hat ihn nicht selbst eingereicht, wußte aber, daß er dem Komitee vorlag.

Ein Vergleich dieses Lebenslaufs mit denen von 1945 läßt interessante Unterschiede erkennen. Die Studienzeit wird viel genauer beschrieben, zahlreiche akademische Lehrer in Köln, Paris und Marburg werden genannt. Erdmann berichtet, daß er bei seinem zweiten Pariser Aufenthalt Material sammelte, welches er zu einem späteren Zeitpunkt für eine Habilitationsschrift verwerten wollte. Er geht nicht auf die 1945 betonte aktive Arbeit gegen den Nationalsozialismus und seine Zusammenstöße mit NS-Offizieren während seiner Tätigkeit als Lehrer an Fahnenjunkerschulen ein. Die Ablehnung des Schulbuchs und seine Wiederaufnahme in den Staatsdienst spricht er nicht an.

Im vorletzten Abschnitt wird die Zugehörigkeit des Rektors und des Historischen Seminars zur Kölner Universität nicht eigens erwähnt, was zu dem Schluß führt, daß die Vita für Zwecke der Universität (Habilitationsverfahren, Bewerbung als Privatdozent?) verfaßt wurde. Die Aussage, daß er „von Mitte Februar bis Mitte April dieses Jahres" in Wilton Park bei London gewesen sei (siehe S. 98) sowie die Tatsache, daß von einer Habilitation noch nicht die Rede ist, erlaubt es, die Abfassung des Lebenslaufs auf Mitte 1947 festzulegen. Für den Abdruck wurden die zahlreichen orthographischen Fehler der Abschrift bereinigt, die Vornamen und Abkürzungen ergänzt.

[Abschrift]
Lebenslauf

Am 29. April 1910 wurde ich in Köln-Mülheim als Sohn des Prokuristen Wilhelm Erdmann und seiner Ehefrau Lousie geb. Schmitz geboren. Nach Erwerb des Reifezeugnisses am dortigen Realgymnasium im Jahre 1928 wandte ich mich dem Studium der Geschichte, Germanistik und evangelischen Theologie zu. Ich besuchte die Universitäten Köln, Paris und Marburg. In meinen beiden Kölner Anfangssemestern ergänzte ich das Abitur durch eine griechische Sprachprüfung und hörte Vorlesungen insbesondere bei den Professoren Nic[olai] Hartmann und Joh[annes] Ziekursch. In Paris hörte ich den Revolutionshistoriker Alb[ert] Mathiez, an der Ecole des Chartes den Verfassungshistoriker Jean Baruzi, in dessen Seminar ich Mitglied war.

Von meinen elf Semestern Universitätsstudium verbrachte ich acht in Marburg. Ich hatte mich dorthin begeben, um den Religionswissenschaftler Rudolf Otto zu hören. Die Universität Marburg erhielt ihr besonderes Gepräge durch das seit den Tagen der liberalen Theologie und des Neukantianismus mit Intensität geführte Gespräch zwischen Theologen und Philosophen. In dieser Atmosphäre vollzogen sich meine historischen Studien. Von meinen damaligen Lehrern möchte ich nennen unter den Theologen vor allem Rud[olf] Bultmann als Exegeten und die Kirchenhistoriker [Hans] Freiherr von Soden und Heinr[ich] Hermelink, unter den Philosophen die damaligen Privatdozenten Gerh[ard] Krüger und H[ans-]G[eorg] Gadamer. Für mein historisches Fachstudium war in neuerer Geschichte die vielsemestrige Teilnahme am

Seminar von Wilh[elm] Mommsen bestimmend. Mittelalterliche Geschichte betrieb ich bei Edm[und] Stengel und alte Geschichte bei [Anton] Freiherr von Premerstein wie vorher in Köln bei Prof[essor Johannes] Hasebroeck.

Aus einer Seminarbeschäftigung mit Treitschke erwuchs die Frage nach dem Ursprung des politischen Freiheitsbegriffes. Das veranlaßte mich damals, für ein Semester nach Paris zu gehen. Ich brachte von dort die Grundlagen mit zurück für meine spätere Dissertation über den Begriff der religion civile bei Rousseau.

Im Juli 1933 bestand ich das philologische Staatsexamen für Geschichte, ev[angelische] Theologie und Deutsch als Hauptfächer. Im November 1933 promovierte ich bei Prof. Mommsen in neuerer Geschichte mit Kirchengeschichte und Philosophie als Nebenfächern. Anschließend ging ich als Stipendiat des Deutschen Akademischen Austauschdienstes für ein Jahr nach Paris. Hier sammelte ich auf der Bibliothèque nationale und im Institut catholique Material zum Problem Staat und Kirche in der Französischen Revolution.

Ich entschloß mich damals, das Material zu einem späteren Zeitpunkt für eine Habilitationsarbeit zu verwerten. Zunächst jedoch wollte ich nicht auf die pädagogische Ausbildung verzichten und einige Jahre Schulpraxis erwerben. Von 1934-1936 war ich als Referendar und von 1936-1938 nach bestandenem pädagogischen Staatsexamen als Assessor in Köln tätig.

Im Jahre 1938 wurde mir von meiner vorgesetzten Behörde eine parteiamtliche Beurteilung präsentiert, die mich veranlaßte, den Staatsdienst als für mich aussichtslos zu quittieren. Hinzu kam die Weigerung des Oberpräsidiums, mir die Genehmigung zur [hschr. eingefügt: Ehe] mit meiner aus einer deutsch-englischen Familie stammenden Braut zu geben. Im Oktober 1938 heiratete ich und suchte nunmehr mein Fortkommen in der Industrie.

Ich war zunächst bei der Ford Motor Company in Köln als Zeitnehmer tätig, dann bei der Zentralverwaltung der IG [Farben] in Frankfurt/M. als französischer Übersetzer. Auf Betreiben der Partei verlor ich jedoch diese Stelle bereits nach wenigen Monaten. Darauf ging ich im Mai 1939 für einige Wochen nach England. Eine neue Position fand ich schließlich in der Frankreichabteilung der Felten & Guilleaume Carlswerk Eisen und Stahl AG in Köln-Mülheim. Bevor ein erneuter Versuch der Partei, mich aus dieser Stelle hinauszudrängen, Erfolg haben konnte, wurde ich im August 1939 zum Wehrdienst eingezogen.

Bis zu meiner Verletzung Weihnachten 1943 habe ich den Krieg als Infanterist bei der Truppe mitgemacht, zuletzt als Bat[ail]l[ons]-Kommandeur in Rußland. Während des letzten Kriegsjahres war ich als Lehroffizier an Kriegsschulen tätig.

Von September 1945 bis Februar 1946 war ich Assistent S[einer] Magnifizienz des Rektors, seitdem bin ich Assistent des Historischen Seminars.

Von Mitte Februar bis Mitte April dieses Jahres war ich als Gast an der Schule für deutsche Kriegsgefangene in Wilton Park bei London. Dieser Aufenthalt in England gab mir die gewünschte Gelegenheit, Kenntnis von neuerer Literatur zu dem Thema meiner Arbeit zu nehmen.

gez. Karl Erdmann

Abkürzungen

Abt.	Abteilung
AG	Aktiengesellschaft
Anh.	Anhang
Anm.	Anmerkung
APA	Außenpolitisches Amt der NSDAP
Aufl.	Auflage
AV	Akademische Vereinigung
BAK	Bundesarchiv Koblenz
Bd., Bd.	Band, Bände
BDC	Berlin Document Center
bes.	besonders
ca.	circa
CDU	Christlich Demokratische Union
DAAD	Deutscher Akademischer Austauschdienst
DAF	Deutsche Arbeitsfront
DC	Deutsche Christen
DDP	Deutsche Demokratische Partei
Diss.	Dissertation
Dok.	Dokument
dpa	Deutsche Presse-Agentur
Dr.	Doktor
d.R.	der Reserve
e.V.	eingetragener Verein
ebd.	ebenda
etc.	et cetera; und so weiter
f., ff.	folgende
FAZ	Frankfurter Allgemeine Zeitung
geb.	geborene
„Gebhardt“	Gebhardt, Handbuch der deutschen Geschichte
GWU	Geschichte in Wissenschaft und Unterricht
HJ	Hitlerjugend
Hrsg., hrsg.	Herausgeber, herausgegeben
HZ	Historische Zeitschrift
IG Farben	Interessengemeinschaft Farbenindustrie AG, Frankfurt
Jg.	Jahrgang
LHK	Landeshauptarchiv Koblenz

lfd.	laufende
NDB	Neue Deutsche Biographie
Nr.	Nummer
NS-	nationalsozialistisch-
NS-DStB	Nationalsozialistischer Deutscher Studentenbund
NSDAP	Nationalsozialistische Deutsche Arbeiterpartei
NSFO	Nationalsozialistischer Führungsoffizier
NSLB	Nationalsozialistischer Lehrerbund
NSV	Nationalsozialistische Volkswohlfahrt
o.J.	ohne Jahr
OB	Offiziersbewerber
OKH	Oberkommando des Heeres
PA	Politisches Archiv des Auswärtigen Amts, Bonn
Prof.	Professor
RM	Reichsmark
S.	Seite
SA	Sturmabteilung
sog.	sogenannt
Sp.	Spalte
SS	Schutzstaffel
u.	und
u.a.	unter anderem; und andere
v.	von
VfZG	Vierteljahrshefte für Zeitgeschichte
vgl.	vergleiche
z.B.	zum Beispiel
z.Z.	zur Zeit
zit.n.	zitiert nach

Bibliographie

Ungedruckte Quellen

Auswärtiges Amt, Bonn, Politisches Archiv:

R 26754, Akten des Politischen Archivs, P.A. 11, Benutzung deutscher Archive durch Ausländer, Bd. 11

R 27183, Akten der Dienststelle Ribbentrop 12/2, Dienststelle Verwaltung und Allgemeines, 1935-1940

R 60276, Akten der Kulturabteilung, Deutschtum im Ausland 2: Forschungsgemeinschaften, westdeutsche, alpenländische, südostdeutsche, nordostdeutsche, Forschungsgemeinschaft für Übersee (Volksdeutsche Forschungsgemeinschaft), Bd. 7

R 64063, Akten der Abt. VI W, Hochschulwesen 1, Frankreich, Paris 1932-1937, Bd. 3

R 70945, Akten der Abteilung II, Frankreich, Politik 26: Politische und kulturelle Propaganda – Frankreich -, Bd. 4

R 98454, Akten des Referats D, Politik 5 N.E. adh. 4 Nr. 1: Deutsche Emigranten im Ausland, Bd. 3

R 99576, Akten der Abteilung Inland II A/B: Deutsche Emigrantentätigkeit im Ausland, Bd. 1

R 104208, Akten der Politischen Abteilung, Polen, Po 25 Deutschtum in Polen, Bd. 11

Akten der Abt. VI W, Hochschulwesen 27, Frankreich, Studentenaustausch – Frankreich Bd. 2

Akten der Botschaft Paris, V 4 a (1051/4), Studentenangelegenheiten Bd.4

Akten der Botschaft Paris, V 4 g (1053/2), Deutscher akademischer Austauschdienst, Bd. 2, Juni 1932-Juni 1935

Akten der Botschaft Paris, (2255), Assistenten A-L 1933-1934

Akten der Botschaft Paris (2259), Studenten, Berichte, Austauschstudenten, 1933-1935

Akten der Botschaft Paris (2434), Deutscher Akademischer Austauschdienst Paris – Verschiedene Schriftwechsel 1933-35

Akten der Botschaft Warschau, K III 5 c, Einsichtnahme in polnische Staatsarchive, Bd. 1

Bundesarchiv Koblenz:

NS 12	NS-Lehrerbund bzw. Hauptamt für Erzieher, Bde. 217 – 221, Anh./66
Nl 166	Nachlaß Gerhard Ritter, Nr. 348
Nl 213	Nachlaß Hans Rothfels, Bd. 158, fol. 1
Nl 228	Nachlaß Peter Rassow, Bd. 91
Nl 393	Nachlaß Karl Dietrich Erdmann, Korrespondenzbände 89 (1947 A-H), (1948 A-H), 93 (1949), 95 (1950), 96 (1951), 97 (1952), 170 (1943/4), 171 (1945/6), 180 (1945 Heidelberg),
R 21	Reichsministerium für Wissenschaft, Erziehung und Volksbildung, Bd. 95

Landeshauptarchiv Koblenz:

Bestand 405 A „Schulkollegium“,

Nr. 112:	Akten betr. Reformrealgymnasium Cöln, Spiesergasse, Direktor und Lehrer, Bd. 4
Nr. 223:	Akten betr. Realgymnasium Cöln-Deutz, Direktor und Lehrer, Bd. 2
Nr. 349:	Akten betr. Realgymnasium Cöln-Deutz, Lehrbücher
Nr. 4064:	Mombauer

Historisches Archiv der Stadt Köln
Schulverwaltungsakte Karl Dietrich Erdmanns – Acc. 442, Nr. 103
Nordrhein-Westfälisches Hauptstaatsarchiv
Entnazifizierungsakte Karl Dietrich Erdmanns – NW 1049-16923
Germanisches National Museum Nürnberg
Nachlaß Georg Meistermann
Gymnasium Schaurtestraße, Köln-Deutz
Mitteilungs- und Protokollbücher
Archiv der deutschen Jugendbewegung Burg Ludwigstein, Witzenhausen
Nachlaß Wolfgang Kroug
Hessisches Staatsarchiv Marburg
Best. 305 a, Acc. 1954/16, Nr. 43
Sächsisches Staatsarchiv Leipzig
Best. Quelle & Meyer, Verlagsbuchhandlung Leipzig, Nr. 161
Nachlaß Wilhelm Mommsen – im Besitz von Prof. Dr. Hans Mommsen, Bochum
Nachlaß Eugen Dörken – im Besitz von Frau Maria Dörken, Brühl
Hans Thimme: Nachlaß und Privattagebücher – im Besitz von Dr. Roland Thimme

Zahlreiche Einzelinformationen entstammen folgenden Archiven und Institutionen:

Archiv der deutschen Jugendbewegung Burg Ludwigstein, Witzenhausen
Archiv der Ford AG, Köln
Archiv der Universität zu Köln
Bayer-Archiv, Leverkusen
Berlin Document Center (heute Bundesarchiv – Abt. Berlin-Zehlendorf)
Bundesarchiv-Militärarchiv, Freiburg
Bundesarchiv-Zentralnachweisstelle, Aachen-Kornelimünster
Christian-Albrechts-Universität, Kiel
Evangelisches Gemeindeamt, Köln-Nippes
Hessisches Staatsarchiv, Marburg
Karl-Barth-Archiv, Basel
Landesarchiv Schleswig-Holstein, Schleswig
Militärgeschichtliches Forschungsamt, Potsdam
NS-Dokumentationszentrum EL-DE-Haus, Köln
Sächsisches Staatsarchiv, Leipzig
Schulverwaltungsamt der Stadt Köln
Stadtarchiv Frechen
Stadtarchiv Solingen
Verlag Quelle & Meyer, Wiesbaden

Weitere Auskünfte und Anregungen gaben mündlich oder schriftlich:

Gerhard Anrich	Lichtenstein
Sebastian Barth-Koenigs	Huttwil/Schweiz
Justinus Maria Calleen	Köln
Maria Dörken	Brühl
Klaus Encke	Köln
Marlene Encke	Frechen
Wilhelm Epting	Friedrichsroda
Karl Erdmann	Truchtlaching
Wolfgang Grünberg	Köln
Peter Grupp	Bonn
Eberhard Jäckel	Stuttgart
Eleonore Kaufmann	Marburg
Diether Koch	Bremen
Wolfgang Krümpelmann	Leverkusen
Anna Elisabeth Meistermann	Solingen
Erwin Mielke	Köln
Hans Mommsen	Bochum
Hans Prolingheuer	Köln
Ernst Joachim Schaede	Fulda
Fritz Schellenburg	Köln
Karlheinz Scheuer	Köln
Dieter Siebenborn	Solingen
Joachim Trapp	Köln

Literatur und gedruckte Quellen

[Nachruf auf Karl Dietrich Erdmann], in: Frankfurter Neuen Presse 27.6.1990

[Nachruf auf Karl Dietrich Erdmann], in: Der Spiegel Nr. 27, 2.7.1990, S. 188

[Nachruf auf Karl Dietrich Erdmann], in: Süddeutsche Zeitung 27.6.1990

Akten zur deutschen auswärtigen Politik 1918-1945, Serie A, Bd. XIII, Bonn 1995; Serie B, Bd. II,1, Bonn 1967; Serie B, Bd. V, Bonn 1972; Serie D, Bd. VIII, Baden-Baden, Frankfurt/Main 1961; Serie D, Bd. XI,1. Bonn 1964

Aly, Götz: Erwiderung auf Dan Diner, in: VfZG 41 (1993)621-635

Aly, Götz: „Endlösung". Völkerverschiebung und der Mord an den europäischen Juden. Frankfurt/Main 1995

Aly, Götz; Heim, Susanne: Vordenker der Vernichtung. Auschwitz und die deutschen Pläne für eine neue europäische Ordnung. Hamburg 1991

Barbian, Jan-Pieter: Literaturpolitik im „Dritten Reich". Institutionen, Kompetenzen, Betätigungsfelder. Frankfurt/Main 1993

Barth, Karl: Vorträge und kleinere Arbeiten 1925-1930. Hrsg. v. Hermann Schmidt. Karl Barth Gesamtausgabe, Bd. 24. Zürich 1994

Barth, Karl; Thurneysen, Eduard: Briefwechsel, Bd. 2, 1921-1930. Zürich 1974.

Becker-Jákli, Barbara: „Fürchtet Gott, ehret den König". Evangelisches Leben im linksrheinischen Köln 1850-1918. Köln 1988

Bendel, Johann: Die Stadt Mülheim am Rhein. Mülheim/Rh. 1913, Nachdruck 3. Aufl. Köln 1981

Benz, Wolfgang: Vom freiwilligen Arbeitsdienst zur Arbeitsdienstpflicht, in: VfZG 16 (1968)317-46

Die Bekenntnisse und grundsätzlichen Äußerungen zur Kirchenfrage des Jahres 1933 gesammelt und eingeleitet von Kurt Dietrich Schmidt. Göttingen 1934.

Berghahn, Volker R.: Ludwig Dehio, in: Hans-Ulrich Wehler (Hrsg.): Deutsche Historiker, Bd. IV. Göttingen 1972, S. 97-116

Bertram, Ernst: Wartburg. Spruchgedichte. Leipzig 1933

Besier, Gerhard: Ansätze zum politischen Widerstand in der Bekennenden Kirche, in: Jürgen Schmädeke, Peter Steinbach (Hrsg.): Der Widerstand gegen den Nationalsozialismus. Die deutsche Gesellschaft und der Widerstand gegen Hitler. München, Zürich 1985, S. 265-294

Bias-Engels, Sigrid: Zwischen Wandervogel und Wissenschaft. Zur Geschichte von Jugendbewegung und Studentenschaft 1896-1920. Edition Archiv der deutschen Jugendbewegung, Bd. 4. Köln 1988

Blänsdorf, Agnes: Gerhard Ritter, in: GWU 42 (1991)1-21, 67-89

Bönninghausen, C[lemens] Freiherr von: Kampf und Ende rheinisch-westfälischer Infanteriedivisionen an der Ostfront 1941-1945. Coesfeld 1980

Boockmann, Hartmut, Kurt Jürgensen, Gerhard Stoltenberg (Hrsg.): Geschichte und Gegenwart. Festschrift für Karl Dietrich Erdmann. Neumünster 1980

Boockmann, Hartmut: Der Historiker Hermann Heimpel. Göttingen 1990

Boockmann, Hartmut: Zu diesem Heft, in: GWU 40 (1989)721-23

Brenner, Hildegard: Die Kunstpolitik des Nationalsozialismus. Reinbek 1963

Breuer, Stefan: Anatomie der Konservativen Revolution. Darmstadt 1993

Bultmann, Rudolf: Geschichte und Eschatologie. Tübingen 1958

Burleigh, Michael: Germany turns eastwards: a study of Ostforschung in the Third Reich. Cambridge 1988

Burleigh, Michael: Albert Brackmann, Ostforscher (1871-1952): The Years of Retirement, in: Journal of Contemporary History 23 (1988)773-87 [gekürzte deutsche Übersetzung: Der Ostforscher Albert Brackmann (1871-1952) nach seiner Pensionierung, in: Werkstatt Geschichte 3 (September 1994)68-75]

Busch, Eberhard: Karl Barths Lebenslauf. Nach seinen Briefen und autobiographischen Texten. München 1975

Bußmann, Walter: Politische Ideologien zwischen Monarchie und Weimarer Republik. Ein Beitrag zur Ideengeschichte der Weimarer Republik, in: HZ 190 (1960)55-77

Bußmann, Walter: Rede zum 75. Geburtstag von Hans Herzfeld (22. Juni 1967), in: GWU 19 (1968)108-118

Bußmann, Walter, Günter Grünthal (Hrsg.): Siegfried A. Kaehler. Briefe 1900-1963. Deutsche Geschichtsquellen des 19. und 20. Jahrhunderts, Bd. 58. Boppard/Rhein 1993

Bußmann, Walter: Politik und Kriegführung. Erlebte Geschichte und der Beruf des Historikers. Abschiedsvorlesung vom 2. Februar 1983, in: Fridericiana. Zeitschrift der Universität Karlsruhe, Heft 32, S. 3-16

Camphausen, Gabriele: Die wissenschaftliche historische Rußlandforschung im Dritten Reich 1933-1945. Europäische Hochschulschriften III/418. Frankfurt/Main 1990

Carell, Paul: Verbrannte Erde. Schlacht zwischen Wolga und Weichsel. Frankfurt/Main, Berlin 1966

Catalogus professorum academiae Marburgensis. Die akademischen Lehrer der Philipps-Universität Marburg. 2. Bd. von 1911 bis 1971, bearbeitet von Inge Auerbach. Veröffentlichungen der Historischen Kommission für Hessen in Verbindung mit der Philipps-Universität Marburg 15. Marburg 1979

Clemens, Gabriele: Martin Spahn und der Rechtskatholizismus in der Weimarer Republik. Mainz 1983

Conrady, Karl Otto: Deutsche Literaturwissenschaft und Drittes Reich, in: Eberhard Lämmert, Walther Killy, Karl Otto Conrady, Peter von Polenz: Germanistik – eine deutsche Wissenschaft. Frankfurt/Main 1967, S. 71-109

Conrady, Karl Otto: Völkisch-nationale Germanistik in Köln. Eine unfestliche Erinnerung. Schernfeld 1990

Conway, John S.: Der deutsche Kirchenkampf, in: VfZG 17 (1969)423-449

Conze, Werner: Die Königsberger Jahre, in: Andreas Hillgruber (Hrsg.): Vom Beruf des Historikers in einer Zeit beschleunigten Wandels. Gedenkschrift für Theodor Schieder. München 1985, S. 23-31

Dahm, Volker: Die nationalsozialistische Schrifttumspolitik nach dem 10. Mai 1933, in: Ulrich Walberer (Hrsg.): 10. Mai 1933. Bücherverbrennung in Deutschland und die Folgen. Frankfurt/Main 1983, S. 36- 83

Denzler, Georg, Volker Fabricius: Christen und Nationalsozialisten. Frankfurt/Main 1993

Das Akademische Deutschland, hrsg. v. Michael Doeberl, Otto Scheel u.a., Bd. II: Die deutschen Hochschulen und ihre akademischen Bürger. Berlin 1931

Dieckmann, Adolf: Geschichtsinteresse der Öffentlichkeit im Spiegel der Verlagsproduktionen, in: Ernst Schulin (Hrsg.): Deutsche Geschichtswissenschaft nach dem Zweiten Weltkrieg (1945-1965). Schriften des Historischen Kollegs, Kolloquien 14. München 1989, S. 53- 62

Dietmar, Carl: Der Major und sein legendärer Persilschein, in: Kölner Stadtanzeiger 26.3.1996

Dithmar, Reinhard (Hrsg.): Der Langemarck-Mythos in Dichtung und Unterricht. Neuwied 1992

Dokumentation. Zur Geschichte des Nationalsozialistischen Führungsoffiziers (NSFO), in: VfZG 9 (1961)76-116

Ebbinghaus, Angelika, Roth, Karl Heinz: Vorläufer des „Generalplans Ost“. Eine Dokumentation über Theodor Schieders Polendenkschrift vom 7. Oktober 1939, in: 1999. Zeitschrift für Sozialgeschichte des 20. und 21. Jahrhunderts, Heft 1/1992, S. 62-94

Eilers, Rolf: Die nationalsozialistische Schulpolitik. Eine Studie zur Funktion der Erziehung im totalitären Staat. Köln, Opladen 1963

Elvert, Jürgen: Der Faktor „Europa“ in der nationalsozialistischen Weltanschauung, in: Bericht über die 39. Versammlung deutscher Historiker in Hannover. Stuttgart u.a. 1994, S. 220 f.

Erdmann, Karl: Marburger Ring, in: Ockershäuser Blätter. Zeitschrift für die Akademische Vereinigung Marburg, Nr. 25, Mai 1927.

Erdmann, Karl: Frankreich. Von einer Studienfahrt deutscher Studenten der bündischen Jugend. Potsdam 1929

Erdmann, Karl: Von der Wandlung zum sozialen Recht. Ein Versuch zur Erhellung der Frage anhand des Problems Lohnanspruch bei Teilstreik. Heidelberger rechtswissenschaftliche Abhandlungen 17. Heidelberg 1932

Erdmann, Carl [= Karl Dietrich]: Der Langemarck-Mythos, in: Marburger Flugblätter. Zeitschrift für Kunst und Leben 1 (1932/33) Heft 5/Juli 1932, S. 4-7

Erdmann, Karl Dietrich: Das Verhältnis von Staat und Religion nach der Sozialphilosophie Rousseaus. Der Begriff der „religion civile“. Historische Studien 271. Berlin 1935

Erdmann, Karl [Dietrich]: Die Umwandlung Deutschlands vom Agrar- zum Industriestaat, in: Alfred Krupp. Der Treuhänder eines deutschen Familienunternehmens. Ein Beitrag zur westdeutschen Wirtschaftsgeschichte im 19. Jahrhundert, hrsg. v. Gerhard Kallen. Düsseldorf 1938 (Jahrbuch der Arbeitsgemeinschaft der Rheinischen Geschichtsvereine, Bd. 4), S. 27-35

Erdmann, Karl Dietrich: Volkssouveränität und Kirche. Köln 1949

Erdmann, Karl Dietrich: Anmerkungen zu Friedrich Meinecke: „Irrwege in unserer Geschichte?“ und „Die deutsche Katastophe“, in: GWU 2 (1951)85-91

Erdmann, Karl Dietrich: Die Zeit der Weltkriege. Gebhardt, Handbuch der deutschen Geschichte. 8. Auflage hrsg. v. Herbert Grundmann. Stuttgart 1959, verb. Nachdr. 1960

Erdmann, Karl Dietrich: Das Dritte Reich im Zusammenhang der deutschen Geschichte, in: GWU 12 (1961)405-18

Erdmann, Karl Dietrich: Der Parteienstaat als Obrigkeit, in: Deutsche Zeitung 1./2.7.1961, S. 19 f

Erdmann, Karl Dietrich: Professoren unter Hitler, in: FAZ v. 16.6.1965

Erdmann, Karl Dietrich: Geschichte, Politik und Pädagogik. Aufsätze und Reden. Zum 60. Geburtstag herausgegeben von Schülern und Mitarbeitern. Stuttgart 1970

Erdmann, Karl Dietrich: Die Zeit der Weltkriege. 1. Teilband: Der Erste Weltkrieg. Die Weimarer Republik. Gebhardt, Handbuch der deutschen Geschichte. 9., neu bearbeitete Auflage hrsg. v. Herbert Grundmann, Bd. 4,1. Stuttgart 1973

Erdmann, Karl Dietrich: „Lebensunwertes Leben". Totalitäre Lebensvernichtung und das Problem der Euthanasie, in: GWU 26 (1975)215-225

Erdmann, [Karl] Dietrich: Die Pflicht zur Treue, in: Deutsches Allgemeines Sonntagsblatt 14.12.1975

Erdmann, Karl Dietrich: Die Zeit der Weltkriege. 2. Teilband: Deutschland unter der Herrschaft des Nationalsozialismus 1933-1939. Der Zweite Weltkrieg. Das Ende des Reiches und die Entstehung der Republik Österreich, der Bundesrepublik Deutschland und der Deutschen Demokratischen Republik. Gebhardt, Handbuch der deutschen Geschichte. 9., neu bearbeitete Auflage hrsg. v. Herbert Grundmann, Bd. 4,2. Stuttgart 1976

Erdmann, Karl Dietrich: Die Frage nach dem 'Geschichtsbild', in: GWU 28 (1977)157-159

Erdmann, Karl Dietrich: Theodor Schieder in memoriam, in: GWU 35 (1984)815-818

Erdmann, Karl Dietrich: Geschichte, Politik und Pädagogik. Aufsätze und Reden Bd. 2, hrsg. v. Klaus Kellmann, Michael Salewski u. Gerhard Stoltenberg. Stuttgart 1986

Erdmann, Karl Dietrich: Die Ökumene der Historiker. Geschichte der Internationalen Historikerkongresse und des Comité International des Sciences Historiques. Göttingen 1987

Erdmann, Karl Dietrich: Erinnerung an die Anfänge der GWU, in: GWU 40 (1989)724-731

Erdmann, Karl Dietrich: Die Spur Österreichs in der deutschen Geschichte. Drei Staaten – zwei Nationen – ein Volk? Zürich 1989

Erdmann, Karl Dietrich; Schulze, Hagen (Hrsg.): Weimar. Selbstpreisgabe einer Demokratie. Eine Bilanz heute. Kölner Kolloquium der Fritz Thyssen Stiftung, Juni 1979. Düsseldorf 1980

Ericksen, Robert P.: Kontinuitäten konservativer Geschichtsschreibung am Seminar für Mittlere und Neuere Geschichte: Von der Weimarer Zeit über die nationalsozialistische Ära bis in die Bundesrepublik, in: Heinrich Becker, Hans-Joachim Dahms, Cornelia Wegeler (Hrsg.): Die Universität Göttingen unter dem Nationalsozialismus. Das verdrängte Kapitel ihrer 250jährigen Geschichte. München 1987, S. 219-245

Ericksen, Robert P.: Theologen unter Hitler. Das Bündnis zwischen evangelischer Dogmatik und Nationalsozialismus. München, Wien 1989

Erziehung und Unterricht in der Höheren Schule. Amtliche Ausgabe des Reichs- und Preußischen Ministeriums für Wissenschaft, Erziehung und Volksbildung. Berlin 1938

Faber, Karl-Georg: Objektivität in der Geschichtswissenschaft?, in: Rüsen, Jörn (Hrsg.): Historische Objektivität. Aufsätze zur Geschichtstheorie. Göttingen 1975, S. 9-32

Facsimile. Querschnitt durch Das Reich eingel. v. Harry Pross, hrsg. v. Hans Dieter Müller. München, Bern, Wien 1964

Faulenbach, Bernd: Historische Tradition und politische Neuorientierung. Zur Geschichtswissenschaft nach der „deutschen Katastrophe", in: Walter H. Pehle, Peter Sillem (Hrsg.): Wissenschaft im geteilten Deutschland. Restauration oder Neubeginn nach 1945? Frankfurt/Main 1992, S. 191-204

Faulenbach, Bernd: Ideologie des deutschen Weges. Die deutsche Geschichte in der Historiographie zwischen Kaiserreich und Nationalsozialismus. München 1980

Feiten, Willi: Der Nationalsozialistische Lehrerbund. Entwicklung und Organisation. Ein Beitrag zum Aufbau und zur Organisationsstruktur des nationalsozialistischen Herrschaftssystems. Weinheim, Basel 1981

Fischer, Helmut J.: Hitlers Apparat. Namen, Ämter, Kompetenzen: Eine Strukturanalyse des 3. Reiches. Kiel 1988

Frei, Norbert, Johannes Schmitz: Journalismus im Dritten Reich. München 1989

Fuchs, Walther Peter: Schlußbemerkung, in: Ockershäuser Blätter. Zeitschrift der Akademischen Vereinigung Marburg, Juni 1934, S. 4

Ganzer, Karl Richard: Das Reich als europäische Ordnungsmacht. Hamburg 1941

Gies, Horst: Geschichtsunterricht unter der Diktatur Hitlers. Köln 1992

Giordano, Ralph: Die zweite Schuld oder Von der Last Deutscher zu sein. Hamburg, Zürich 1987

Göhring, Martin: [Rezension zu Karl Dietrich Erdmann: Das Verhältnis von Staat und Religion nach der Sozialphilosophie Rousseaus], in: HZ 155 (1937)426

Golczewski, Frank: Die „Gleichschaltung" der Universität Köln im Frühjahr 1933, in: Leo Haupts, Georg Mölich (Hrsg.): Aspekte der nationalsozialistischen Herrschaft in Köln und im Rheinland. Beiträge und Quellen. Geschichte in Köln, Sonderheft III, Köln 1983, S. 49-72

Golczewski, Frank: Kölner Universitätslehrer und der Nationalsozialismus. Personengeschichtliche Ansätze. Studien zur Geschichte der Universität zu Köln hrsg. v. d. Senatskommission für die Geschichte der Universität zu Köln, Bd. 8. Köln, Wien 1988

Gradner, Margarete, Gernot Heiss, Oliver Rathkolb: Österreich und seine deutsche Identität, in: German Studies Review 16 (1993)515-520

Gruchmann, Lothar: Nationalsozialistische Großraumordnung. Die Konstruktion einer „deutschen Monroe-Doktrin". Stuttgart 1962

Grünthal, Günther: Nekrolog Walter Bußmann, in HZ 258 (1994)867-876

Grüttner, Michael: Studenten im Dritten Reich. Paderborn 1995

Hallgarten, George W.F.: Das Schicksal des Imperialismus im 20. Jahrhundert. Drei Abhandlungen über Kriegsursachen in Vergangenheit und Gegenwart. Frankfurt/Main 1969

Hansen, Eckhard: Wohlfahrtspolitik im NS-Staat. Motivationen, Konflikte und Machtstrukturen im „Sozialismus der Tat" des Dritten Reiches. Beiträge zur Sozialpolitik-Forschung, Bd. 6. Augsburg 1991

Hege-Wilmschen, Ingrid: Die Entwicklung des Schulwesens in Köln 1945 bis 1949. Köln 1984

Heiber, Helmut: Universität unterm Hakenkreuz. Teil II: Die Kapitulation der Hohen Schulen. Das Jahr 1933 und seine Themen, Bd. 1. München u.a. 1992

Heiber, Helmut: Walter Frank und sein Reichsinstitut für Geschichte des neuen Deutschlands. Stuttgart 1966

Heimpel, Hermann: Der Mensch in seiner Gegenwart. Sieben historische Essais. Göttingen 1954

In memoriam Hermann Heimpel, Göttinger Universitätsreden 87. Göttingen 1989

Hein, Dieter: Geschichtswissenschaft in den Westzonen und der Bundesrepublik 1945-1950, in: Christoph Cobet (Hrsg.): Einführung in Fragen an die Geschichtswissenschaft in Deutschland nach Hitler 1945-1950. Handbuch der Geistesgeschichte in Deutschland nach Hitler 1945-1950. Reihe: Geschichte, Beihefte 1. Frankfurt/Main 1986, S. 30-40

Herzfeld, Hans: Aus den Lebenserinnerungen, hrsg. v. Willy Real. Veröffentlichungen der Historischen Kommission zu Berlin, Bd. 81. Berlin, New York 1992

Hildebrand, Klaus: Ein skeptischer Patriot. Zum Tode von Walter Bußmann, in: FAZ v. 22.4.1993

Hitlers Machtergreifung. Dokumente vom Machtantritt Hitlers 30. Januar 1933 bis zur Besiegelung des Einparteienstaates 14. Juli 1933 hrsg. v. Josef u. Ruth Becker, 3. Aufl. München 1993

Iggers, Georg G.: Neue Geschichtswissenschaft. Vom Historismus zur Historischen Sozialwissenschaft. München 1978

International Biographical Dictionary of Central European Émigrés 1933-1945. München 1983

Jäckel, Eberhard: Frankreich in Hitlers Europa. Die deutsche Frankreichpolitik im Zweiten Weltkrieg. Stuttgart 1966

Jäckel, Eberhard: Karl Dietrich Erdmann 1910-1990. HZ 252 (1991)529-39, wieder abgedruckt in: Hartmut Boockmann, Kurt Jürgensen (Hrsg.): Nachdenken über Geschichte. Beiträge aus der Ökumene der Historiker in memoriam Karl Dietrich Erdmann. Neumünster 1991, S. 15-23

Jacobsen, Hans-Adolf: Karl Haushofer. Leben und Werk, Bd. II: Ausgewählter Schriftwechsel 1917-1946. Schriften des Bundesarchivs 24/III. Boppard 1979

Jacobsen, Hans-Adolf: Nationalsozialistische Außenpolitik 1933-1938. Frankfurt/Main, Berlin 1968

Jahresverzeichnis der an den deutschen Universitäten und Hochschulen erschienenen Schriften, Bd. 51/1935. Berlin, Leipzig 1936; Bd. 52/1936. Leipzig 1937

Jasper, Willi: Hotel Lutetia. Ein deutsches Exil in Paris. München, Wien 1994

Jens, Inge (Hrsg.): Thomas Mann an Ernst Bertram. Briefe aus den Jahren 1910-1955, Pfullingen 1960

Jolles, Mathys: Das deutsche Nationalbewußtsein im Zeitalter Napoleons. Studien zur Geschichte des Staats- und Nationalgedankens, Bd. 1. Frankfurt/Main 1936

Die deutsche Jugendbewegung 1920 bis 1933. Die bündische Zeit. Quellenschriften. Herausgegeben im Auftrage des Gemeinschaftswerkes Archiv und Dokumentation der Jugendbewegung von Werner Kindt. (= Dokumentation der Jugendbewegung III). Köln 1974

Kaiser, Jochen-Christoph: NS-Volkswohlfahrt und freie Wohlfahrtspflege im „Dritten Reich", in: Hans-Uwe Otto, Heinz Sünker (Hrsg.): Politische Formierung und soziale Erziehung im Nationalsozialismus. Frankfurt/Main 1991, S. 78-105

Kater, Michael H.: Studentenschaft und Rechtsradikalismus in Deutschland 1918-1933. Hamburg 1975

Keramik in Frechen. Austellungskatalog. Frechen 1972

Kershaw, Ian: „Widerstand ohne Volk?" Dissens und Widerstand im Dritten Reich, in: Jürgen Schmädeke, Peter Steinbach (Hrsg.): Der Widerstand gegen den Nationalsozialismus. Die deutsche Gesellschaft und der Widerstand gegen Hitler. München, Zürich 1985, S. 779-798

Kittel, Manfred: Die Legende von der „Zweiten Schuld". Vergangenheitsbewältigung in der Ära Adenauer. Berlin 1993

Klagges, Dietrich (Hrsg.): Volk und Führer. Deutsche Geschichte für Schulen. Ausgabe für Oberschulen und Gymnasien. Klasse 5, Nun wieder Volk. Bearbeitet von Walter Franke. Frankfurt/Main 1939

Kleßmann, Christoph: Osteuropaforschung und Lebensraumpolitik im Dritten Reich, in: Aus Politik und Zeitgeschichte. Beilage zur Wochenzeitung „Das Parlament" B 7/84, 18.2.1984

Korn, Karl: Lange Lehrzeit. Ein deutsches Leben. Frankfurt/Main 1975

Koselleck, Reinhart: Standortbindung und Zeitlichkeit. Ein Beitrag zur historiographischen Erschließung der geschichtlichen Welt, in: ders., Wolfgang J. Mommsen, Jörn Rüsen (Hrsg.): Objektivität und Parteilichkeit. Beiträge zur Historik, Bd. 1. München 1977, S. 17-46

Kosellek, Reinhart: Werner Conze. Tradition und Innovation, in: HZ 245 (1987)529-543

Kroug, Wolfgang: Akademische Vereinigung Marburg. Vor 38 Jahren: Revolutionäre Formen studentischer Geselligkeit, in: Deutsche Universitätszeitung 5 (1950), Heft 23 (1.12.1950), S. 16 f.

Kroug, Wolfgang: Sein zum Tode. Gedanke und Bewährung. Lebensbilder im Kampf gebliebener Mitglieder der Akademischen Vereinigung Marburg. Bad Godesberg 1955

Krüger, Gerhard: Die „neuen" Grundsätze der AV, in: Ockershäuser Blätter. Zeitschrift der Akademischen Vereinigung Marburg, Juni 1934, S. 2-3

Kürschners Deutscher Gelehrtenkalender

Laitenberger, Volkhard: Akademischer Austausch und auswärtige Kulturpolitik. Der Deutsche Akademische Austauschdienst (DAAD) 1923-1945. Göttingen u.a. 1976

Langner, Markus: Die „Reichszeitung für den deutschen Erzieher" im Gau Köln-Aachen [ungedr. Examensarbeit. Köln 1990]

Lefebvre, Georges: [Rezension zu Karl Dietrich Erdmann: Das Verhältnis von Staat und Religion nach der Sozialphilosophie Rousseaus], in: Revue historique, 64. Jg., Bd. 185, 1939, S. 381 f.

Longerich, Peter: Hitlers Stellvertreter. Führung der Partei und Kontrolle des Staatsapparates durch den Stab Heß und die Partei-Kanzlei Bormann. München u.a. 1992

Mann, Heinrich: Der Haß. Deutsche Zeitgeschichte. Mit einem Nachwort von Jürgen Haupt und einem Materialienanhang, zusammengestellt von Peter-Paul Schneider. Frankfurt/Main 1987.

Martinsdorf, Eva Maria: Von den Schwierigkeiten, die Gegenwart von ihrer Vergangenheit zu „säubern" – Entnazifizierung in Köln. In: Versteckte Vergangenheit.

Über den Umgang mit der NS-Zeit in Köln, hrsg. v. Horst Matzerath, Harald Buhlan und Barbara Becker-Jákli. Schriften des NS-Dokumentationszentrums der Stadt Köln, Bd. 1. Köln 1994, S. 125-162

Meier, Kurt: Kreuz und Hakenkreuz. Die evangelische Kirche im Dritten Reich. München 1992

Meinecke, Friedrich: Politische Schriften und Reden herausgegeben und eingeleitet von Georg Kotowski. Friedrich Meinecke Werke, Bd. 2. Darmstadt 1958

Meistermann. [Ausstellungskatalog] hrsg. v. Justinus Maria Calleen. Kulturamt der Stadt Wittlich 1992

Mendelssohn, Peter de (Hrsg.): Thomas Mann. Tagebücher 1918-1921. Frankfurt/Main 1979

Messerschmidt, Manfred: Die Wehrmacht im NS-Staat. Zeit der Indoktrination. Hamburg 1969

Michels, Eckard: Das Deutsche Institut in Paris 1940-1944. Ein Beitrag zu den deutsch-französischen Kulturbeziehungen und zur auswärtigen Kulturpolitik des Dritten Reiches. Studien zur modernen Geschichte 46. Stuttgart 1993

Möller, Horst: Walter Bußmann zum Gedenken, in: VfZG 41 (1993)495-502

Moeller van den Bruck, Arthur: Das dritte Reich. 3. Auflage, Hamburg, Berlin, Leipzig 1931

Mogge, Winfried, Reulecke, Jürgen: Hoher Meißner 1913. Der Erste Freideutsche Jugendtag in Dokumenten, Deutungen und Bildern. Köln 1988

Mombauer, Hans: Bismarcks Realpolitik als Ausdruck seiner Weltanschauung. Die Auseinandersetzung mit Leopold v. Gerlach 1851-1859. Historische Studien, Heft 291. Berlin 1936

Mombauer, Hans: Deutsches Schicksal und Deutsche Demokratie. Veröffentlichung der Stadt Solingen, Hauptamt 1952

Mommsen, Hans: Hans Rothfels, in: Hans-Ulrich Wehler (Hrsg.): Deutsche Historiker Bd. IX. Göttingen 1982, S. 127-147

Mommsen, Wilhelm: Richelieu, Elsaß und Lothringen. Ein Beitrag zur elsaß-lothringischen Frage. Berlin 1922

Mommsen, Wolfgang J.: Vom Beruf des Historikers in einer Zeit beschleunigten Wandels. Theodor Schieders historiographisches Werk, in: Andreas Hillgruber (Hrsg.): Vom Beruf des Historikers in einer Zeit beschleunigten Wandels. Gedenkschrift für Theodor Schieder. München 1985, S. 33-59

Mommsen, Wolfgang J.: [Statement], in: Ernst Schulin (Hrsg.): Deutsche Geschichtswissenschaft nach dem Zweiten Weltkrieg (1945-1965). Schriften des Historischen Kollegs, Kolloquien 14. München 1989, S. 286-195

Mönch, Walter: [Rezension zu Karl Dietrich Erdmann: Das Verhältnis von Staat und Religion nach der Sozialphilosophie Rousseaus], in: Zeitschrift für Kirchengeschichte, Bd. LV = 3. Folge, Bd. VI/1936, S. 416 f.

Müller, Jakob: Die Jugendbewegung als deutsche Hauptrichtung neukonservativer Reform. Diss. Zürich 1971

Munzinger-Archiv 15/1985, 35/1990

Nath, Axel: Der Studienassessor im Dritten Reich. Eine sozialhistorische Studie zur „Überfüllungskrise" des höheren Lehramts in Preußen 1932-1942, in: Zeitschrift für Pädagogik 27 (1981) 281-306

Naumann, Hans, Eugen Lüthgen (Hrsg.): Kampf wider den undeutschen Geist. Reden, gehalten bei der von der Bonner Studentenschaft veranstalteten Kundgebung wider den undeutschen Geist auf dem Marktplatz zu Bonn am 10. Mai 1933. Bonn 1933

Neulen, Hans Werner: Europa und das 3. Reich. Einigungsbestrebungen in deutschen Machtbereich 1939-45. München 1987

Noakes, Jeremy: Philipp Bouhler und die Kanzlei des Führers der NSDAP. Beispiel einer Sonderverwaltung im Dritten Reich, in: Dieter Rebentisch, Karl Teppe (Hrsg.): Verwaltung contra Menschenführung im Staat Hitlers. Studien zum politisch-administrativen System. Göttingen 1986, S. 208-236

Nowak, Kurt: Protestantismus und Weimarer Republik. Politische Wegmarken in der evangelischen Kirche 1918-1932, in: Karl Dietrich Bracher, Manfred Funke, Hans-Adolf Jacobsen (Hrsg.): Die Weimarer Republik 1918-1933. Politik, Wirtschaft, Gesellschaft. Schriftenreihe der Bundeszentrale für politische Bildung, Bd. 251. Bonn 1987, S. 218-237

Oberkrome, Willi: Volksgeschichte. Methodische Innovation und völkische Ideologisierung in der deutschen Geschichtswissenschaft 1918-1945. Kritische Studien zur Geschichtswissenschaft, Bd. 101. Göttingen 1993

Opitz, Gottfried: [Artikel über Carl Erdmann], in: NDB, Bd. 4, S. 570

Pahlmann, Franz: A.V. am Ende oder am Wendepunkt? in: Ockershäuser Blätter. Zeitschrift der Akademischen Vereinigung Marburg, Juni 1934, S. 3-4

Pellissier, Béatrice: L'antenne parisienne du DAAD à travers les archives de l'Auswärtiges Amt de Bonn jusqu'en 1939, in: Hans Manfred Bock, Reinhart Meyer-Kalkus, Michel Trebisch (Hrsg.): Entre Locarno et Vichy. Les relations culturelles franco-allemandes dans les années 1930, 2 Bde. Paris 1993, Bd. 1, S. 273-285

Prolingheuer, Hans: Der „Rote Pfarrer" von Köln. Georg Fritze (1874-1939) Christ, Sozialist, Antifaschist. Wuppertal 1981

Prolingheuer, Hans: Der Fall Karl Barth 1934-1935. Chronologie einer Vertreibung. Neukirchen-Vluyn 1977

Prolingheuer, Hans: Musikdirektor Julio Goslar – der rassisch verfolgte Kirchenmusiker in Köln-Nippes, in: Loß mer jet durch Neppes jon. Ein Streifzug durch die Geschichte. Hrsg. v. Bürgerverein Stadtteilarchiv Köln-Nippes e.V. Köln 1987, S. 114-137

Reichel, Edward: Wieder gelesen: 'Frankreich im Widerspruch'. Karl Eptings unmögliche Mittlerrolle, in: Dokumente. Zeitschrift für den deutsch-französischen Dialog 46 (1990)148-53

Reichwein, Adolf: Ein Lebensbild aus Briefen und Dokumenten, Bd. 2: Kommentar von Ursula Schulz. Wolfenbüttel 1974

Richelieu. Politisches Testament und kleinere Schriften, eingeleitet und ausgewählt von Wilhelm Mommsen. Berlin 1926

Riemenschneider, Rainer: L'enseignement de l'histoire, en Allemagne, sous le „IIIe Reich", in: Francia 7 (1979)401-428

Ritter, Gerhard A.: Hans Herzfeld – Persönlichkeit und Werk, in: Jahrbuch für die Geschichte Mittel- und Ostdeutschlands Bd. 32: In Memoriam Hans Herzfeld. Hrsg. v. Otto Büsch. Berlin 1983, S. 13- 91

Ritter, Harry: Austria and the Struggle for German Identity, in: German Studies Review. Special Issue, Winter 1992, S. 111-129

Ritter, Harry: On Austria's German Identity, in: German Studies Review 16 (1993)521-523

Roß, Colin: Das Neue Asien. 3. Auflage, Leipzig 1940

Rößling, Udo: Deutsche Freischar, in: Lexikon zur Parteiengeschichte. Die bürgerlichen und kleinbürgerlichen Parteien und Verbände in Deutschland (1789-1945) hrsg. v. Dieter Fricke u.a., Bd. 1. Leipzig 1983, S. 653-6

Rothfels, Hans: Die Geschichtswissenschaft in den dreißiger Jahren, in: Andreas Flitner (Hrsg.): Deutsches Geistesleben und Nationalsozialismus. Tübingen 1965, S. 90-107

Rüsen, Jörn: Kontinuität, Innovation und Reflexion im späten Historismus: Theodor Schieder, in: ders.: Konfigurationen des Historismus. Studien zur deutschen Wissenschaftskultur. Frankfurt/Main 1993, S. 357-397

Ruhrberg, Karl, Werner Schäfke (Hrsg.): Georg Meistermann. Monographie und Werkverzeichnis der Gemälde. Köln 1991

Safranski, Rüdiger: Ein Meister aus Deutschland. Heidegger und seine Zeit. München 1994

Salewski, Michael: [Nachruf auf Karl Dietrich Erdmann], in: Historische Mitteilungen 3 (1990)139-41

Salewski, Michael: Geschichte als Waffe: Der nationalsozialistische Mißbrauch, in: Tel Aviver Jahrbuch für deutsche Geschichte 14 (1985)289-310

Schaede, Ernst Joachim: Herders Schrift 'Gott' und ihre Aufnahme bei Goethe. Germanische Studien, Heft 149. Berlin 1934

Schellenburg, Fritz: „Aus dem Leben eines illegalen Hilfspredigers in der Großgemeinde Köln-Nippes von 1937-1945“ [ungedr. Aufzeichnung]

Schieder, Theodor: [Brief an Karl Dietrich Erdmann zum 65. Geburtstag], in: GWU 26 (1975)199-202

Schleier, Hans: Die bürgerliche deutsche Geschichtsschreibung der Weimarer Republik. Akademie der Wissenschaften der DDR, Schriften des Zentralinstituts für Geschichte, Bd. 40. Berlin 1975

Schmuhl, Hans-Walter: Philipp Bouhler – Ein Vorreiter des Massenmordes, in: Ronald Smelser, Enrico Syring, Rainer Zitelmann (Hrsg.): Die braune Elite II. Wiesbaden 1993, S. 39-50

Schneeberger, Guido: Nachlese zu Heidegger. Dokumente zu seinem Leben und Denken. Bern 1962

Schneller, Martin: Zwischen Romantik und Faschismus. Der Beitrag Othmar Spanns zum Konservativismus der Weimarer Republik. Kieler Historische Studien 12. Stuttgart 1970

Schönwälder, Karen: Historiker und Politik. Geschichtswissenschaft im Nationalsozialismus. Frankfurt/Main, New York 1992

Scholder, Klaus: Die Kirchen und das Dritte Reich. Bd. 1: Vorgeschichte und Zeit der Illusionen 1918-1934. Berlin 1977. Bd. 2: Das Jahr der Ernüchterung 1934. Barmen und Rom. Berlin 1985.

Schreiner, Klaus: Führertum, Rasse, Reich. Wissenschaft von der Geschichte nach der nationalsozialistischen Machtergreifung, in: Peter Lundgreen (Hrsg.): Wissenschaft im Dritten Reich. Frankfurt 1985, S. 163-252

Schultz, Werner: [Rezension zu Karl Dietrich Erdmann: Das Verhältnis von Staat und Religion nach der Sozialphilosophie Rousseaus], in: Theologische Literaturzeitung, 61. Jg., 1936, S. 199

Schulze, Hagen: [Artikel zu Karl Dietrich Erdmanns 80. Geburtstag], in: Die Welt 27.5.1990

Schulze, Winfried: Deutsche Geschichtswissenschaft nach 1945, HZ Beiheft 10. München 1989

Schwabe, Klaus; Reichardt, Rolf (Hrsg.): Gerhard Ritter. Ein politischer Historiker in seinen Briefen. Schriften des Bundesarchivs 33. Boppard/Rhein 1984

Schwarz, Christian: [Artikel über Ernst Bertram], in: Walther Killy (Hrsg.): Literaturlexikon, Bd. 1. Gütersloh, München 1988, S. 477 f.

Schwarz, Hans-Peter: Les historiens de la République Fédérale d'Allemagne et la réunification, in: Relations internationales 70 (1992)109-38, gekürzt unter dem Titel „Mit gestopften Trompeten", in: GWU 44 (1993)683-704

Seewald, Berthold: [Nachruf auf Karl Dietrich Erdmann], in: Die Welt 27.6.1990

Seibt, Gustav: [Artikel zu Karl Dietrich Erdmanns 80. Geburtstag], in: FAZ 28.4.1990

Selmeier, Franz: Das nationalsozialistische Geschichtsbild und der Geschichtsunterricht 1933-1945. Diss. München 1969

Siebenborn, Dieter: „Durchschlagen mußt Du Dich selbst..." Georg Meistermann – bergischer Maler des 20. Jahrhunderts, in: Rheinisch-Bergischer Kalender 1993. Heimatjahrbuch für das Bergische Land, 63. Jg., Bergisch-Gladbach, o.J., S. 84-98

Siebenborn, Dieter: Georg Meistermann. Episoden aus seinem Leben, in: Die Heimat. Mitteilungsblatt des Bergischen Geschichtsvereins, Abt. Solingen e.V. Neue Folge hrsg. v. Jürgen Stohlmann, Heft 8. Solingen 1992, S. 83-90

Siegfried, Klaus-Jörg: Universalismus und Faschismus. Das Gesellschaftsbild Othmar Spanns. Zur politischen Funktion seiner Gesellschaftslehre und Ständestaatskonzeption. Wien 1974

Solchany, Jean: Comprendre le nazisme dans l'Allemagne des années zéro. La réflexion sur le national-socialisme dans l'Allemagne de l'immédiat après-guerre (1945-1949). (mschr. Diss.) Strasbourg 1994

Sontheimer, Kurt: Antidemokratisches Denken in der Weimarer Republik, in: VfZG 5 (1957)42-62

Sontheimer, Kurt: Wider die Leisetreterei der Historiker, in: Die Zeit 4.11.1994, Beilage S. 15

Spann, Othmar: Der wahre Staat. Abbruch und Neubau der Gesellschaft. Leipzig, 2. Aufl. 1923

Deutsche Stammtafeln in Listenform hrsg. v. d. Zentralstelle für Deutsche Personen- und Familiengeschichte e.V., Bd. II: Stammtafeln deutsch-baltischer Geschlechter bearb. v. Erich Seuberlich [Bd. 1]. Leipzig 1927

Strothmann, Dietrich: Nationalsozialistische Literaturpolitik. Ein Beitrag zur Publizistik im Dritten Reich. Abhandlungen zur Kunst-, Musik- und Literaturwissenschaft, Bd. 13. Bonn 1960

Tellenbach, Gerd: Carl Erdmann, in: G. Tellenbach: Ausgewählte Abhandlungen und Aufsätze, Bd. 4. Stuttgart 1989, S. 1258-64

Tiemann, Dieter: Deutsch-französische Jugendbeziehungen der Zwischenkriegszeit. Bonn 1989

Tiemann, Dieter: Zweigstelle Paris des DAAD und Institut français de Berlin. Zwei Einrichtungen der auswärtigen Kulturpolitik mit jugendpolitischer Orientierung, in: Hans Manfred Bock, Reinhart Meyer-Kalkus, Michel Trebisch (Hrsg.): Entre Locarno et Vichy. Les relations culturelles franco-allemandes dans les années 1930, 2 Bde. Paris 1993, Bd. 1, S. 288-300

Trapp, Joachim: Kölner Schulen in der NS-Zeit. Köln, Weimar, Wien 1994

Unteutsch, Barbara: Dr. Friedrich Bran – Mittler in Abetz' Schatten, in: Hans Manfred Bock, Reinhart Meyer-Kalkus, Michel Trebisch (Hrsg.): Entre Locarno et Vichy. Les relations culturelles franco-allemandes dans les années 1930, 2 Bde. Paris 1993, Bd. 1, S. 87-105

Vierhaus, Rudolf: Rankes Begriff der historischen Objektivität, in: Reinhart Kosellek, Wolfgang J. Mommsen, Jörn Rüsen (Hrsg.): Objektivität und Parteilichkeit. Beiträge zur Historik, Bd. 1. München 1977, S. 63-76

Vogel, Walter: Der Kampf um das geistige Erbe. Zur Geschichte der Reichsarchividee und des Reichsarchivs als „geistiger Tempel deutscher Einheit". Bonn 1994

Voigt, Gerd: Rußland in der deutschen Geschichtsschreibung 1843-1945. Quellen und Studien zur Geschichte Osteuropas. Neue Folge Bd. 30. Berlin 1994

Volkmann, Hans-Erich: Deutsche Historiker im Umgang mit Drittem Reich und Zweitem Weltkrieg 1939-1949, in: Ende des Dritten Reiches – Ende des Zweiten Weltkriegs. Eine perspektivische Rückschau. Im Auftrage des Militärgeschichtlichen Forschungsamtes hrsg. v. Hans-Erich Volkmann. München 1995, S. 861-911

Vorländer, Herwart: Die NSV. Darstellung und Dokumentation einer nationalsozialistischen Organisation. Schriften des Bundesarchivs 35. Boppard 1988

Weber, Wolfgang: Biographisches Lexikon zur Geschichtswissenschaft in Deutschland, Österreich und der Schweiz. Die Lehrstuhlinhaber für Geschichte von den Anfängen des Faches bis 1970. Frankfurt/Main 1987

Wehler, Hans-Ulrich: Geschichtswissenschaft heute, in: Jürgen Habermas (Hrsg.): Stichworte zur „Geistigen Situation der Zeit", 2.Bd.: Politik und Kultur. Frankfurt/Main 1979, S. 709-753

Weiß, Joachim: Nationalsozialistische Schulbuchgutachten im Bundesarchiv Koblenz, in: Internationale Schulbuchforschung 3 (1981)162-164

Weiß, Joachim: Zur nationalsozialistischen Einflußnahme auf Schulgeschichtsbücher, in: Internationale Schulbuchforschung 3 (1981)112-124

Wengst, Udo: Geschichtswissenschaft und „Vergangenheitsbewältigung" in Deutschland nach 1945 und nach 1989/90, in: GWU 46 (1995)189-205

Werner, Karl Ferdinand: Machtstaat und nationale Dynamik in den Konzeptionen der deutschen Historiographie 1933-1940, in: Franz Knipping, Klaus-Jürgen Müller (Hrsg.): Machtbewußtsein in Deutschland am Vorabend des Zweiten Weltkrieges. Paderborn 1984

Who was who in America, Bd. 5. Chicago 1973

Wieck, Hans Georg: Die Entstehung der CDU und die Wiedergründung des Zentrums im Jahre 1945. Düsseldorf 1953

Wilmanns, Ernst: Geschichtsunterricht, Weltanschauung, Christentum, in: GWU 1 (1950)65-80

Wittram, Reinhard: Das Interesse an der Geschichte. Göttingen 1958

Wulf, Joseph: Literatur und Dichtung im Dritten Reich, Gütersloh 1963

Personenverzeichnis